불교와 그리스도교, 영성으로 만나다

불교와 그리스도교, 영성으로 만나다

저자__최현민

운주사

머리말

몇 년 전 씨튼연구원 주최로 진행한 종교 대화 강좌를 책으로 정리하려던 것이 이런저런 이유로 미루어져 오다가 이제 겨우 세상에 내놓게 되었습니다. 아직 부족함이 많지만 많은 분들로부터 가르침을 배울 기회로 삼아야겠다 싶어 용기를 내었습니다. 사실 오랫동안 미루어둔 숙제를 겨우 끝낸 느낌이 듭니다. 정리하는 과정에서 많은 내용이 첨삭된 것은 그간 제 사유의 변화에서 비롯된 것임을 밝혀둡니다.

20여 년 전 종교학 공부를 시작하면서 가톨릭 수도자라는 제 자신의 정체성 때문이었는지 자연스레 불교에 매력을 느끼게 되었습니다. 그 후 불교는 늘 제게 물음을 던지는 계기로 다가왔고 저의 신앙과 끊임없는 대화를 하도록 촉구했습니다. 그 과정에서 깊은 희열과 함께 한계를 경험하기도 했습니다. 내가 살아가는 한국 문화 안에 불교라는 참으로 소중한 종교 전통이 있음에 감사하지 않을 수 없고, 그 영성을 통해 배운 많은 것과 저의 종교적 체험을 바탕으로 이렇게 정리해 보았습니다.

제1강에서는 불교와 그리스도교 간의 대화와 관련하여 종래에 이루어진 연구에 대한 비판적 고찰을 했습니다. 종래 양 종교간 대화는 일본 교또학파를 중심으로 이루어졌는데, 그 대화의 주된 관심사는 양 종교의 공통 기반을 찾고자 하는 데 모아졌습니다. 이러한 관점에서 이루어진 종교 대화는 자칫 각 종교가 지닌 고유성과 특수성이 간과될 위험이 있습니다. 진정한 종교간 대화는 각 종교의 고유성을 배제해서는 안 된다고 생각합니다. 이런 점에서 그간에 이루어진 종교간 대화에 대한 비판적 고찰과 함께 앞으로 종교간 대화가 지향해야 할 바에 대해 살펴보았습니다.

제2강에서는 역사적 차원과 궁극적 차원에서 그리스도교와 불교의 창시자인 예수님과 부처님의 정체성을 비교했습니다. 역사적 예수와 신앙의 그리스도, 그리고 역사적 붓다와 신앙의 부처님의 비교가 그것입니다. 시간을 초월한 존재이면서 동시에 인간의 역사 안으로 들어오신 예수, 한 수행자로서 깨친 존재였던 고타마 싯다르타와 신앙의 대상이 된 석가모니불의 관계를 고찰해 봄은 양 종교의 신앙을 비교하는 데 중요한 열쇠가 되리라 생각합니다.

제3강에서는 그리스도교의 사랑과 불교의 연기緣起를 비교의 주제로 삼고 있습니다. 보통 그리스도교의 사랑은 불교의 '자비'와 비교되곤 합니다. 그러나 불교의 자비는 삼라만상이 서로 깊은 상관관계를 지니고 있다는 붓다의 '연기'에 대한 자각에서 나왔고, 그리스도교의 사랑 역시 하느님과 (인간을 포함한) 삼라만상과의 깊은 존재적 상관성에 대한 깨달음과 깊은 연관이 있습니다. 이와 같이 그리스도교의 '사랑'을 불교의 '연기'와 비교해 봄은 그리스도교를 믿음의 종교로, 불교를 깨달음의 종교로 고착화시켜 보려는 선입견을 깨는 데 도움이 되지 않나 생각합니다.

제4강에서는 양 종교의 인간관을 하느님의 모상과 불성을 통해 비교해 보았습니다. 인간을 무상無常적 존재이면서 동시에 불성을 지닌 존재로 보는 불교의 인간관은 긍정적이면서 낙관적인 인간 이해라 할 수 있습니다. 이러한 인간의 본래성에 대한 불교의 이해방식과 비견할 수 있는 것을 그리스도교에서 찾는다면 '하느님의 모상'이라 할 수 있습니다. 불교 수행에 있어서는 불성에 대한 믿음에서 출발하는데 반해, 그리스도교는 아우구스티누스 이래로 인간의 죄성罪性을 강조함으로써 하느님의 모상으로서의 인간의 본래성을 간과해온 측면이 있었습니다. 현대신학, 특히 생태신학적 관점에서 그리스도교는 하느님의 모상을 강조하는 측면이 있긴 하지만, 여전히 인간의 죄성을 심각하게 다루고 있음을 부인할 수 없습니다. 이러한 관점에서 불교와 그리스도교의 인간 이해의 차이를 고찰해 보았습니다.

제5강에서는 4강에 이어 양 종교의 인간 이해의 또 다른 측면으로 그리스도교적 인격과 무아를 비교해 보았습니다. 불교에서는 연기에 바탕하여 존재론적 표현으로서 무아를 말하는 데 반해, 그리스도교는 '인격'을 강조해 오고 있습니다. 불교의 무아적 존재론과 그리스도교의 인격의 비교를 통해 양 종교의 인간 이해에 어떤 차이가 있는지 살펴보았습니다. 제6강에서는 양 종교가 궁극적으로 지향하는 세계인 하느님 나라와 열반을 주제로 다루었습니다.

제7강부터 9강에서는 양 종교에 몸담고 살아가는 신앙인들이 걸어가야 할 '제자됨의 길'을 믿음과 수행(명상), 그리고 기도의 관점에서 비교해 보았습니다. 불교는 깨달음의 종교라고 알려져 있으나, 불교 역시 초기불교부터 대승불교에 이르기까지 믿음을 중시해 왔습니다. 제7강에서는 불교의 믿음은 그리스도교의 믿음과 어떤 차이가 있는지에 대해 살펴보았습니다. 제8강 '불교 수행의 길'에서는 초기불교의 팔정도八正道 수행부터 상좌부 수행인 위빠사나 수행, 그리고 대승불교의 선 수행, 곧 간화선과 묵조선에 이르는 불교 수행에 대해 고찰해 보았습니다. 모든 불교 수행은 이원론적 사고에서 자유로워져 어디에도 치우치지 않는 중도中道의 세계를 추구하고 있습니다. 곧 팔정도 수행이나 위빠사나 수행, 그리고 선 수행 모두 연기적 깨달음에 기반한 중도적 세계를 향한 다양한 길이라고 볼 수 있겠습니다. 이에 반해 그리스도교는 기도 명상을 통한 정화의 길을 중시해 오고 있습니다. 그래서 제9강에서는 그리스도교의 다양한 기도 방법을 살펴본 후 이를 불교의 수행과 비교해 보았습니다. 그리고 마지막 종합토론은 지금까지의 강좌에 대해 전 중앙승가대학 총장이셨던 서종범 스님과 서강대 교수이신 서명원 신부님과 함께 정리한 것입니다. 두 분의 폭넓은 이해는 제 강좌의 부족한 점을 보완해주고 있습니다. 이 자리를 빌려 많은 가르침을 주신 두 분께 깊이 감사드립니다.

  이 글을 정리하면서 현대를 살아가는 우리들에게 절실히 필요한 것은 무엇일까 생각해 봅니다. 저는 그중 하나가 '소통'이 아닌가 생각합니다. 특히 자신과 다른 가치관을 지닌 사람들과의 소통 문제는 현대인들이 당면한 중요한 과제라고 생각합니다. 소통의 한 가운데에는 각자가 지닌 가치관이 자리하고 있습니다. 신앙은 그 어떤 가치보다 인간의 마음 깊이를 건드리고 있다고 봅니다. 그러기에 종교 다원 사회 안에서 살아가는 우리들에게 이웃 종교를 이해하는 것은 더불어 살아가는 너와의 소통을 위해서도 절실히 필요한 면이 아닐 수 없습니다. 저는 불교를 접하면서 제 안의 가치들과 수많은 소통을 해야만 했고 그 소통의 과정들을 이 책에 담아 보았습니다. 그동안 성찰해온 것들을 정리하는 과정에서 저의 부족함을 절절히 깨닫게 되었고 사고와 언어의 한계도 느낄 수밖에 없었습니다. 이렇게 부족한 채로 세상에 내놓는 것이 한없이 부끄럽습니다만, 제가 언어로 표현해내지 못한 것들은 이 책을 접할 여러분의 혜안을 통해 읽혀지리라고 희망해 봅니다. 이 한 권의 책이 불교 영성에 관심을 지닌 그리스도인들, 그리고 그리스도교에 대해 알고자 하는 불자들에게 조금이나마 도움이 되었으면 하는 바람을 가져봅니다. 또한 이러한 소통의 과정을 통해 영적으로 성숙하고 따뜻한 마음을 지닌 이들이 보다 더 많아지는 세상이 되기를 소망해 봅니다. 이 책이 나오기까지 제 삶과 학문의 길에서 만난 모든 분들께 깊은 감사의 마음을 전하며 그분들께 이 책을 바칩니다.

2013년 10월
성북동 씨튼연구원에서
최현민

머리말 · 5

제1강 그리스도교와 불교의 비교 영성 입문 · 17

   1. 이웃 종교를 이해하는 방식들 · 18

   2. 신 중심적 다원주의 · 21

   3. 교또학파를 중심으로 한 불교와 그리스도교의 만남 · 24

      1) 니시다 기타로의 사상 · 26

      2) 니시타니 게이지의 사상 · 28

   4. 종전의 양 종교의 대화에 대한 평가 · 31

      1) 신 중심적 다원주의 사상이 지닌 한계 · 31

      2) 교또학파 사상이 지닌 의의 · 33

   5. 예수의 유일성 문제 · 35

   6. 종교 대화가 나아갈 방향 · 39

      1) 종교의 보편성과 특수성 · 39

      2) 예수의 유일성과 보편성 · 41

제2강 예수와 붓다의 정체성 · 45

   1. 예수의 정체성 · 46

      1) 예수, 그는 누구인가? · 46

      2) 예수의 자기 정체성 자각 · 47

      3) 예수의 가르침에서 드러난 예수의 정체성 · 51

      4) 십자가 죽음에서 드러난 예수의 정체성 · 53

5) 부활을 통한 예수의 정체성 • 55

6) 예수 전승 속에서 드러난 예수의 정체성 • 59

3. 역사적 붓다 • 69

1) 고타마 싯다르타의 생애 • 69

2) 붓다의 깨달음과 성도成道의 내용 • 74

4. 붓다와 예수의 정체성 비교 • 77

1) 역사적 붓다와 삼신불 • 77

2) 예수의 신성과 인성 • 81

제3강 사랑과 연기 • 85

1. 연기 • 86

1) 연기의 의미 • 86

2) 12지 연기설 • 88

2. 화엄종의 법계 연기 • 91

3. 연기와 자비 • 94

1) 자비의 의미 • 94

2) 연기와 자비의 관계 • 97

4. 그리스도교의 사랑 • 99

1) 하느님의 사랑 • 101

2) 이웃 사랑 • 107

제4강 그리스도교적 인격과 무아 · 113

    1. 무아설과 그 의미 · 114

    2. 비아와 무아의 상관관계 · 117

    3. 무아와 윤회의 주체 문제 · 119

        1) 아뢰야식 연기 · 121

        2) 여래장 연기 · 123

        3) 법계 연기 · 124

    5. 그리스도교적 인격 · 127

        1) 관계성에 기반을 둔 그리스도교의 인격 · 127

        2) 자기 증여로서의 인격 · 132

제5강 하느님 모상과 불성 · 137

    1. 불성 · 137

        1) 불성 사상의 연원 · 137

        2) 불성 사상의 발전 · 141

    2. 하느님의 모상 · 147

        1) 그리스도교 전통신학에서의 하느님의 모상 · 147

        2) 하느님의 모상에 대한 판넨베르크의 견해 · 150

    3. 나오면서 · 152

제6강 하느님 나라와 열반 · 155

    1. 하느님 나라의 의미 · 155

    2. 하느님 나라의 역동적 시간성 · 157

3. 하느님 나라와 회개 · 160

4. 열반에 대한 가르침 · 163

   1) 원시불교에서의 열반 · 163

   2) 대승경전을 통해 본 열반 · 166

   3) '지금 여기'에서 열반을 살다 · 170

5. 나오면서 · 172

제7강 믿음의 길 · 175

1. 초기불교에서의 믿음 · 175

2. 대승불교에서의 믿음 · 177

   1) 『화엄경』과 선불교에서의 믿음 · 177

   2) 정토불교의 믿음 · 182

2. 그리스도교의 믿음 · 185

   1) 성부 하느님 · 185

   2) 성자 예수 · 187

   3) 하느님의 영이신 성령 · 190

3. 은총과 믿음의 역동성 · 192

제8강 수행의 길 · 195

1. 팔정도 수행 · 195

2. 위빠사나 수행 · 200

   1) 신념처 수행 · 201

   2) 신념처 외 위빠사나 수행 · 204

3. 선 수행 • 207

        1) 초기 중국 선 수행 • 207

        2) 간화선 수행 • 210

        3) 묵조선 수행 • 215

    4. 나오면서 • 220

제9강 그리스도교의 기도 명상 • 223

    1. 예수의 기도 • 223

        1) 예수의 기도와 그 가르침 • 223

        2) 기도의 주체인 성령 • 226

    2. 기도의 방법 • 230

        1) 묵상기도 • 230

        2) 관상기도로서의 향심기도 • 232

        3) 동방의 예수기도 • 241

        4) 몸 기도 • 245

    3. 불자들의 기도와 그리스도교인의 기도 • 247

종합 토론 • 253

제1강 그리스도교와 불교의 비교 영성 입문

- 종전의 비교 연구에 대한 비판적 고찰 -

오늘날 세계는 매스미디어의 발달로 인해 시공을 넘어 하나가 되었지만, 동시에 여전히 다원화된 모습을 지니고 있습니다. 이러한 양면성을 지닌 현시대적 상황 속에서 '나와 다른 종교를 지니고 살아가는 사람들을 어떻게 이해해야 할 것인가'라는 물음은 현대를 살아가는 우리들이 풀어가야 할 과제 중 하나가 아닌가 싶습니다. 이런 관점에서 토인비가 한 다음 말은 우리에게 시사해주는 바가 큽니다. "지금부터 천년 뒤에 역사가들이 우리 세대를 기술한다면 자본주의와 공산주의 사이의 투쟁이 아니라, 역사상 처음으로 불교와 그리스도교가 서로 깊이 침투하게 된 일에 더 흥미로워할 것이다."

한국의 종교적 상황은 여러 종교가 대등하게 공존하고 있다는 점에서 세계 어느 곳에서도 유례를 찾아보기 어려운 독특한 양상을 띠고 있습니다. 다른 나라의 경우 여러 종교가 공존해도 그중 두드러진 종교관을 지니고 있는 데 비해, 우리나라는 대등한 힘을 지닌 여러 종교가 공존하고 있습니다. 이와 같이 다원화된 종교 현상 속에서도 종교 간에 평화를 유지하며 살아갈 수 있음은 큰 축복이 아닐 수 없습니다. 그럼에도 불구하고 한국 사회 내의 종교간 평화 유지가 이웃 종교에 대한 진정한 이해에 기반하고 있는지 의문이 드는 것도 사실입니다. 이명박 정부 때 일어났던 불교탄압 사건은 이웃 종교에 대해 무지한 근본주의적 신앙관이 낳은 한 사태가 아닌가 생각합니다. 이런 점에서 우리는 자신과 다른 세계관이나 구원관을 지닌 사람들을 얼마나 이해하고 있는지 생각해 보지 않으면 안 됩니다.

그리스도인이라면 '하느님이 우리 신앙 공동체를 통해서만 구원의 손길을 뻗치실까? 그리스도교 전통에서만 당신을 보여주셨을까?' 하는 근본적인 물음을 가질 필요가 있습니다. 그리스도교 신앙 외에 구원이 없다면 '다른 세계관을 가진 사람들, 곧 그리스도를 모르고 죽은 뭇사람들의 구원은 과연 어떻게 되는 것일까요?' 이는 비단 그리스도인에게만 해당하는 질문은 아닐 것입니다. 이런 일련의 질문을 갖고 이웃 종교를 이해하는 방식들에 대해 먼저 살펴보려 합니다.

1. 이웃 종교를 이해하는 방식들

이웃 종교를 이해하는 태도는 크게 배타주의, 포괄주의, 다원주의 세 가지로 나눌 수 있습니다. 한국 그리스도교인들 중에는 다른 종교를 배타주의적 관점에서만 바라보는 경향을 지닌 이들이 많습니다. 그들은 구원이 그리스도교 교회 안에만 있다고 보기 때문에 그리스도교로 개종하지 않으면 구원을 받을 수 없다고 주장합니다. 개신교 신학자인 칼 바르트는 그의 스승 헤르만과 하르낙에서 완성된 자유주의 신학을 비판합니다. 그것은 자유주의 신학이 그리스도를 인간의 무의식 속에 이미 포함된 원형으로 보아 그리스도를 인간학적 관점에서 이해한다고 보기 때문입니다. 바르트는 "인간은 인간이고 하느님은 하느님이다. 유한은 무한을 포함할 수 없다. 오직 예수 그리스도 속에 나타난 하느님의 신실하심에 의해 인간은 구원받을 수 있다"고 주장합니다.[1] 즉 신을 인식함에 있어 "인간에게서 신에 이르는 길은 없고, 다만 신이 인간에게 찾아오는 계시의 길뿐"이라는 것입니다. 이러한 배타주의적 입장에 서게 되면 종교간 대화는 어렵습니다. 이러한 배타주의를 극복하고자 나온 입장이 바로 '포괄주의'입니다.

포괄주의적 입장은 그리스도교의 울타리를 넓혀 다른 종교를 수용하려는 태도를 말합니다. 이러한 견해에서는 그리스도교 신자가 아니더라도 구원이 가능하다고 볼 수 있습니다. 그것은 비록 이웃 종교 안에서 살아가더라도 그들도 넓게는 그리스도교의 진리에 따라 살아가고 있다고 보기 때문입니다. 즉 부처님이나 알라신을 모시고 살더라도 그들이 믿어온 실재는 그리스도의 다른 이름으로 볼 수 있다는 것입니다. 이와 같이 포괄주의적 입장에서는 불교신자라 하더라도 자신도 모르게 그리스도교의 진리를 실천하며 살아가고 있다고 봅니다. 물론 그들이 그리스도교의 진리를 알면 더 풍요로운 신앙생활을 할 수 있겠지만, 굳이 개종을 강요할 필요는 없다는 것입니다. 즉 이는 이웃 종교인이

---

[1] 심광섭, 「변선환 박사의 그리스도론 연구」, 『변선환 종교신학』, 한국신학연구소, 1997, 199쪽 참조.

사용하는 용어나 개념, 종교적 행위들은 각각 다를지라도 보다 넓은 의미에서 그들도 그리스도교의 진리 안에서 살아간다고 보는 것입니다.

칼 라너는 이웃 종교인들을 '익명의 그리스도인'이라고 불렀습니다. 이러한 견해는 예수를 바라보는 신학적 시각에도 변화를 주었습니다. 즉 포괄주의자들은 예수를 역사적 예수로만 보지 않고 '우주적 그리스도'로 봄으로써 모든 진리가 예수 안에 수용될 수 있다고 봅니다. 그래서 이웃 종교의 진리도 그리스도교 진리 안에 포괄할 수 있다는 것입니다. 다시 말해 이웃 종교인들이 그리스도를 신앙하지 않는다고 해도 그들도 삶을 통해 그리스도교의 진리를 실천하며 살아가고 있다는 것입니다.

그러나 포괄주의에도 문제점은 있습니다. 그건 바로 이웃 종교인들을 '익명의 그리스도인'으로 부른다는 점입니다. 이웃 종교인들은 자신을 익명의 그리스도인이라고 불리는 것에 대해 의문을 제기합니다. 이는 포괄주의적 입장이 이웃 종교인들을 그 자체로 받아들이지 않고 자기 종교의 틀 안에 넣으려 한다는 것입니다. 그들을 자기 종교 안으로 포괄시켜 놓고 자기만족을 하는 것이지, 타자를 타자로서 대하는 태도가 아니라는 것입니다. 예를 들어 불자를 불자로 받아들이지 않고 그리스도교 신앙 안에서 바라본다는 것을 불자들은 받아들이기 어렵다는 것입니다.

이러한 포괄주의의 한계점과 관련하여 폴 니터도 자신의 체험에 대해 다음과 같이 말합니다. 그가 독일에서 공부할 때 파키스탄에서 유학 온 이슬람교도가 있었는데, 그는 자신의 신앙에 만족하고 있었고 어느 그리스도교인보다 윤리적으로 충실히 살아가고 있었다고 합니다.

그토록 충실히 신앙생활을 하며 살아가는 이들…… 그에게 폴 니터는 '너는 그리스도교 신앙을 통해 완성될 것이다'고 말할 수 없었다는 것입니다. 이런 체험을 한 후 폴 니터는 포괄주의의 한계를 깨닫고 다원주의로 자신의 입장을 바꾸게 되었습니다.

2. 신 중심적 다원주의

다원주의의 주요 학자는 폴 니터, 존 휙, 윌프레드 켄트웰 스미스, 레오나르도 파니카를 들 수 있습니다. 이들의 입장은 종교의 다양성과 균등성을 인정하자는 것입니다. 각자가 지닌 신앙의 길을 걸어가면서도 각자의 믿음 안에서 구원받을 수 있다고 보는 것입니다. 종교간 대화는 이러한 다원주의 입장에 선 사람들에 의해 진행되어 왔습니다.

포괄주의가 '그리스도 중심'이라면, 신 중심적 다원주의는 '하느님 중심'이라 할 수 있습니다. 포괄주의적 입장에서는 우주적 그리스도를 말하긴 해도, 궁극적인 구원은 그리스도를 통해 이루어진다고 봅니다. 그래서 다원주의는 그리스도교의 중심이 되는 예수 그리스도를 괄호 속에 넣고 하느님 중심의 신앙을 펼쳐야 한다고 주장하는 것입니다.

다원주의를 비판하는 이들은 '신' 자체도 그리스도교적 개념이라고 논박하지만, 존 휙은 자신들이 말하는 '신'은 그리스도교 신이 아니라 보다 궁극적인 실재(Reality)라고 주장합니다. 불교에 유일신 사상은 없지만, 그들이 지향하는 궁극적인 세계와 그리스도교적 궁극적 실재는 크게 다르지 않으며 불교에서 궁극적인 실재라 할 수 있는 '공空'은 그리스도교의 하느님과 만날 수 있다고 보기 때문입니다. 이런 점에서

'하느님과 공'은 종교 대화의 주제가 될 수 있다고 봅니다.

신 중심적 다원주의는 종교의 가장 깊은 차원에서 공통 근거를 찾으려고 합니다. 그들은 인류의 모든 종교가 실재 혹은 신을 공통분모로 하고 있고 이런 실재를 자신의 문화적 틀에 따라 표현하는 양식이 다를 뿐, 뿌리는 하나라고 봅니다.[2] 존 힉은 '그리스도'가 중심인 포괄주의 입장에서 '하느님' 중심인 다원주의로 나아감은 마치 코페르니쿠스적 전회를 감행하는 것과 같다고 주장합니다. 그는 자신의 종교를 중심으로 다른 종교를 보는 포괄주의적 입장을 천동설에 비유합니다. 이것과 비교하여 궁극적인 실재를 통해 모든 종교의 공통 근거를 찾으려는 다원주의는 지동설과 맞닿아 있다는 것입니다. 종전에 각 종교의 입장이 천동설의 경우처럼 자신의 종교를 중심으로 사고했다면, 다원주의의 입장에서 각 종교는 '궁극적 실재'라는 태양을 중심으로 돌고 있는 위성들에 불과하다는 것입니다. 따라서 다원주의자들은 자自종교 중심의 신학에서 궁극적 실재라는 공통분모 중심의 신학으로 바뀌어야 한다고 주장합니다.[3]

그러나 다원주의에도 문제가 있습니다. 앞서 말씀드린 바와 같이 다원주의는 모든 종교의 공통 근거를 추구하기 때문에 각 종교 전통을 뛰어넘는 궁극적인 실재를 추구합니다. 그렇기 때문에 극단적 다원주의에서는 각 종교의 '고유성'을 희석시켜 버릴 위험이 있습니다. 구체적으로 말하면 그리스도교에서는 '예수', 이슬람에서는 '코란'과 같이

---

[2] 변선환 아키브 동서신학연구소 편, 『변선환 신학 새로 보기』, 대한기독교서회, 2005, 137쪽.
[3] 같은 책, 138쪽.

각 종교 신앙의 핵심이 되는 부분에 신자들이 온전히 헌신하지 못하는 결과를 가져올 수 있다는 것입니다.

신 중심적 다원주의가 지닌 이러한 문제점을 보완하여 새로운 시각을 펼친 학자로 마크 하임Mark Heim을 들 수 있습니다. 그는 주어진 상황에 따라 한 사람일지라도 세 가지의 입장을 가질 수도 있다고 보는데 이것이 바로 '포괄적 다원주의적 입장'입니다. 이 입장에서는 배타주의, 포괄주의, 다원주의의 세 가지를 각 상황에 따라 적용시킬 수 있다는 것입니다. 구체적으로 말하자면, 사람은 자기 종교에 헌신할 때는 다원주의적 입장에 서기가 어렵습니다. 자기 종교에 대한 절대적 신뢰를 지니지 않는다면 특정 종교의 신앙을 지닌다는 것은 불가능하기 때문입니다. 이 점은 다원주의 안에는 자기 종교에 대한 상대주의에 빠져서 온전한 헌신을 하지 못할 위험이 있음을 보여줍니다. 자기 신앙에 헌신한다는 점에서 배타주의 입장과 유사한 것 같으나, 다른 사람의 종교를 인정해 준다는 점에서는 전통적 배타주의와는 다릅니다.

포괄적 다원주의가 지닌 또 다른 특징은 내 삶 전체로 내가 택한 신앙의 길을 따라가지만, 다른 종교를 통해 자신의 신앙이 넓어지고 깊어짐을 받아들인다는 것입니다. 예를 들어 그리스도인이 불교를 알게 되면, 그것을 통해 자기 신앙을 되돌아보고 조명하면서 신앙의 폭이 깊어지고 넓어짐을 느끼게 됩니다. 또한 학문적으로 종교 연구를 할 때에는 다원주의 입장이 필요합니다. 학문적 입장에 서서 종교간 대화를 할 때에는 객관성이 필요합니다. 자신의 신앙으로 다른 종교의 교의를 바라볼 때 자칫 자기 주관적 입장에서 바라보게 되면 객관적인 해석이 이루어질 수 없습니다. 따라서 학문적으로 다른 종교를 접할 때 다원주의적 입장을 취해야 합니다. 지금까지 이루어진 종교간 대화는 주로 신 중심적 다원주의자들에 의해 진행되어 왔고, 이들은 대부분 서구의 종교 학자들이었습니다. 그러나 실제로 서구인들에 앞서 불교와 그리스도교 대화를 주도해온 이들은 일본의 교또학파였습니다.[4]

3. 교또학파를 중심으로 한 불교와 그리스도교의 만남

한국은 불교와 그리스도교 신도 수가 거의 같은 비율을 지닌 매우 독특한 다종교 상황이라 할 수 있습니다. 그래서 양 종교간 대화가 활발할 것 같지만, 실제로 그렇지는 않습니다. 오히려 불교가 절대적 우위를 차지하는 일본에서 양 종교간 대화가 활발하게 이루어져 왔습니다. 일본에서 종교 대화의 주축이 되어온 이들은 바로 교또학파 학자들입니다. 따라서 불교와 그리스도교 대화를 연구하려면 교또학파의 연구 업적을 숙지할 필요가 있습니다.

고 변선환 목사는 한국에서 불교와 그리스도교 대화에 깊은 관심을 지닌 선구자로서 큰 역할을 해온 분입니다. 불행히도 그는 다원주의 입장에 서서 예수의 유일성에 반하는 사상을 펼쳤다는 이유로 감리교에서 이단으로 축출당했습니다.[5] 근본주의 입장에서 볼 때 그의 주장은

---

[4] 교또학파는 니시다 기따로가 교또대학교 종교철학과에서 교수로 재직했기에 붙여진 이름이다.

[5] 감리교 목사이면서 감리교 신학대학 교수 및 신학대학 원장을 역임했던 변 목사는 감리교회의 교권에 의해 이단으로 정죄되었고 1992년 출교당했다. 그리스도교와 불교와의 격의 없는 만남을 위해 진력해온 그는 불교와의 창조적인 만남을 통해 한국 그리스도교가 서구적인 틀을 벗어나 새로운 모습으로 변화되어야 한다는 신념을

받아들이기 어려운 것이었기 때문입니다. 김홍도 목사의 다음 주장은 이를 잘 보여줍니다.

"변선환은 생명의 구주이신 예수를 믿음으로 영생을 얻고 구원받는 성경의 근본교리와 완전히 배치되는 범신론 내지 무신론적 구원관을 갖고 있다."[6] 이러한 근본주의자들의 주장은 오늘날까지도 여전히 감리교단 안팎에서 일어나고 있습니다.

변 목사는 '불교와 그리스도교의 대화총서' 시리즈 7권을 대원정사 출판사를 통해 출간했습니다. 제1권은 니시타니 게이지(1900~1990)의 『종교란 무엇인가』, 제2권은 한스 반델펠스의 『공과 하느님』입니다. 제목이 말하듯이 이 책은 그리스도인이 불자들과 대화하기 위해 알아야 할 기본적인 불교 지식을 열거하면서 불교의 공과 하느님의 만남을 시도하고자 합니다. 제3권은 윌리암 존스톤의 『선과 그리스도교 신비주의』로, 이는 종교적 신비 체험을 중심으로 양 종교간 대화를 시도하고 있습니다. 제4권은 히사마츠 신이치(久松眞一)의 『무신론과 유신론』인데 여기서는 단순히 그리스도교를 유신론으로, 불교를 무신론으로 보는 관점을 넘어서 양 종교를 바라보고자 합니다. 즉 유신론적 그리스도교가 절대타자의 신앙에 입각한 구원을 말한다면, 깨달음의 종교인 불교는 무상無相의 자기自己로서의 구원을 말하고 있습니다. 이 두 인간상을 비교함으로써 양 종교의 만남을 시도하고자 합니다.

갖고, 양 종교 사이의 갈등과 편견을 불식시키는 일에 매진했다.(아베 마사오, 변선환 역, 『선과 현대신학』, 대원정사, 1996, 471쪽 참조)

6 김홍도, "우리는 왜 변선환, 홍정수 두 교수의 출교를 주장하는가"(『월간목회』 1992. 8월호 참조)

히사마츠 신이치는 비판적인 시각에서 그리스도교를 논했는데, 이러한 그의 논지는 그리스도인이 지닌 신앙의 일면을 지적했다는 점에서 많은 신학자들의 관심사가 되어 왔습니다. 특히 히사마츠는 하느님을 대상화하는 그리스도교 신앙을 비판함으로써, 그리스도교 신학자들로 하여금 하느님의 내재성에 보다 깊은 관심을 일으켰습니다.

1) 니시다 기타로의 사상

일본 철학의 개조라고 불리는 니시다 기타로(西田幾多郞, 1870~1945)는 교또학파를 대표하는 선구자라 할 수 있습니다. 우리는 그가 선불교 사상을 근저로 서양 철학 사상과 만남을 시도했다는 점에서 그의 철학 사상이 지닌 의의를 찾을 수 있습니다. 니시다의 철학적 관심은 유럽 철학의 유물론과 유심론이었습니다. 유물론은 세계를 완전히 객관적으로 바라보는 것으로 사물의 존재를 인간의 마음과 관계없이 보는 입장인 데 반해, 유심론은 세계를 주관적 입장에서 바라보는 것입니다. 다시 말해 유럽 철학은 주관과 객관을 뚜렷이 구별하는 특징이 있습니다. 그러나 니시다는 세계의 양태를 주관과 객관으로 이원화하여 설명하는 것 자체에 문제가 있다고 보았습니다. 주관과 객관을 구별하는 것은 한쪽에 치우치는 오류를 범하는 태도라고 생각했기 때문입니다. 그가 유럽 철학을 비판적 관점에서 바라보게 된 것에는 그의 선禪 체험이 크게 작용했습니다. 그는 동서 사상을 자기 나름대로 융합함으로써 하나의 결론을 얻었는데 그것이 바로 '순수경험'입니다. 여기서 말하는 순수경험은 그가 서구 사상이 지닌 주객 이원론적 사고에 의문을 품고 이것을 뛰어넘으려는 문제의식에서 나온 것입니다. 이런 점에서 순수경험이란 주관과 객관의 구별이 없어진 세계라 할 수 있습니다.

니시다는『선善의 연구』(1911)에서 순수경험을 본격적으로 설명하고 있습니다. 순수체험의 한 예로 우리가 음악을 듣고 이에 심취되면 우리 자신과 우리를 둘러싸고 있는 사물도 모두 잊어버리고 음악과 하나 됨을 느끼게 되는 것을 들 수 있습니다. 마치 우리가 음악을 들을 때 아름다운 음악에 심취되어 우리도, 우리자신을 둘러싸고 있는 사물도 모두 잊어버리고 천지가 다만 아름다운 하나의 음악 소리인 것만 같이, 이 찰나에는 소위 참된 실재가 직접 현전하고 있는 것입니다. 니시다는 이것을 주객미분主客未分의 상태, 곧 순수경험이라고 보았습니다. 즉 순수체험은 지知·정情·의意의 분리가 없고, 주객의 이원론적 대립이 없는 경지라 할 수 있습니다.[7] 이는 주관과 객관을 초월한 상태라기보다 주객으로 나누어지기 이전 상태라 할 수 있습니다. 그런데 왜 니시다는 순수경험을 이야기하면서 책의 제목을『선善의 연구』라고 붙였을까요? 그것은 우리가 순수경험을 할 때가 바로 최고의 선善 경험을 할 때라고 보았기 때문입니다. 나와 너의 경계가 없어지는 상태, 그것이야말로 최고선의 경지라는 것입니다.

---

[7] "주관·객관의 대립은 우리들의 사유적 요구에서 나오는 것으로서 직접경험의 사실이 아니다. 직접경험에는 오직 독립 자족한 사실이 있을 뿐이다. 보이는 주관도 없고 보이는 객관도 없다." 즉 이러한 순수경험에는 직관적인 측면이 강하다. 직관적인 것은 '보는 자 없이 보는 것'(seeing without a seer)이라는 모습으로 일체의 작용을 초월한 장소의 입장에 도달한다. 이것이 바로 철학사에서 니시다 기따로를 탁월한 인물로 자리 잡게 만든 '장소' 개념과 '장소의 논리'(logic of place, 場所の論理) 사상이다. 여기서 말하는 '장소'란 니시다가 말한 순수체험이 실재임을 의미한다.

'나는 주변세계와 동떨어진 독립된 존재이다'라는 주관적 공상이 지워지고 나의 마음과 주변세계는 하나가 될 수 있다는 사실에 눈을 뜨는 것이다. 그럴 때 비로소 지고의 선행에 도달하여 참된 만족을 얻게 되는 것이다.[8]

이상에서 살펴본 니시다의 순수경험은 그가 한 선禪 수행에 근거하고 있습니다. 오랫동안 선 수행을 했던 니시다는 자신의 체험에 바탕하여 '동양의 선禪과 서양 철학의 만남'을 시도했던 것입니다. 순수경험은 주객을 떠난 경지이기 때문에 의식 차원이 아니라 직관 차원이라 할 수 있습니다. 이러한 직관적 차원을 그는 '장소'로 표현했고 그는 이를 서양의 합리적, 의식적 사고인 논리로 설명하려고 시도했습니다. 이러한 사유 안에서 나온 것이 바로 '장소적 논리'입니다. 이와 같이 니시다는 선불교의 종교 체험을 근저로 서양 철학과 그리스도교 사상 간의 만남을 시도했고, 양 종교간 대화에서 선구자적 역할을 해온 것입니다.

2) 니시타니 게이지의 사상

니시다가 교또학파의 선구자라면, 니시타니 게이지(西谷啓治, 1900~1990)는 니시다의 사상을 하나의 학파로 발전시킨 학자라 할 수 있습니다. 젊은 시절 신앙도 없이 죽음과 허무 속에서 오랜 시간을 보낸 니시타니는 자신의 젊은 시절을 희망이 전혀 없는 기간이었다고 회고합

---

[8] 『선의 연구』는 그가 41세 때 펴낸 책으로 당시 많은 독자를 획득했고 학생들의 필독 도서가 되었다.(나가오 다케시 저, 박규태 역, 『일본사상 이야기 40』, 예문서원, 2002, 303쪽 참조)

니다. 그 시점에서 그는 삶과 죽음의 문제로 고뇌했고, 이것이 그가 철학을 공부하게 된 계기가 되었습니다.

니시타니는 『내 철학의 출발점』에서 "나는 허무주의의 문제가 종교와 과학 사이에 상호 적대의 근간을 이룬다고 확신한다. 나의 철학적 노력은 이 확신에서 출발하고 발전하여 결국 모든 것을 포함하게 되었다"라고 말합니다. 그는 자신의 허무 체험 속에서 서구의 허무주의와 만났고 자신이 문제 삼은 허무야말로 서구 사상의 근저에 깔려 있다고 보았습니다.[9] 니체가 말했듯이 서구의 절대 중심이었던 신의 죽음은 서구 사상의 바탕이던 그리스도교가 무너지기 시작했음을 의미한다고 봅니다. 니시타니는 서구인들이 자신의 중심축을 잃고 난 후 무엇을 잡고 살아갈지 모르게 되었고, 그래서 허무주의에 빠지게 되었다고 해석합니다.

그러나 그에게 있어 서구의 허무주의는 자신에게는 답이 될 수 없었습니다. 그래서 그는 니시다와 선禪을 만나게 되었고 이 만남이 계기가 되어 선과 철학의 관계에 주목하게 되었습니다. 니시타니는 현대 서양 문화의 딜레마는 그리스도교에서 발생한 것이라고 보면서 동시에 그리스도교를 떠나서는 극복할 수 없다고 판단했습니다. 그러나 현 상태의 그리스도교로는 이 문제를 해결할 수 없기에 그는 서양적 지역주의를

---

[9] 니시타니는 니시다의 제자로 철학적 훈련을 받기 전에 서구 철학을 공부했고 거기서 자신의 실존적 문제와 맞닥뜨려 허무주의에 대한 깊은 문제의식을 지녔다. 허무주의는 바로 그의 철학의 출발점에 되었다. 니시타니는 허무주의야말로 과학주의와 연결되어 서구 문명의 기초를 흔들어놓고 인간이 설 자리를 상실케 했다고 말한다. 니시타니는 말한다. "서양은 동양 사상의 방향으로 갈 수밖에 없다. 그러나 고유의 서양적 사고 전제하에서 출발해야만 한다."

탈피하여 선불교와 철학의 만남을 시도한 것입니다. 니시타니는 서구가 지닌 이원론적 세계를 뛰어넘을 수 있는 해결책으로 '공의 입장'을 제시합니다. 구체적으로 '공의 입장'은 인간이 가지고 있는 본래성, 원천적 모습으로 돌아가는 것을 뜻합니다. 본래 자신의 진면목에 눈을 돌리게 되면 허무의 장을 극복할 수 있는 길이 열린다는 것입니다.

니시타니는 『종교란 무엇인가』에서 모든 종교 자체를 반대하거나 신앙에 무관심한 현대인의 자세를 문제 삼았습니다. 그는 무엇보다도 신앙인들이 해야 할 일은 비종교인들에게 종교가 무엇인지를 말해주는 것이라 보았습니다. 그는 구체적으로 서양 철학과 선禪을 연관 지어 종교의 본질에 대해 풀어가고자 노력했습니다. 이와 같이 서구 사상과 선을 융합시키려 했던 니시타니는 자신의 정체성을 '되어가면서 이미 된 불교인'이며 동시에 '되어가는 그리스도인'이라고 고백한 바 있습니다. 이는 그가 불교 안에서 그리스도교와의 종교간 대화를 시도하고자 노력해 왔음을 잘 보여주고 있습니다. 또한 자신을 되어가는 그리스도인이라고 고백함에서 그리스도교로부터 계속 배우고 변화하려 함을 읽을 수 있습니다.[10] 니시타니가 자기 정체성을 표현했듯이, '이미 된 그리스도인이면서 되어가는 그리스도인이고 되어가는 불교인'이라고 생각해 봅니다.

---

10 이찬수, 『불교와 그리스도교, 깊이에서 만나다』, 다산글방, 2003, 190쪽.

4. 종전의 양 종교의 대화에 대한 평가

1) 신 중심적 다원주의 사상이 지닌 한계

윌프레드 켄트웰 스미스는 '신'이라는 상징을 통해 궁극적 실재를 말하려 한 대표적인 신 중심적 다원주의자입니다. 그는 그리스도교에 국한된 유일신만이 아니라 신 중심적 종교가 아닌 종교의 궁극적 실재까지 포괄한 표현으로 '신'을 설명하고자 합니다. 그러나 그가 아무리 신에 대해 가치중립적으로 해석하더라도 신이라는 표현은 동양 종교, 특히 불교에는 어울린다고 보기는 어렵다는 것이 그에 대한 비판입니다. 스미스의 '신'이라는 표현뿐 아니라 신 중심적 다원주의에서는 개별종교간의 다름을 간과하고 개체종교의 독특성을 희석시키는 결과를 가져올 위험이 있다고 봅니다.[11] '신'이라는 표현이 문제가 있어 '궁극적 실재'라는 표현을 쓸 때에도 여전히 문제는 남아 있습니다. 그리스도교의 하느님은 인격적 존재인데 비해, 불교의 공은 인격적 실재로 보기는 어렵기 때문입니다. 다원주의자들은 인격성과 비인격성의 문제가 다원주의의 본질적인 문제가 아니라고 주장합니다. 다음의 글은 다원주의자들의 입장을 잘 보여주고 있습니다.

공은 사랑의 존재론적 개념이며, 사랑은 공의 인격적 언어이다. 모든 개별자들을 포괄하고 통일시켜 주는 것을 그리스도교의 하느님과 같이 인격적 실재로 보느냐, 아니면 불교의 공같이 비인격적 실재로

---

[11] 변선환 아키브 동서신학연구소 편, 『변선환신학 새로보기』, 대한기독교서회, 2005, 138쪽.

보느냐는 본질적 문제가 아니다.

틱낫한 스님도 신이 인격체인지 아닌지를 논하는 것은 존재의 근원을 현상세계에 나타난 하나의 표현과 비교하는 것처럼 무모하다고 말합니다. 그래서 그는 하느님은 인격체도 비인격체도 아니며 그 실재의 깊이를 꿰뚫어보기 위해선 우리가 가지고 있는 개념을 버려야 함을 강조합니다.

물결은 높다 낮다, 아름답다 덜 아름답다, 온다 간다, 태어난다 죽는다 따위의 말로 표현할 수 있지만, 이런 개념들을 물 자체에 적용할 수는 없기 때문입니다. 그런데 무엇 때문에 하느님이 인격인지 아닌지를 따지는 데 그런 엄청난 시간과 정력을 소모합니까.[12]

이와 같이 궁극적 차원에서는 인격성과 비인격성 여부가 문제가 되지 않지만, 신 중심적 다원주의자들처럼 궁극적 실재는 같다고 보게 되면 자칫 종교적 차이마저 희석해버릴 위험이 있습니다. 만일 그렇다면 굳이 특정 종교를 가질 이유가 사라지고 말기 때문입니다. 무슨 종교를 믿든지 구원을 얻을 수 있다면 굳이 특정 종교를 믿어야 할 이유는 없어지게 되니까요. 다원주의를 주장하는 많은 사람들은 '예수 그리스도의 유일성'을 문제 삼았습니다. 그래서 그들은 예수의 유일성을 배제하고 예수의 존재성마저 상대화시키려 합니다. 그러나 만일 예수의 유일성을 간과한다면 결국 그리스도교의 고유성이 상실될 위험

---

12 틱낫한, 『귀향』, 모색, 2001, 28쪽.

이 있지 않나 생각합니다.

2) 교또학파 사상이 지닌 의의

교또학파 사상은 그리스도교 신관에 도전을 준 것이 사실입니다. 교또학파 사상을 접함으로써 그리스도교인은 '내가 신앙하는 신은 어떤 존재'인지를 되돌아보게 되었고 '나는 신을 대상적 존재, 실체적 존재로 생각해 오진 않았는가' 하는 의문을 던지게 만들었기 때문입니다. 하느님을 대상화하고 실체적으로 생각하는 것은 하느님과 인간이라는 이원론적인 사고의 틀을 갖게 합니다. 오늘날 많은 그리스도인들이 자신의 종교 체험 안에서 하느님의 초월성보다는 내재성에 더 관심을 갖는 것은 이러한 문제의식과 연관이 있다고 봅니다. 이러한 변화는 우리가 하느님을 '존재자를 뛰어넘는 존재 자체'로 보는 자각에서 비롯된 것입니다. 하이데거도 존재와 존재자는 구별해야 한다고 말합니다. 그는 만일 하느님이 계신다면 하느님은 존재 자체이지 존재자일 수 없다고 주장합니다. 니체가 '신은 죽었다'고 말했을 때에도 그 신은 '존재자'로서의 '신'을 의미했습니다.

마이스터 엑카르트는 존재와 존재자를 구분 지어 하느님을 '존재 자체(esse ipsum)'라고 말합니다. 유한한 존재들은 존재 자체인 하느님을 떠나 존재할 수 없다는 것입니다. 엑카르트는 하느님을 '하나'라는 개념을 통해 표현하는데 여기서 '하나'라는 말은 둘이나 셋에 대비되는 숫자적 개념이 아니라, '모든 수의 원천이고 근원'으로서의 하나[13]를 의미합니다. 이와 같이 엑카르트는 '존재 혹은 하나'라는 표현을 통해

---

[13] Lateinische Werke II, p.487.

신(Gott)과 신성(Gottheit)을 구별하고 둘은 하늘과 땅처럼 차이가 있다고 하였습니다.[14] 여기서 신성이란 모든 존재의 근원인 존재 자체를 말합니다. 속성을 지닌 삼위의 하느님은 신으로서 신성에서 나왔다고 봅니다. 이와 같이 엑카르트는 신과 신성을 구분 지으면서 하느님께 다음과 같이 기도합니다. "나를 하느님 당신으로부터 자유롭게 해주십시오." 다석 유영모 선생은 하느님을 '없이 계신 분'으로 표현하기도 했습니다. 인간은 '있으면서 없는 존재'인데 반해, 하느님은 '없으면서 있으신 분'이라는 것입니다. '없이 계신' 하느님은 아무리 바깥에서 찾아도 결코 찾을 수가 없지요. 하느님은 우리 마음 깊은 속보다 더 깊이 계시기 때문입니다. 따라서 하느님께 가는 길은 우리 자신의 마음속으로 들어가는 길밖에 없다는 것입니다. 결국 이는 자신을 비워 냄으로써만이 가능한 일이라고 할 수 있겠지요. 그래서 하느님을 찾고자 하는 이들은 기도 명상으로 들어서지 않으면 안 됩니다.

앞서 말한 니시다의 '순수체험'이나 니시타니의 '공의 입장'은 모두 종교의 본질에 관한 표현이라 할 수 있습니다. 그들은 결국 모든 종교가 만날 수 있는 영역은 종교의 본질적인 면이라고 보았고, 이것을 종교간 대화의 주요 관심사로 삼았습니다. 그러나 종교의 본질론적인 점에서 종교 대화를 할 때 발생하는 문제점은 각 종교의 특수성이 감추어지게 된다는 데 있습니다. 예를 들어 그리스도교의 특수성이라면 '예수 그리스도'라고 할 수 있습니다. 만일 예수 그리스도를 괄호 속에 넣고 그리스도교를 말한다는 것은 그리스도교의 핵심이 빠진 것이라 할

---

[14] Quint, p.272.

수 있겠습니다. 이는 불교의 경우도 마찬가지겠지요. 이렇듯 각 종교의 특수성을 열외로 두고는 진정한 종교 대화가 이뤄지기는 어렵지 않나 싶습니다.

그간 교또학파를 중심으로 이루어진 종교 대화에서는 선禪의 종교 체험이 불교와 그리스도교 대화의 공통분모로 부각되었다는 사실을 앞서 말씀드렸습니다. 니시다가 말한 순수경험 역시 선 체험에서 나온 것이라 할 수 있습니다. 그렇다면 선 체험이 과연 모든 종교 체험을 포괄할 수 있는지 다시금 물어야 할 것입니다. 즉 '선 체험이 불교라는 역사적 상대성을 벗어나 초역사적이고 보편적인 경험의 세계라고 말할 수 있는가?' 하는 점입니다. 선을 통한 종교 체험이 그리스도인들이나 여타의 종교에서의 종교 체험과 같다고 볼 수 있는지 묻지 않을 수 없습니다. 불교적 종교 체험과 그리스도교적 종교 체험 사이에는 유사성도 있지만, 차이점도 분명히 존재합니다. 이러한 차이점에서 부상되는 것이 바로 '예수의 유일성' 문제입니다.

5. 예수의 유일성 문제

포괄적 그리스도론을 주장해온 파니카는 '예수와 그리스도'를 구별했습니다. 역사적 예수는 그리스도임에 틀림없으나 그리스도를 역사적 예수와 동일시하는 것은 그리스도를 한 인물에 국한시키는 한계점이 있다는 것입니다. 그것은 그리스도를 모든 존재를 포괄하는 전 우주적 존재로 보아야 한다는 관점에서입니다. 이런 점에서 파니카는 예수는 그리스도이지만, 그리스도가 예수라는 명제는 꼭 성립된다고 볼 수 없다고 주장합니다.[15] 즉 그리스도는 그 의미를 좀 더 확장시켜 예수만이 아니라 불교의 보살을 뜻할 수도 있다는 것이지요. 변선환은 이러한 파니카의 우주적 그리스도론을 비판합니다. 복음은 구체적인 역사와 삶을 연관 지어 해석해야 하는데, 파니카의 우주적 그리스도론은 자칫 형이상학적인 사변에 빠질 위험이 있다는 것입니다. 그래서 변선환은 보다 구체적인 역사 안에서 그리스도론을 펼치기 위해 민중종교의 그리스도론을 말합니다. 그는 예수 그리스도가 아시아에 전래되기 전에도 아시아인들이 나름대로 토착 신앙 안에서 삶의 의미와 진리를 발견하고 거기에 맞춰 살아가고 있었다는 점에 주목합니다. 즉 한국의 그리스도인은 그리스도교가 들어오면서 서구 신학을 그대로 수용한 것이 아니라, 아시아 영성에 의해 새로 세례를 받았다는 것입니다. '아시아의 새로운 세례'라는 것은 그들의 민중적 상황을 통해 골고타의 죽음과 부활 체험이 아시아 신학으로 거듭나야 함을 의미합니다.[16] 그래서 변선환은 예수가 하느님의 아들이었다는 형이상학적 그리스도론보다는 예수가 죄인 민중의 친구였다는 실천에 근거해서 예수의 유일성을 바라봐야 한다고 주장합니다.[17]

그것은 그리스도인에게는 예수가 유일하고 보편적인 규범이지만, 이웃 종교인에겐 그리스도인들처럼 동일한 규범일 수 없기 때문입니다. 이와 같이 신 중심적이고 비규범적으로 그리스도를 해석한 변 목사의

---

15 심광섭, 「변선환박사의 그리스도론 연구」, 『변선환 종교신학』, 한국신학연구소, 1997, 226쪽 참조.
16 같은 논문, 222쪽.
17 같은 논문, 223쪽.

관점에서 예수는 역사적 인물이기에 역사적 구체성을 절대화할 수 없었고 따라서 예수의 유일성을 보류하고자 했던 것입니다. 결국 이러한 입장을 표명함으로써 변 목사는 감리교단 안에서 이단으로 축출당하고 말았습니다. 그만큼 예수의 유일성은 그리스도교 신학에서 매우 중요하고도 예민한 주제라 할 수 있습니다.

존 힉은 예수를 '신의 한 은유'라고 표현합니다. 그는 예수가 성육신 되신 하느님임을 문자적으로 받아들일 수 없으며 이를 은유적으로 해석해야 한다고 주장합니다. 예수는 세상 속에서 하느님과 아주 밀접한 관계를 지닌 분임에는 확실하지만, 예수가 하느님임을 그대로 받아들이는 것은 문제가 있다는 것입니다. 그래서 존 힉은 예수를 '신의 한 은유'로서 설명합니다. 이와 같이 은유적인 의미로 예수를 설명하면 누구든지 예수처럼 하느님의 뜻을 행하는 행위를 통해 성육신할 수 있다는 해석이 가능해집니다. 다시 말해 성육신은 예수에게만 한정된 것이 아니라 모든 인간 존재에게 열려 있는 장으로 해석할 수 있다는 것입니다.

존 힉과 같은 맥락에서 길희성은 예수를 보살로 보는 아시아적 그리스도론인 보살기독론을 펼쳤습니다.[18] 보살의 개념으로 그리스도를 설명하고자 시도한 그의 보살기독론은 공과 하느님을 동일 실재로 보고, 그 위에서 예수 그리스도를 '아시아적 그리스도'로 새롭게 해석하고자 한 것입니다. 보살은 대승불교에서 이상적 존재상으로서 이미 깨달았

---

[18] 길희성 교수는 씨튼연구원 종교 대화 강좌가 처음 열린 1994년 강좌–선불교와 그리스도교–에서 두 달에 걸쳐 "하느님과 공" 그리고 "예수와 보살"이란 주제로 강의하였다. 그는 기본적으로 존 힉과 스미스의 입장에 서 있다. 즉 신 중심적 다원주의 입장이다.

지만 중생을 구원하기 위해 부처되기를 보류한 존재라고 본 길희성은 "보살이 2000년 전 갈릴래아 지방에 모습을 드러냈다면 예수의 모습으로 나타났을 것"이라고 했습니다. 따라서 "아시아인들은 예수의 의미를 우리 문화와 종교적 감성 속에 자리 잡아온 보살로 이해함이 당연하다"라는 것입니다.[19]

이러한 보살기독론에 대해 변선환 목사는 다음과 같은 비판을 가합니다. "신앙의 보편적 가능 근거는 공이나 절대무絶對無라는 비행접시에 있지 않고 인간 실존의 자기 이해에 있으며, 이 자기 실존은 내 구체적 생의 상황, 곧 그리스도교 전통에서만 가능하다."[20] 따라서 역사적 예수를 추상적이고 이상적 존재인 보살과 대비시키는 것은 무리라는 것입니다. 그런 관점에서 변 목사는 길 교수가 불교나 그리스도교를 동일시함으로써 성서 신앙을 불교적으로 환원시켰다고 비판합니다.[21] 길 교수도 자신이 보살이라는 이념에 더 비중을 두고 예수를 해석한 점을 인정했습니다. 그러나 기본적으로 그는 그리스도교가 '예수 중심'이 아니라 '하느님 중심'의 종교로 돌아가야 한다는 신다원주의론적 관점에서 보살기독론을 주장한 것입니다. 어쩌면 이러한 보살기독론이 지닌 문제야말로 신 중심적 다원주의가 지닌 문제의 단면을 보여주고 있다는 생각이 듭니다.

---

19 길희성, 「불교적 관점에서 본 그리스도론」, 『사목』 168호, 한국천주교중앙협의회, 1993. 1, 62~111쪽 참조.

20 변선환은 『사목』 170호에서 길희성 교수의 논문에 대해 논박한 바 있다.

21 길희성은 급진적인 선불교의 시각에서만 예수를 보았기에 역사적 정토불교와 바울종교의 현존 의미를 살려내지 못했다.(변선환 아키브 동서신학연구소 편, 『변선환 신학 새로 보기』, 대한기독교서회, 2005, 187쪽)

6. 종교 대화가 나아갈 방향

지금까지 종래에 이루어진 불교와 그리스도교의 대화를 중심으로 살펴 보았습니다. 이를 바탕으로 앞으로 전개되어야 할 불교와 그리스도교 의 대화는 어떤 방향을 지녀야 할지, 이는 앞으로 우리 각자가 계속 지니고 가야 할 물음이 아닌가 생각합니다. 그럼 지금까지의 고찰을 바탕으로 앞으로 종교 대화를 할 때 고려해야 할 점과 방향성에 대해 살펴보기로 하겠습니다.

1) 종교의 보편성과 특수성

앞서 신 중심적 다원주의를 통해 살펴보았듯이 지금까지 종교 대화는 주로 종교적 보편성이 무엇인가 하는 점에 초점을 맞추어온 것이 사실입 니다. 하나의 보편적인 진리를 상정하고 대화해온 신 중심적 다원주의 는, 각 신앙인들이 각기 다양한 길을 선택해서 살아가지만 결국은 같은 정상에 다다른다고 주장합니다. 그래서 그들은 그리스도교의 '하느님'이나 불교의 '공空'마저도 포괄할 수 있는 보편성을 가진 더 큰 차원의 실재를 상정합니다. 이와 같이 다원주의자들이 세운 제3의 궁극적인 실재라는 것은 과연 무엇을 의미하는 것일까요? 그 가정된 실재는 과연 삼라만상의 생사 문제를 모두 설명해낼 수 있을까요?

이 물음과 관련하여 원효 스님의 『대승육정참회大乘六情懺悔』에 나오 는 "환호환幻虎還 탄환사呑幻師"라는 비유가 떠오릅니다. 여기서 말하는 환사幻師는 마술사를 말하고 환호幻虎는 바로 그 마술사가 만든 허깨비 호랑이를 의미합니다. 이 이야기에서 마술사는 결국 자신의 환술에 의해 만들어진 호랑이에 의해 도리어 삼켜져버리고 맙니다. 이 이야기는 자기가 만들어낸 관념이나 교리에 의해 도리어 자신이 먹히고 만다는 메시지를 담고 있습니다. 신앙의 세계를 관념으로 규정지으려는 순간, 우리는 환호에게 잡아먹히고 맙니다. 종교 대화 담론을 들여다보면 거기에서 이러한 환사와 환호가 발견됩니다. 종교들의 특수성을 교묘히 제거한 뒤에 등가가치들만을 골라 하나의 UN종교를 만들려는 종교다원주의자들의 시도가 그것입니다.[22]

우리는 자칫 이러한 믿음의 허상을 만들어놓고 그 안에서 사유의 놀이를 할 위험이 있습니다. 신앙은 어떤 허상이 아니라 살아 있는 자들의 울부짖음과 기쁨, 탄식, 환희를 담아낼 수 있어야 하고 그들의 아픔에 함께하며 치유하고 구원하는 힘을 지니고 있어야 합니다. 그러기 위해서 우리는 끊임없이 허깨비 호랑이에 걸려 넘어지지 않도록 조심하지 않으면 안 됩니다. 저는 이 점이야말로 종교 대화를 해나감에 있어 마음 깊이 간직해야 하는 부분이 아닌가 싶습니다. 어떻게 해야 허깨비 호랑이에 빠지지 않고 이를 초월하여 종교 대화를 계속해나갈 수 있는지 함께 고민하고 성찰해가야 하지 않나 싶습니다.

종교 대화를 함에 있어 보편성의 문제와 더불어 다시금 심사숙고해야 할 것은 각 종교의 특수성과 고유성의 문제입니다. 하나의 정상을 상정하고 이를 지향하는 종교의 보편성 추구는 자칫 각 종교가 지닌 특수성과 고유성을 무시해 버리거나 약화시킬 위험이 있습니다.[23] 우리

---

22 서공석, 『새로워져야 합니다』, 분도출판사, 1999, 87쪽 참조.
23 이런 점에서 다음의 비판은 신 중심주의적 다원주의 입장의 대화가 지닌 한계를 잘 보여준다. 김영한 교수(숭실대학교 그리스도교학 대학원장)는 '진정한 종교

는 두 종교의 신앙을 동시에 갖고 살아갈 수는 없습니다. 제가 불교를 공부하고 불교적 사유나 명상 수행을 해도 저는 그리스도인으로서의 정체성을 지니고 살아가는 자입니다. 이렇듯 한 종교에 속한 신앙인으로 살아간다는 것은 그 종교 전통 안에서 전수되어온 구원의 메시지를 갖고 그 신앙 공동체 안에서 살아감을 뜻합니다. 이런 점에서 종교 대화를 할 때 각 종교의 특수성과 고유성은 간과할 수 없는 문제라고 봅니다. 저는 바로 이 점이 종교 대화를 하는 이들의 한계이면서 동시에 이웃 종교의 고유성을 통해 새로운 면을 배우게 되는 계기도 된다고 봅니다. 아니, 바로 그러한 고유성과 특수성이야말로 이웃 종교와 대화해야 할 이유를 제공해주는 것이 아닌가 생각합니다.

2) 예수의 유일성과 보편성

그리스도교에서는 예수를 통해서 궁극적인 구원이 선취되었다고 봅니다. 이와 같이 구원의 길을 예수라는 한 존재에 초점을 맞추어 해석하는 그리스도교의 구원사적 해석 방법에서 예수의 유일성 문제가 대두되었습니다. 저는 이 문제를 판넨베르크(Wolfhart Pannenberg)의 보편사적 해석학의 관점을 통해 살펴보고자 합니다. 여기서 보편사적 해석학의 관점이란 과거와 현재의 지평을 아직 끝나지 않는 역사, 곧 미래로 개방되어 있는 역사 전체의 구도 속에서 인간과 세계, 그리고 하느님에

대화의 전제-예수 그리스도의 유일성'이라는 글을 통해 "다원주의적 종교 대화란 그리스도교의 정체성을 부정하는 혼합주의 운동이다. 종교와의 대화는 필요하다. 그러나 대화의 전제도 중요하다. 그리스도교적 정체성을 상실한 대화는 진정한 의미의 대화라고 볼 수 없다"고 말했다.(『월간목회』 10월호, 「종교 다원화, 이것이 문제다」, 2005. 10)

대한 현실성을 바라보고자 하는 것입니다. 이러한 시각은 역사와 사실을 현대적 실존 속으로 융해시키고자 한 불트만의 실존적 해석학에 대한 문제의식에서 비롯됩니다. 그는 가다머가 말한 지평융해의 개념을 도입하여 실존론적 이해를 넘어 역사의 이해를 통해 서로 다른 지평을 융해함으로써 현실성에 이르고자 합니다.

판넨베르크는 불트만과 가다머의 영향을 받아 과거와 현재의 지평, 그리고 미래의 지평을 포괄하는 보편사적 지평에서 신학하기를 시도합니다. 그는 보편사적 해석학의 사고 안에서 과거와 현재의 지평이 미래의 지평에서 통전화되기에, 종말의 전망이야말로 역사의 의미를 온전히 밝혀줄 수 있다고 봅니다. 이러한 입장은 과거의 역사가 오늘의 역사를, 오늘의 역사가 미래를 결정한다는 변증법적 역사철학의 관점이 아니라 종말이 오늘의 역사를 결정한다는 종말론적 역사관이라고도 할 수 있습니다.

판넨베르크는 종말론적 역사관 속에서 예수라는 존재가 그리스도교에 주는 의미를 조명코자 했습니다. 저는 여기서 그리스도교 교회 공동체가 2000년의 역사 안에서 끝까지 지켜온 예수의 유일성에 대해 다시금 묻게 됩니다. 예수의 유일성이 "예수밖에는 구원이 없다"는 배타성을 뜻하는 것이 아니라, 바로 그 구체적인 역사의 장에서 드러난 하느님과의 관계에 있어 어느 것과 비교될 수 없는 유일한 관계 맺음이 었다는 사실을 말하는 것이라고요. 바로 이 점이 그리스도교가 '예수의 유일성'을 끝까지 지켜온 이유가 아닌가 싶습니다. 바로 그 유일성 안에서 그리스도교가 탄생되었고 존속해온 것이라고요. 그리스도인은 다름 아닌 예수가 하느님과 맺는 '유일한' 관계성을 통해 하느님이 누구이신지를 깨닫고 예수가 '압바'라고 부른 바로 그 하느님을 자신의 압바로 고백하는 이들이기 때문입니다. 저는 예수의 유일성은 하느님께서 예수를 통해 당신을 탈은폐하셨다는 사실을 의미하는 것이라고 봅니다. 여기서 '탈은폐'라 함은 하느님께서 인류 역사 안에, 아니 삼라만상 안에 숨어 계심을 전제한 표현입니다. 그 숨어 계신 하느님께서 인류의 역사 안에 인간의 모습으로 나타나셨고 인간으로 사셨고 죽으셨다는 것입니다. 예수야말로 바로 하느님의 자기계시라고 말입니다.

우리가 경험하는 세계에서 우리는 하느님의 계시를 완전히 알아듣는 데 한계가 있습니다. 모세가 하느님께 누군지 물었을 때 그분은 '나는 나다(I AM)', 곧 '스스로 있는 자'라고 하셨습니다. 하느님은 존재 자체라는 것입니다. 존재자가 어떻게 존재 자체를 알 수 있겠습니까? 알 수 있는 길은 단 한 가지, 존재 자체이신 분이 스스로 당신 자신을 열어 보여주시는 길뿐이지요. 우리는 이것을 하느님의 자기계시라고 합니다. 구약성경은 이스라엘 역사 안에서 드러난 하느님의 자기계시의 역사라 할 수 있습니다. 그리스도인에게 구약성경이 중요한 이유가 바로 여기 있습니다. 예수는 구약성경의 역사와 불가분의 관계를 맺고 있으며, 이스라엘 역사 안에서 하느님은 예수를 통해 궁극적으로 자신을 확연히 드러내셨습니다. 이것이 그리스도교 신앙이며, 따라서 그리스도교가 말하는 예수의 유일성은 바로 하느님의 자기계시가 결정적으로 각인된 역사적 현상을 예수로 보는 데 있다고 말씀드릴 수 있겠습니다.

그리스도인은 2천 년 그리스도교 역사 안에서 하느님의 계시를 알아듣고자 애써 왔습니다. 그렇습니다. '역사'입니다. 그리스도교는 역사 안에서 탄생했고, 지금 현재를 살아가고, 또 종말을 향해 나아가는 살아 있는 신앙인들의 순례의 장이라고 할 수 있습니다. 그런데 이러한 역사를 간과한 채 종교 대화의 담론을 한다는 건 그리스도교와의 대화라고 하기 어려울 것입니다. 이런 점에서 신 중심적 다원주의 담론은 한계를 지니고 있다고 봅니다.

또한 역사를 간과한 또 한 무리가 바로 성령 지상주의를 지향하는 이들입니다. 소위 광신자들이라고 할 수 있는 이들은 지난 2천 년 동안 어떻게 성령과 하느님을 이해해 왔는지 그 과정을 별로 중요하게 여기지 않습니다. 그들에게 중요한 것은 지금 당장 개인이 경험하는 세계입니다. 이러한 광신자들이 말하는 예수의 유일성은 그리스도교 전통 안에 이어져온 예수의 유일성의 본 의미와는 거리가 멉니다. 이러한 이들로 인해 예수 그리스도의 유일성은 적대적 배타성으로 보여지곤 합니다.

하느님께서 예수를 통해 자신을 계시하신 내용에 대해서는 뒤의 글들에서 풀어가도록 하겠습니다. 여기서는 다만 각 종교가 지닌 고유성과 특수성의 의미를 곱씹어보는 일 또한 보편성을 찾고자 하는 시도와 함께 무척 중요하다는 사실을 다시금 상기하고자 합니다. 그건 바로 각 종교의 고유성을 통해 세상과 그 안에서 살아가는 삼라만상을 더 깊이 이해하고 사랑하는 길이 우리에게 열릴 수 있다고 보기 때문입니다.

제2강 예수와 붓다의 정체성

눈을 감고 예수님과 부처님을 떠올려보면 그 모습이 참 다르다는 생각이 듭니다. 부처님은 자비로운 미소를 띤 평화로운 모습인 데 비해, 예수님은 십자가 위에서 처참하게 돌아가신 모습이 떠오르기 때문입니다. 그러면서 한편으로 왜 부활하신 예수의 모습이 아니라 십자가상의 예수를 신앙의 상징으로 택했을까 하는 의문이 듭니다. 사실 예수는 붓다만이 아니라 다른 종교 창시자들이나 현자들과도 분명 달랐습니다. 이러한 차이는 우리가 예수의 정체성을 규명해야 할 필요가 있음을 말해줍니다.

1. 예수의 정체성

1) 예수, 그는 누구인가?

2천 년 전에 시작된 그리스도교가 소멸되지 않고 오늘날까지 그 전통을 이어올 수 있었던 원동력은 무엇이었을까요? 그리스도교는 종파에 따라 신학적 해석이나 전통, 그리고 믿음의 형태에 차이가 있지만 공통적으로 '예수 그리스도'에 대한 신앙을 지니고 있습니다. 이런 점에서 '예수'는 그리스도교 역사를 꿰뚫는 '중심축'이라 할 수 있습니다. 성경은 예수에 대해 우리가 알 수 있는 거의 유일한 사료라고들 합니다. 그래서 예수의 정체성을 알아보려면 성경에 집중할 수밖에 없습니다. 그런데 문제는 신약성경이 예수라는 인물과 행적에 대한 객관적인 보도(report)나 역사적 자료가 아니라, 집필자들의 신앙고백적 증언서라는 것입니다. 이는 역사적 예수를 알기에는 터무니없이 부족한 자료입니다. 유대 그리스도교인들은 성경을 통해 구약시대부터 자신들을 구제해 주리라 기다려온 메시아가 바로 '예수'임을 고백하고자 했던 것입니다.

이와 같이 신약성경은 '예수는 그리스도'라는 믿음에 근거해서 쓰여졌기 때문에 그것을 통해 역사적 예수를 아는 데에는 한계가 있습니다. 근대에 들어 역사적 예수에 대한 관심이 높아지면서 많은 신학자들은 성경뿐 아니라 역사적 예수에 대해 알아낼 사료들을 연구하기 시작했습니다. 그러나 안타깝게도 오늘날까지 역사적 예수에 대해 밝혀진 것은 극히 제한적인 것뿐입니다. 그는 시저 아우구스투스와 티베리우스 시대의 인물이며, 70년 유대전쟁의 대파국 이전 시대에 살던 팔레스타인계 유대인이셨다는 점, 요한에게서 세례를 받았고 십자가 위에서 죽임을 당하셨다는 정도입니다. 그래서 결국 역사적 예수의 일대기를 연구하고자 했던 역사비평가들의 꿈은 실패로 돌아가고 말았지요.

그러나 역사적 예수에 대한 연구는 그리스도인들로 하여금 자신들의 믿음이 역사적 사실에 기반을 두고 있음을 재인식하는 계기가 되었습니다.[24] 또한 예수의 활약과 설교에서 드러난 특정한 행동방식과 그의 관심사에 대한 배경을 더 깊이 이해하게 된 것도 사실입니다. 그럼 성경에 드러난 예수의 자기 정체성에 대해 살펴보기로 합시다.

2) 예수의 자기 정체성 자각

복음사가들은 예수의 탄생이 성령으로 말미암은 것이라고 전하고 있습니다.(마태 1,18; 루카 1,34) 그리고 요한복음사가는 하느님의 말씀이 육신이 되어 우리 가운데 사셨다고 전합니다.(요한 1,14) 이와 같이 하느님의 말씀, 곧 로고스가 육신을 취하셨다는 것입니다. 또한 요한사가는 모든 것이 로고스로 말미암아 창조되었다고 밝힘으로써(요한 1,3) 예수와 창조주 하느님께서 하나이심을 밝히고 있습니다. "모든 것이 로고스로 말미암아 창조되었으니 그 없이 생겨난 건 하나도 없다."(요한 1,3) 그리스도교 교회는 바로 그 영원한 분이 '참된 인간'이 되어 오셨음을 선포했습니다. 이렇듯 인간으로 오신 예수께서는 여느

---

[24] 19세기에 이루어진 예수 생애 연구의 배경에는 복음서의 예수가 역사상 예수와 같지 않다는 의혹이 깔려 있다. 역사비평가들은 역사적 예수를 밝히게 되면 교의의 굴레에서 해방된 예수의 본디 모습이 드러나리라 기대했다. 그러나 불행하게도 역사비평학적으로 역사적 예수를 밝힐 수 있는 것은 지극히 한정된 것이었다. 결국 역사적 예수에 대한 물음은 슈바이처와 불트만 이후에 폐기되었다.

사람처럼 성장해가면서 배우고 깨달아갔습니다! 루카복음사가는 이를 다음과 같이 표현합니다. 예수께서 우리와 똑같이 "키와 지혜가 날로 커갔습니다."(루카 2,51-52 참조)

루카복음에는 열두 살 소년 예수의 일화를 소개되고 있는데요(루카 2,41-52), 예수께서 부모와 함께 성전에 갔는데 그때 그의 부모가 소년 예수를 잃어버린 사건이 일어났습니다. 그리고 며칠이 지나서야 그를 찾게 되었지요. 어머니 마리아가 예수께 "네 아버지와 내가 너를 애타게 찾았단다"라고 하자 소년 예수는 "왜 저를 찾으셨습니까? 제가 저의 아버지 집에 있어야 하는 줄을 모르셨습니까?"라고 당차게 대꾸하는 장면이 나옵니다. 예수께서 왜 그런 응답을 했을까요?

당시 예수는 예루살렘 성전에서 율법학자들과 문답을 주고받고 있었습니다. 소년 예수는 그들과의 문답을 통해 하느님은 '아버지'라는 확신을 더욱 깊이 가졌던 것으로 보입니다. 그래서 아버지 하느님의 집인 예루살렘 성전에 머무르고픈 열망이 간절했던 것 같습니다. 예수의 대답은 바로 그러한 열망의 표출이 아니었나 싶습니다. 루카복음사가는 예수의 어머니 마리아가 소년 예수가 말한 바를 이해하지 못한 채, 다만 그 모든 일을 마음속에 간직했다고만 전합니다.(루카 2,51) 이렇듯 마음에 새길 때 비로소 우리는 후에 그것의 의미를 깨닫게 됩니다.

이렇듯 우리는 복음서를 통해 예수의 성장기, 곧 공생활 이전에 대해 알 수 있는 건 별로 없습니다. 루카복음사가는 예수께서 요르단 강에서 세례를 받은 사실을 다음과 같이 회화적으로 전해줍니다. "하늘이 열리고 성령께서 비둘기 같은 형체로 그분 위에 내리시고, 하늘에서 소리가 들려왔다. '너는 내가 사랑하는 아들, 내 마음에 드는 아들이다.'"(루카 3,21) 이는 고대 근동의 즉위식에 사용되는 선언문으로, 예수의 세례는 그가 하느님의 아들임을 선포하는 즉위식 의례를 말하는 것이라고 해석하기도 합니다.[25] 그러나 이는 그러한 해석보다 예수 자신이 당신의 내면에서 하느님과 깊은 일치를 체험하셨음을 보여주는 대목이라고 볼 수 있겠습니다. 복음사가는 이를 하늘이 열림과 함께 마음 깊은 곳에서 하느님의 음성이 들려왔다는 식으로 전하고 있습니다. '하늘이 열렸다'는 건 예수와 성부의 관계를 드러내주는 상징적 표현이 아닌가 싶습니다. 즉 하느님과 예수의 부자 관계를 말입니다. 따라서 예수는 인간이 하느님과 통교할 수 있는 그 길임을 암시해주고 있다는 것입니다. 하늘이 열렸을 뿐 아니라 거기서 '너는 내 사랑하는 아들'이라는 하느님의 음성도 들려왔다고 복음사가는 전합니다. 다석 유영모 선생도 예수께서 요르단 강에서 세례 받은 때부터 광야에 나가 마지막 시험을 이겨냈을 때가 예수께서 스스로 하느님의 아들임을 자각한 때라고 말합니다.[26] 이렇게 본다면 예수는 하느님과의 깊은 일치의 체험을 통해 새 인간, 새 아담으로 변화되셨다고 볼 수 있겠습니다.

예수의 자기 정체성 자각을 보여주는 또 다른 것으로 '거룩한 변모 사건'을 들 수 있습니다. 예수께서 베드로와 요한, 야고보를 데리고 기도하시러 산에 오르셨고, 기도하시는데 예수의 얼굴 모습이 달라지고 의복은 하얗게 번쩍였다고 전합니다.(루카 9,28-36) 이는 단순히 신비 체험의 경지를 보여주기 위함이라기보다 예수께서 죽음 후 부활하

---

[25] 조철수, 『예수평전』, 김영사, 2010, 196쪽 참조.
[26] 박영호, 『다석 유영모의 생각과 믿음』, 문화일보, 1996, 118쪽.

신 모습을 미리 보여주신 대목이 아닌가 싶습니다. 즉 여기서 영광스럽게 변모되신 모습은 십자가의 고통과 죽음, 곧 자기비허(自己卑虛, Kenosis)의 체험을 겪은 후에 드러난다는 것입니다. 여기서의 자기비허란 사도 바오로가 말한 바로 그 케노시스 체험을 의미합니다.

> 그분께서는 하느님의 모습을 지니셨지만 하느님과 같음을 당연한 것으로 여기지 않으시고 오히려 당신 자신을 비우시어 종의 모습을 취하시고 사람들과 같이 되셨습니다. 이렇게 여느 사람처럼 나타나 당신 자신을 낮추시어 죽음에 이르기까지, 십자가 죽음에 이르기까지 순종하셨습니다. 그러므로 하느님께서도 그분을 드높이 올리시고 모든 이름 위에 뛰어난 이름을 그분께 주셨습니다.(필리피 2,6-9)

따라서 영광스런 변모 사건은 예수께서 자기를 비워 무아가 되심으로써 일어난 변형된 모습을 미리 보여준 것이라 할 수 있습니다. 거룩한 변모 당시 예수께서 모세와 엘리야와 함께 대화를 나누는 장면이 나옵니다. 복음사가는 구약을 대표하는 두 분을 등장시킴으로써 예수의 부활을 예견적으로 보여주려는 듯싶습니다.[27] 이렇듯 우리는 복음서를 통해

---

27 모세가 하늘로 올라갔다는 말이 전해져 오는 것은 모세의 무덤이 어디 있는지 모르기 때문이라고 합니다. "오늘날까지 그 무덤이 어디 있는지 아는 사람은 아무도 없다"고 신명기 저자는 말합니다.(신명기 34,6 참조) 또한 엘리야는 불마차를 타고 하늘로 올라갔기 때문에 하느님과 함께 천상의 길을 거닐고 있다는 전승이 전해지고 있습니다. "그들(엘리야와 엘리샤)이 여전히 걸어가면서 말하고 있었다. 보아라, 불전차와 불말들을…… 엘리야는 회오리바람에 하늘로 올라갔다"(열왕기 하 2,11) (조철수, 『예수평전』, 김영사, 2010, 318쪽 참조).

예수께 일련의 깨달음이 있음을 알 수 있으며 복음사가들은 그 깨달음을 회화적 상징을 통해 표현하고자 했음을 알 수 있습니다.

이상에서 살펴본 바와 같이 예수께서는 자기 정체성과 관련한 일련의 깨달음이 있었음을 알 수 있습니다. 이러한 측면은 예수께서 참된 인성을 갖추고 계셨음을 잘 보여주는 대목이 아닌가 싶습니다. 다시 말해 예수께서도 성장 과정이 있으셨고, 그 안에서 하느님에 대한 깨달음을 가졌고 자기 정체성에 대한 자각을 지니게 되었다는 것입니다.

3) 예수의 가르침에서 드러난 예수의 정체성

예수는 당시 유대 사회를 대표하는 젤로데(정치적 혁명가), 엣세네(쿰란 수도자), 사두가이파(사제), 바리사이파(율법학자) 그 어느 부류에도 속하지 않았습니다. 오히려 당대 지도자 계층이었던 바리사이파와 갈등 관계에 있었습니다. 물론 예수도 바리사이파처럼 모세의 권위를 인정했고 구약성경을 인용하면서 가르치셨지만, 예수의 가르침은 바리사이파들의 그것과는 분명 차이가 있었습니다. 당시 율사들과 예수의 가르침은 율법에 대한 해석에서 차이가 나고 있습니다. "살인해서는 안 된다. 살인하는 자는 재판에 넘겨진다"고 옛 사람들은 말했습니다. 그러나 예수께서는 다음과 같이 말씀하십니다. "자기 형제에게 성을 내는 자는 누구나 재판에 넘겨질 것이다. 그리고 자기 형제에게 '바보'라고 하는 자는 최고 의회에 넘겨진다."(마태 5,21~22) 또 예수는 "간음해서는 안 된다고 옛 사람들은 말하지만, 음욕을 품고 여자를 바라보는 자는 누구나 이미 마음으로 그 여자와 간음한 것이다"(마태 5,28)라고도 하셨습니다. 이러한 예수의 가르침은 당시 율법학자들이 제시한 율법보다 더 강도 높은 규범처럼 보이기도 합니다.

사실 예수께 있어 하느님께로 돌아가는 길은 율법을 폐지하는 것이 아니라 이를 완성하는 데 있었습니다. 이스라엘인들에게 있어 하느님 체험은 모세와의 계약 관계를 통해 드러납니다.(출애 3,7~10; 24,1~8) 하느님께서는 모세를 통해 이스라엘 백성과 계약을 맺으셨고, 이스라엘 백성은 하느님께로부터 받은 십계명을 지킴으로써 하느님과의 계약의 신실성을 드러내고자 했습니다. 이런 맥락에서 예수께서는 이스라엘 역사 안에서 맺은 계약의 연장선상에서 당신의 존재를 드러내셨습니다. 예수께서는 "율법을 폐지하러 온 것이 아니라 오히려 '완성'하러 왔다"(마태 5,17)는 것입니다.

그러나 혼동하지 말아야 할 것은, 예수께서 말씀하신 '율법'의 의미는 바리사이파들의 그것과는 분명히 차이가 있다는 것입니다. 율법학자들은 율법 하나하나를 지킴에 초점을 둠으로써 자칫 하느님의 활동을 율법 안으로 국한시킬 위험성이 있었습니다. 이렇게 될 때 만사에 작용하시는 하느님의 현실성을 놓칠 수 있습니다. 율법학자들에게는 율법을 지키는 것 자체가 구원에 이르는 길이었습니다. 율사들은 이스라엘 백성들이 하느님의 다스림 속에서 살아가도록 하기 위해 율법을 가르쳤습니다. 그러나 그들은 율법을 점점 더 세분화시킴으로써 민중들이 그 굴레 속에서 살아가도록 만든 것입니다. 다시 말해 그들은 하느님의 이름으로 율법의 덫을 놓았던 것입니다. 예수는 그 덫에 걸려 신음하며 살아가는 이들에게 '자유'를 선포했습니다. 하느님은 우리를 사랑 속에 살아가도록 창조하셨지, 율법의 굴레 속에 갇혀 살도록 창조하지 않았다는 것입니다.

예수께서는 "무거운 짐 진 자는 다 내게로 오라. 내가 너희를 자유롭게 하리라"(요한 8,32)고 말씀하셨듯이, 율법은 우리를 자유롭게 하기 위한 것이지 결코 우릴 속박하기 위해 존재하는 것이 아님을 강조하셨습니다. 그러기에 율법 하나하나를 지키도록 가르친 율법학자들에게 예수는 위험한 인물일 수밖에 없었습니다. 우리는 예수의 가르침이 그분을 그토록 처참하게 죽일 만큼 위험한 것이었는지 의아하게 생각할 수도 있겠지만, 유대인 지도자가 보기에 그는 유대교 안에서 형성되어 온 율법의 도덕률을 무너트릴 위험한 존재로 보였던 것입니다. 예수께 율법 지킴은 다름 아닌 율법이라는 틀에서 벗어나 '지금 여기'에서 사랑의 영에 따라 산다는 것이었습니다. 그건 바로 '하느님 나라'였습니다. 다시 말해 하느님 나라를 지금 여기에서 실현하는 것이 예수가 말씀하신 '율법의 완성'이었던 것입니다.

4) 십자가 죽음에서 드러난 예수의 정체성

예수의 가르침은 유대지도자들에게 위험한 것으로 비추어졌고 이 갈등이 결국 예수를 죽음의 처지에 놓이게 만들었습니다. 복음사가들은 예수께서 당신 스스로 죽음의 장이 될 예루살렘을 향해 올라가셨다고 전하고 있습니다.(마르 8,31; 루카 9,51; 13,33) 이와 같이 복음사가들은 예수께서 자발적으로 죽음을 향해 나아가셨다는 것을 예수의 '수난예고'를 통해 간접적으로 전하고 있습니다. (이런 점에서 수난예고는 복음사가들의 깊은 숙고 끝에 나온 것이라 볼 수 있습니다.) 그런데 왜 예수는 스스로 죽음을 자초하셨는지, 죽음 외에 다른 선택의 여지는 없었는지 생각해 봅시다.

앞서 말했듯이 예수는 전 생애를 통해 하느님 나라를 가르쳤는데 바로 그 하느님 나라는 하느님의 다스림, 곧 하느님의 통치를 의미합니다. 그러나 그것은 당시 종교지도자들이 믿어온 선민사상에 근거한 '하느님의 다스림'과는 차이가 있었습니다. 율법학자를 비롯한 당대 종교지도자들도 '율법을 지킴으로써' 하느님께로 나아가는 길을 제시했다면, 예수는 율법의 규정 속에 담긴 사랑을 지금 여기에서 구체적으로 살아내는 것을 가르치셨습니다. 예수의 삶이야말로 바로 그 하느님의 사랑을 드러내는 것에서 시작해서 거기서 마쳐졌다고 해도 과언이 아닙니다. 십자가의 죽음은 예수께서 당신의 사명인 하느님 사랑의 절정을 드러낸 사건이었다고 볼 수 있습니다.

율법의 실천을 도래할 구원에 참여할 수 있는 준거로 삼아온 당대 유대교 지도자들의 입장에서는 율법을 하느님 사랑과 이웃 사랑이라는 두 계명으로 압축하신 예수가 마치 하느님인 양 행세하는 것으로 비추어졌고 신성모독인 것처럼 여겨졌습니다. 이 때문에 예수께서는 결국 유대교 고위층으로부터 정죄당하고 죽임을 당하게 된 것입니다. 예수께서도 이 갈등의 골이 얼마나 깊은지를 아셨고, 그로 인해 당신의 죽음이 위태롭다는 사실도 아셨지만 당신의 가르침을 멈추지 않았습니다. 결국 예수께서는 율법을 하느님 사랑과 이웃 사랑으로 묶으셨고, 바로 그 안에 하느님 나라가 있음을 선포함으로써 파생된 대파국을 피할 수 없었던 것입니다.

여기서 베드로가 예루살렘을 향해 올라가려는 예수를 막으려 했을 때 예수께서 왜 그렇게 매몰차게 그를 물리쳤는지가 분명해집니다.(마르 8,33) 예수께서는 자신이 깨달은 바를 가르치고 몸소 실천하기 위해 예루살렘에 올라가야만 했고 거기서 자기에게 닥칠 모험을 받아들여야만 했습니다. 그래서 예수께서는 "자기 목숨을 구하려는 사람은 목숨을 잃을 것이고, 나와 복음 때문에 목숨을 잃는 사람은 목숨을 구할 것"(마르 8,35)이라고 하신 것입니다. 자기 사명을 저버리고 자기 목숨을 챙기려는 자는 본연의 생명, 곧 자기 자신을 잃게 될 것임을 아셨기에 예수께서는 결국 십자가의 죽음을 통해 당신의 사명을 완수하셨습니다. 이런 점에서 예수의 죽음은 하느님 나라에 대한 당신 증언의 절정이었다고 볼 수 있습니다. 그래서 요한복음사가는 죽음만이 하느님께서 직접 다스리는 그분의 나라를 증언할 수 있었다고 전하고 있습니다.(요한 7,1-4 참조) 그래도 만일 예수의 죽음이 단순히 죽음으로만 끝났다면 예수는 그저 의로운 삶을 산 한 사람으로 역사에 남았을지 모릅니다. 그러나 그분이 그리스도교 공동체를 형성시킨 교회의 주춧돌이 될 수 있었던 건 그분의 죽음이 단순히 죽음으로 끝나지 않았기 때문입니다. 하느님께서는 그분을 부활시키셨고 이를 통해 그분의 가르침과 행적 그 모두가 옳았음을 증명해 주셨던 것입니다.

5) 부활을 통한 예수의 정체성

성경을 통해 우리가 확인할 수 있는 부활 사건의 근거는 '빈 무덤'과 제자들에게 나타난 '예수 발현 사건'이 거의 전부라 할 수 있습니다. 흥미롭게도 처음 빈 무덤을 발견한 사람들은 예수의 직제자들이 아니라 여인들이었습니다.(마르 16,3-8) 예수의 시신에 향유를 발라드리기 위해 무덤을 찾았던 그녀들은 시신이 사라진 것을 보고 당황했고 두려움과 전율과 공포에 떨며 그만 도망쳐버리고 맙니다. 이러한 여인들의 반응은 그들이 예수 부활의 의미를 전혀 몰랐음을 보여줍니다. 빈 무덤을 발견한 여인들은 그 사실을 제자들에게 알렸지만 그들 역시 그 말이 헛소리처럼 여겨져서 믿지 않았습니다.(루카 24,11)

마태오복음사가는, 그 당시 사람들이 예수의 제자들이 시신을 가져갔다고 의심했다고 전합니다. 이것으로 보아 아마 무덤이 빈 것은 분명한 듯싶습니다. 그러나 이 역사적인 사실이 어떤 이들에게는 부활을 믿는 계기가 되기도 하고, 어떤 이에게는 단지 이상한 일 정도로 비추어졌습니다. 사실 제자들에게마저도 빈 무덤 사건이 예수 부활을 드러내는 일이 아직 되지 못했습니다. "사실 그들은 예수님께서 죽은 이들 가운데에서 다시 살아나셔야 한다는 성경 말씀을 아직 깨닫지 못하고 있었던 것이다."(요한 20,9)

무덤이 비었다는 사실로 인해 당혹해하고 있던 제자들에게 예수께서 부활한 몸으로 발현하셨다고 복음사가들은 전합니다.(루카 24,13-48; 마르코 16,12-18; 마태 28,9-10; 요한 20,19-23) 사도 바오로는 55년경 에페소에서 쓴 코린토 전서 15,5-8에서 예수의 발현 목록을 서술하고 있습니다. 케파, 열두 사도, 오백 명이 넘는 형제들, 야고보, 다른 모든 사도, 바오로가 바로 그들입니다. 이와 같이 예수는 자신이 선택한 사람들에게 발현하셨고 그들이 바로 부활의 증인이 된 것입니다. 사도행전은 예수가 승천하는 날까지 40일 동안 발현하셨다고 전하고 있습니다. 이와 같이 예수 부활 사건을 역사적 사실로 검증할 수 있는 자료는 빈 무덤과 예수께서 발현하셨다는 제자들의 증언 정도입니다. 그러기에 많은 이들이 예수 부활 사건에 대해 의문을 제시합니다. 이런 점을 염두에 두면서 예수 부활 사건의 의미에 대해 생각해 봅시다.

예수 부활 사건은 그리스도교 신앙에서 핵심적 자리를 차지하고 있을 만큼 중요한데, 그것은 예수 부활로 인해 예수의 삶과 가르침, 그리고 죽음이 참되다는 사실이 밝혀졌기 때문입니다. 아니, 하느님께서 예수를 부활시킴으로써 예수의 행적과 가르침이 모두 옳았음을 증명해 주셨기 때문입니다. 유대인들도 묵시문학을 통해 이미 죽은 자의 보편적 부활을 암시하고 있었습니다. 즉 예수 부활은 이미 유대교 안에 잠재되어 있었던 것입니다. 그러나 유대인들은 부활이 종말에 가서야 이루어질 것이라고 생각해 왔습니다. 이런 점에서 예수 부활은 종말에 일어날 종말론적 사건이 앞당겨진 셈입니다.

여기서 우리는 예수를 통해 드러난 부활이 환생과 다름을 강조할 필요가 있습니다. 성경에 보면 예수께서 죽은 자를 소생(혹은 환생)시키는 사건들이 나옵니다. 예를 들어 라자로의 소생(요한 11,43-44) 이야기나 야이로의 딸의 소생(루카 8,51), 그리고 나인 고을 성문의 청년의 소생(루카 7,11-17) 이야기가 그것입니다. 그러나 예수 부활은 이러한 환생 사건과 차별화될 필요가 있습니다. 예수 부활은 단지 우리가 익히 알고 있는 생명으로 되돌아옴이 아니라 완전히 다른 새 생명으로 변형됨을 의미하기 때문입니다. 사도 바오로의 다음 고백은 이를 잘 보여줍니다. "썩을 몸이 썩지 않을 것을 입어야 하고, 죽을 몸이 죽지 않을 것을 입어야 합니다."(1코린 15,53)

이와 같이 성서에서 말하는 부활은 환생과 다를 뿐 아니라 헬라적 영혼 불멸 사상과도 다릅니다. 그리스 철학에서는 죽은 후 육체는 사멸하되 영혼은 불멸하다고 말합니다. 그러나 예수의 부활은 '영'만의 부활이 아니라 '몸'의 부활이라고 성서는 전합니다. 사도들은 그분을 만져보기도 하고 함께 식사를 하기도 했다고 합니다.(루카 24,36-40; 요한 20,19-29) 예수께서는 부활하신 후 아침식사를 하시기도 하고, 토마에게 나타나셔서 자신을 만지라고도 하셨습니다. 이렇듯 몸을 지니고 계시되 그 몸은 이전의 몸은 아니었습니다. 즉 부활한 몸은 단지 영으로만이 아니라 전인적인 몸으로 드러난 것입니다.

> 예수님을 죽은 이들 가운데에서 일으키신 분의 영께서 여러분 안에 사시면, 그리스도를 죽은 이들 가운데에서 일으키신 분께서 여러분 안에 사시는 당신의 영을 통하여 여러분의 죽을 몸도 다시 살리실 것입니다.(로마 8,11)

즉 여기서 말하는 몸은 종전에 죽음에 처하는 몸이 아니라 더 이상 죽지 않는 몸, 그래서 죽음을 이긴 몸입니다. 이와 같이 부활한 몸은 더 이상 죽음의 운명에 떨어지지 않기에 죽음으로부터 벗어나게 된 것입니다. 인간이 이루어놓은 모든 것은 죽음 앞에선 사라져버려, 우리는 죽음 앞에서 무력할 수밖에 없습니다. 이렇듯 우리네 삶의 모든 것을 무화無化시켜 버리는 그 죽음의 세력을 하느님께서는 예수의 부활을 통해 무화시켜 버린 것입니다. "죽음아 네 승리는 어디 갔느냐, 죽음아 네 독침은 어디 있느냐."(1코린 15,55) 이와 같이 예수의 부활은 죽음이 끝이 아님을 보여주었고 죽음을 넘어 영원한 생명을 얻으리라는 희망을 안겨주었습니다. 바울로는 신앙인의 삶이 부활하신 그리스도의 삶에 참여하는 것이라고 말합니다.[28] 초기 그리스도교 공동체는

---

[28] 서공석, 「부활언어의 실태와 나의 신앙」, 『내가 믿는 부활』, 크리스찬 아카데미,

예수 부활에 대한 신앙에서 시작되었습니다. 바로 그 신앙이 오늘날까지 그리스도교 공동체가 남아 있게 만든 힘이 되었고, 앞으로도 부활 신앙이 그리스도교 신앙 공동체의 믿음의 중심이 되리라고 봅니다.

> 우리는 그분의 죽음과 하나 되는 세례를 통하여 그분과 함께 묻혔습니다. 그리하여 그리스도께서 아버지의 영광을 통하여 죽은 이들 가운데에서 되살아나신 것처럼, 우리도 새로운 삶을 살아가게 되었습니다. 사실 우리가 그분처럼 죽어 그분과 결합되었다면, 부활 때에도 분명히 그리 될 것입니다.(로마 6,4-5)

이렇듯 초기 그리스도 교회는 예수의 죽음과 부활의 체험을 바탕으로 세워진 공동체라 할 수 있습니다. 만일 예수의 죽음과 부활 사건이 없었더라면 오늘날 그리스도교 신앙 공동체는 불가능했을 것입니다. 그리스도인들은 죽음이 끝이 아님을 믿고 부활하신 그리스도와 함께 부활하리라는 희망을 지니고 살아갑니다. 그 희망은 예수를 부활시키신 하느님께서 믿는 이들도 부활시키시리라는 믿음에서 나온 것입니다.

6) 예수 전승 속에서 드러난 예수의 정체성

예수의 정체성을 드러내는 또 하나의 키워드는 성경 속에 등장한 예수의 칭호들입니다.[29] 요한 1장에는 다양한 칭호들이 나옵니다. 예를 들어

2012, 53쪽.
29 예수의 칭호로는 예수, 그리스도, 주, 사람의 아들(인자), 하느님의 아들, 다윗의 자손, 임마누엘, 선한 목자, 구주, 예언자, 임금, 신랑, 생명의 떡, 세상의 빛, 문,

말씀, 참 빛, 외아들, 주님, 어린양, 메시아, 이스라엘 왕, 그리스도가 바로 그것입니다. 이 외에도 예수께 붙여진 칭호로 예언자, 사람의 아들, 하느님의 아들을 들 수 있습니다. 이 칭호들은 기존에 사용되어온 것인데, 예수를 칭하게 되면서 그 의미가 새롭게 탈바꿈되었습니다. 이는 그리스도교 신앙이 처음부터 완벽하게 구성되어온 것이 아니라 역사 속에서 수없이 많은 성찰과 해석의 과정을 통해 심화되어 왔음을 시사해줍니다. 따라서 예수의 칭호들과 관련된 전승사를 이해하는 것은 그리스도교에서 예수의 정체성을 파악하는 데 핵심적 과정이 아닐 수 없습니다.

① 사람의 아들(인자)

인자人子, 곧 '사람의 아들'이라는 표현은 구약성경에도 등장하는데 거기서의 인자는 이스라엘의 종말론적 메시아의 모습과 깊은 관련이 있습니다. 예를 들어 다니엘서에 나오는 "밤의 환시 속에서 앞을 보고 있는데 '사람의 아들' 같은 이가 하늘의 구름을 타고 나타났다"(다니 7,13)에서 '사람의 아들'은 심판이라는 주제와 연결되어 있습니다. 즉 인자는 마지막 때에 심판하러 오는 분이라는 종말론적 의미를 지니고 있다는 것입니다. 신약성경에 나오는 인자 역시 종말과 관련하여 나오고 있습니다.

포도나무, 길, 진리, 생명, 부활이요 생명, 심판자, 어린양, 대속자, 생명의 주, 대제사장, 의인, 알파와 오메가, 머리, 하느님의 형상, 말씀 등이 있다.(윌리엄 바클레이, 이현갑 역, 『예수그리스도의 칭호』, 청파, 1993 참조)

여러분이 인자의 날들 가운데 하루라도 보고자 갈구할 날들이 오겠지만 보지 못할 것입니다.(루카 17,22)
사실 번개가 하늘 이 끝에서 번쩍이면 하늘 저 끝까지 비치는 것처럼 인자도 그의 날에 그렇게 될 것입니다…… 또한 노아의 날에 되었던 대로 인자의 날들에도 그렇게 될 것입니다.(루카 17,24-5)

이는 그리스도교 교회가 구약성경에 나온 인자를 예수께 적용함으로써 부활한 예수의 재림을 희망하는 묵시문학적 표현이라 할 수 있겠습니다. 루카복음사가는 예수 자신이 스스로를 인자로 칭한 것처럼 표현하고 있습니다. "여우들도 굴이 있고, 하늘의 새들도 보금자리가 있지만 '사람의 아들'은 머리를 기댈 곳조차 없다."(루카 9,58) 이와 같이 예수를 이 세상에 머리 둘 곳조차 없는 존재로 봄으로써 종말론적 관점에서 그분의 정체성을 바라보고자 했음을 알 수 있습니다. 사실 초대교회가 예수를 종말에 오실 메시아로 느낄 수 있었던 것은 바로 그분의 행적에서 드러나지 않나 싶습니다.

세리들이나 죄인들과 친구 되신 모습(마태 11,19)이나 이 세상에서 정처 없이 떠도는 노숙자의 모습(마태 8,20), 죄를 용서하고(마르 2,10), 안식일을 지배하되(마르 2,27) 사람들에게 배척과 죽임을 당하심(마르 8,31; 17,22)[30]과 같은 예수의 행적이 바로 그것입니다. 다시 말해 그분의 행적에서 드러난 메시아의 모습이 복음사가들로 하여금 그분을 구약성경의 종말론적 의미와 연계시켜 해석하게 만들었고, 우리는 이를 인자라는 표현을 통해 읽어낼 수 있습니다.

---

30 요아힘 그닐카, 정한교 역, 『나자렛 예수』, 분도출판사, 2000, 334쪽.

마르코나 루카복음사가는 예수께서 승천하심을 그리면서(마르 16,19-20; 루카 24,50) 승천 후 예수께서 하느님 오른편이 앉아 세상 심판자로서 다시 오심을 상상케 합니다. 이와 같이 예수를 마지막 때에 세상 심판자로 본 것 역시 유대인들이 지니고 있었던 종말 때 올 심판자를 예수로 보았던 초대 그리스도교 공동체의 신앙으로 볼 수 있겠습니다. 예수 부활을 체험한 초기 그리스도교 공동체는 예수와 미래에 도래할 세계 심판자 사이에 놓여 있는 간극을 없애버림으로써 종말에 오시기로 되어 있는 세상 심판자인 '인자'가 바로 예수라고 고백하기에 이른 것입니다. 이와 같이 그리스도교 공동체는 하느님의 마지막 심판자인 인자와 예수를 동일시함으로써 예수의 가르침과 말씀을 종말론적인 관점에서 해석하기 시작했습니다. 예수도 당신 자신을 인자라고 하진 않았지만 자신이 선포한 메시지를 인자의 경험과 연결시키신 것이 분명합니다. "누구든지 사람 앞에서 나를 시인하면 인자도 하느님의 천사들 앞에서 그 사람을 시인할 것이다."(루카 12,8 참조; 루카 9,6; 마르 8,38)

이와 같이 초대교회는 당신이 선포한 말씀과 행적이 바로 세상 심판자로 올 인자 개념과 일치됨을 발견했고, 그래서 예수를 인자라고 부르게 된 것입니다. 즉 전승사적인 맥락에서 볼 때 초대교회 공동체는 예수의 말씀과 행적, 그리고 죽음과 부활 사건이라는 일련의 사건을 경험하면서 하느님께서 당신의 방식으로 예수를 마지막 때 오게 될 인자, 곧 세상의 심판자와 하나라는 인식에 도달하게 되었다고 볼 수 있겠습니다.

② 그리스도(메시아)

예수께 붙여진 칭호 중 가장 많이 알려진 것이 아마 그리스도일 것입니다. 예수를 칭할 때 흔히 그리스도라는 칭호를 붙여 부르는데 그건 유대인들이 기다려온 메시아가 바로 예수라고 그리스도인들은 믿기 때문입니다. 사실 같은 메시아를 기다려도 유대인들의 메시아와 예수는 그 의미에 있어 상당한 차이가 있습니다. 당시 유대인들의 메시아상은 이스라엘을 모든 적군의 손에서 구해줄 왕의 모습이었습니다. 이와 같이 자신들이 겪은 고난으로부터 해방시켜줄 왕으로서의 메시아를 기다려온 유대인들이 십자가상에서 처참하게 죽어간 예수를 메시아로 받아들이기 어려웠던 것은 어쩌면 당연했을지 모르겠습니다. "나자렛에서 뭐 대단한 것이 나오랴"라는 표현이 말해주듯이, 인간 예수를 알고 있던 이들이 예수를 메시아로 받아들이기는 얼마나 어려운 일이었는지 충분히 상상해볼 수 있습니다. 그런데 어떻게 유대계 그리스도인들은 당대의 메시아관을 극복하고 예수를 그리스도로 고백할 수 있었을까요? 그것은 바로 예수의 죽으심과 부활 사건을 체험한 그분의 제자들과 교회 공동체의 자각이 있었기 때문입니다.

예수의 부활을 깨닫게 된 제자들은 예수가 바로 이사야서에 나오는 '고난 받는 종'이었음을 깨달았고 그 안에서 예수의 메시아성을 자각하게 된 것입니다. 예수의 제자 중에서도 사도 바오로는 부활하신 예수를 만남으로써 그의 삶이 완전히 뒤바뀌어 버렸습니다. 태생 종교였던 유대교 문화 속에서 성장하고 그리스 로마의 세계관 속에서 활동했던 바오로였기에 예수를 메시아로 받아들일 수 없었던 것은 너무나 당연한 일이었겠지요.

그러기에 십자가에서 죽은 예수를 메시아로 받드는 것은 참으로 어리석게만 보였고, 그래서 바오로는 그리스도교 박해의 앞잡이로 나섰던 것입니다. 그러던 그가 부활한 예수를 만난 후 눈에서 비늘이 떨어지는 체험을 하게 되었고, 그 체험을 통해 예수의 참된 메시아성을 깨닫게 된 것입니다. 이와 같이 예수의 부활을 체험한 제자들은 그분이 선포한 복음의 의미와 함께 예수가 바로 그들이 애타게 기다려온 메시아임을 자각하게 된 것입니다. 루카복음사가는 이를 다음과 같이 선포하고 있습니다.

그러므로 이스라엘의 온 집안은 분명히 알아두십시오. 하느님께서는 여러분이 십자가에 못 박은 이 예수님을 주님과 메시아로 삼으셨습니다.(사도 2,36)

이와 같이 예수의 죽음과 부활은 인간 예수를 그리스도로 고백하게 만든 결정적 사건이었고, 이를 통해 '예수는 그리스도'라는 그리스도교 신앙고백의 결정체가 생겨나게 된 것입니다. 요한복음사가는 예수를 메시아로 고백함으로써 복음서를 쓰기 시작합니다. "우리는 메시아를 만났소."(요한 1,41) 즉 그는 예수야말로 유대인들이 기다려온 메시아, 바로 그리스도임을 처음부터 고백하면서 "그리스도이시며 하느님의 아들"(요한 20,31)이신 예수의 실체와 역할을 복합적인 관점에서 서술하고 있습니다. 루카복음사가는 하느님께서 예수를 시편 110편에 나오는 '당신 오른쪽의 주님'으로 즉위시켰다는 표현을 통해 예수야말로 주님이고 메시아임을 선포하고 있습니다.

예수님을 하느님께서 다시 살리셨고 우리는 모두 그 증인입니다. 하느님의 오른쪽으로 들어 올려지신 그분께서는 약속된 성령을 아버지에게서 받으신 다음, 여러분이 지금 보고 듣는 것처럼 그 성령을 부어주셨습니다. 다윗은 하늘에 올라가지 못하였지만 그 자신은 이렇게 말합니다. "주님께서 내 주님께 말씀하셨다. 내 오른쪽에 앉아라. 내가 너의 원수들을 네 발판으로 삼을 때까지." 그러므로 이스라엘 온 집안은 분명히 알아 두십시오 하느님께서는 여러분이 십자가에 못 박은 이 예수님을 주님과 메시아로 삼으셨습니다.(사도 2,32-36)

이와 같이 사도들은 예수가 구약성경에서 예고하는 그 메시아임을 선포함으로써 예수를 통한 하느님의 구원계획을 만방에 선포하기 시작했고, 이것이 2000년간의 그리스도교 교회 역사 안에 면면히 이어져온 전승의 핵심이 된 것입니다.

③ 하느님의 아들
판넨베르크는 예수께 붙여진 '하느님의 아들'이라는 칭호가 예수와 우리가 본래 차원을 달리함을 말하고자 한 것이라면 이는 커다란 오해라고 지적한 바 있습니다. 그는 '하느님의 아들'이라는 칭호는 예수의 신적인 면을 드러내는 표현이라기보다 오히려 그의 인간적 현상에서 비롯된 표상이라고 봅니다. 그것은, 하느님의 아들이라는 표현은 예수께서 하느님을 아버지로 보았다는 것과 밀접한 연관이 있기 때문입니다. 다시 말해 예수께서 하느님을 아버지로 선포하셨기에 이에 상응하여 초기교회 공동체가 그분을 하느님의 아들이라 부르게 되었다는

것입니다.[31]

사실 구약성경에서는 하느님의 아들이라는 칭호를 이스라엘 임금들을 칭할 때 썼습니다.[32] 예를 들어 야훼께서 나탄을 통해 다윗 왕에게 말씀하신 대목을 들 수 있습니다. "나는 그의 아버지가 되고 그는 나의 아들이 될 것이다."(2사무 7,14) 또 유대왕의 즉위식에서도 야훼 하느님께서 (기름부음 받은) 왕에게 "너는 내 아들이며 내가 오늘 너를 낳았다"(시편 2,7)고 하여 하느님께서 왕에게 아들 됨을 선언하는 내용도 그 한 예입니다. 여기에서 하느님의 아들은 하느님과 특별한 관계를 지녔고 그분께 선택되었다는 뜻으로 사용되었습니다. 이는, 왕은 야훼의 위임으로 세계 통치를 받아들이게 된다는 의미를 내포하고 있습니다.(시편 2,8; 110,1) 예수 당시 로마의 티베리우스 황제를 포함해서 그전 황제인 옥타비아누스 황제도 '신의 아들'이라는 칭호를 썼고 엣세네파에서도 하느님의 아들이라는 호칭을 사용한 바 있습니다.[33]

앞서 말씀드렸듯이 하느님의 아들이라는 호칭은 초대교회 공동체에서 예수의 자기 정체성을 파악하는 과정에서 예수께서 하느님을 압바, 아버지라 불렀다는 사실과 깊은 연관이 있습니다. 예수께서 하느님을 압바라고 칭한 건 당시 유대사회에서는 파격적인 것이었습니다.(마르 14,36; 갈라 4,6; 로마 8,15) 그리스도교 교회는 예수께서 하느님을

---

[31] 판넨베르크, 정용섭 역, 『사도신경 해설』, 한들출판사, 2009, 87쪽 참조.
[32] 존 오그래디, 박태식 역, 『네 복음서와 예수 전승』, 바오로딸, 2003, 366쪽.
[33] 그를 하느님의 아들이라고 말할 것이며 그들은 그를 높으신 분의 아들이라고 부를 것이다. 느탄엘이 예수에게 하느님의 아들이라고 선언한 것은 엣세네 해석에서 찾아볼 수 있다. 반면 랍비 문헌에서는 메시아를 하느님의 아들이라고 부르는 것을 찾아보기 어렵다.(조철수, 『예수평전』, 김영사, 2010, 216~218쪽 참조)

압바로 부름으로써 하느님과 맺은 그 특별한 관계 위에서 성립되었다고 해도 과언이 아닙니다. 예수께서는 하느님을 아버지로 인식했음을 앞서 누누이 밝혔습니다.

성경은 예수께서 세례 받으시는 장면을 통해 예수와 하느님의 관계를 공적으로 표출하고 있습니다. 마르코 1,11절에 따르면 예수께서 세례 받을 때 하늘에서 "이는 내 사랑하는 아들"이라는 시편 2,7절의 말씀이 들려왔다고 전해집니다. 이렇듯 예수께서는 하느님을 압바라고 부르셨고 하느님께서는 그를 당신 아들로 인정해주신 것입니다. 루카복음사가도 천사를 통한 예수 탄생을 알림으로써 예수의 정체성을 다음과 같이 전하고 있습니다. "태어날 아기는 거룩하신 분. 하느님의 아드님이라고 불릴 것이다."(루카 1,35) 이와 같이 예수야말로 하느님께서 인정한 하느님의 아들로서 그분으로부터 전권을 위임받았음을 초대교회 공동체는 믿었던 것입니다. "아버지께서는 모든 것을 나에게 넘겨주셨다. 그래서 아버지 외에는 아무도 아들을 알지 못한다. 또 아들 외에는, 그리고 그가 아버지를 드러내 보여주려는 사람 외에는 아무도 아버지를 알지 못한다."(마태 11,27)

예수의 존재를 통해 하느님이 누구이신지를 알게 된 사람들은 이제 하느님께 붙였던 '주'라는 표현을 예수께도 붙이게 됩니다. 본래 주主, 곧 퀴리오스Kyrios는 경건한 유대인이 직접 부르기 힘든 '야훼'라는 구약의 하느님 이름을 바꿔 쓰기 위해서 사용된 것입니다. 사도행전 저자는 하느님의 원 이름인 야훼를 그리스어로 된 구약성경 칠십인역을 따라 '주님'이라 불렀습니다. 그런데 루카복음(루카 7,13 참조)이나 사도행전에서는 예수를 주님이라고 불렀던 것입니다. 이는 그들이 예수 안에서 하느님을 뵙고 하느님 사랑을 느꼈기 때문입니다. 이와 같이 하느님의 아들이라는 칭호가 하느님과 예수의 관계를 알리는 것이라면, '주'라는 칭호는 우리와 예수의 관계를 드러내주고 있다고 할 수 있습니다. 초기 그리스도교는 예수에게 '주'라는 칭호를 부여함으로써 예수께서 우주론적이고 보편적인 진리이심을 선포하고자 한 것입니다.

이상에서 우리는 인자人子와 메시아, 하느님의 아들과 같은 칭호들을 통해 예수의 정체성을 살펴보았습니다. 이 호칭들은 어느 날 갑자기 뚝딱 붙여진 것이 아니라 그리스도교 공동체가 오랜 세월 동안 되새김해 온 해석학적 과정을 거쳐 다져온 것임을 알 수 있었습니다. 초기 그리스도교 안에서 예수님에 대한 칭호와 관련하여 여러 흐름이 상호 작용했다고 하는 사실이 흥미롭습니다. 원시 그리스도교 공동체는 유대지역과 헬라지역에서 내려온 언어 관습 안에서 예수의 정체성을 다시금 확인했고 그 안에서 이러한 칭호들은 마치 연금술사들의 작업처럼 창조적인 이해로 나아갔던 것입니다. 이름 지어 부른다는 것은 정체성 규명과 다름 아닙니다. 사도 바오로가 말했듯이 그분은 인성으로 말하면 다윗의 후손으로 태어나신 분이며, 거룩한 신성으로 말하면 죽은 자들 가운데 부활하심으로써 하느님의 권능을 나타내어 하느님의 아들로 확인되신 분입니다. 이와 같이 초대 그리스도교 교회는 예수의 죽음이 지닌 의미를 새롭게 부여하기 위한 노력으로 예수를 고양해 왔습니다. 우리는 이것을 초대교회 전승에서 예수에게 부여된 호칭들을 통해 알 수 있었습니다. 이렇듯 예수의 칭호들은 당대 그리스도교 공동체가 예수의 정체성을 어떻게 보아 왔는지를 드러내주고 있습니다.

3. 역사적 붓다

1) 고타마 싯다르타의 생애

석가모니의 원래 이름은 고타마 싯다르타Gautama Siddhartha입니다.[34] 그분의 출생 연도에 대해서는 붓다가 세상을 떠난 해인 기원전 480년경에서부터 80년 전인 기원전 560년으로 보는 것이 오늘날 학계의 정설입니다.[35] 5세기라는 약 100년의 시차로 견해가 엇갈리기도 합니다. 싯다르타는 석가족[36]의 정반왕(淨飯王, Suddhodana)과 마야Maya 부인 사이에서 태어났는데, 전설에 의하면 출산일이 다가와 마야 부인은 수행원과 함께 친정으로 가던 중에 룸비니Lumbini[37]라는 동산에서 탄생했다고

---

[34] 성姓인 고타마는 '가장 탁월한 숫소'를 의미하고, 싯다르타는 '목적을 달성한 자'라는 뜻이다.

[35] 인도에서는 사실은 자세히 기록해도 연대를 기록하지 않는 습관이 있어 불타가 탄생한 해나 세상을 떠난 해가 분명치 않다. 이와 달리 유럽에선 연호를 기록하고 있기에 마케도니아의 알렉산더 대왕의 인도를 침입했다가 물러난 해, 그리고 그가 사망한 해가 분명하다. 따라서 여기에 이 시기에 성립한 인도의 마우리아 왕조, 특히 아쇼카 왕의 연대를 계산해 거꾸로 거슬러 올라가 불타가 세상을 떠난 해를 추정하면 기원전 480년경이 된다.(와타나베 쇼코, 법정 역, 『불타 석가모니』, 동쪽나라, 2002, 12~3쪽 참조)

[36] 석가족이 거주하던 지역은 네팔과 인도의 국경 부근에 있는 한 지방인데, 현재의 지명으로는 우타르프라데시의 북방이다. 북으로는 히말라야 산맥, 남으로는 갠지스 강으로 유입하는 많은 지류가 있어서 풍부한 물을 이용한 벼농사를 중심으로 하는 농업국이었으며, 일종의 공화제를 시행하고 있었다. 다만 남쪽의 대국인 코살라국에 인접한 탓으로 주권은 코살라국에 종속되었지만, 자치권은 인정되고 있었다.

[37] 석가족의 토템인 살라나무 숲은 룸비니라는 지모신地母神을 받드는 곳이었으므로 출산의 장소로는 적격이었다.

합니다. 예수의 탄생과 관련하여 시몬이라는 예언자가 그분의 앞날을 예언했듯이 석가 탄생에도 전해져 오는 예언이 있습니다. 아시타라는 선인의 예언이 그것인데, 그는 고타마가 위대한 전륜성왕轉輪聖王이 아니라 반드시 깨달은 자, 곧 부처가 되어 사람들에게 가르침을 펼칠 것이라 단언했습니다. 그래서 정반왕은 아들의 출가를 막고자 노력했지만, 싯다르타는 결국 출가를 선택했습니다. 그가 출가한 동기와 관련하여 사문유관四門遊觀의 이야기가 전해져 내려옵니다. 그 내용은 다음과 같습니다. 어느 날 싯다르타가 동문을 거쳐 외출할 때 비틀거리는 백발의 노인을 보았습니다. 저 사람에게 무슨 일이 있었느냐고 마부에게 묻자, 그는 다만 늙은 것일 뿐이며 세월이 지나면 모든 사람도 저 노인처럼 된다고 답했습니다. 궁으로 돌아온 싯다르타는 상념에 빠졌습니다. 다음 날 그는 남문을 거쳐 외출했을 때 중병으로 쓰러져서 자신의 배설물 위에서 허우적대는 병자를 어떤 사람이 일으켜 세우는 것을 보았습니다. 또 다음 날 서문으로 나섰을 때는 장례식의 행렬과 마주쳤습니다. 마지막으로 북문을 거쳐 나섰을 때는 한 사문이 조용히 걸어가고 있는 것을 보았습니다. 그의 평화롭고 침착한 태도에 감동한 싯다르타는 고통 속에서도 평정함을 견지할 수 있는 방법이 궁금해졌고 그래서 결국 출가를 결심하게 된 것입니다.[38] 『자타카』의 빨리어 주석 서문에 따르면 네 번째 외출에서 사문을 만난 뒤 생애의 목표를 분명히

---

[38] 동서남북에 늙음·병·죽음·출가를 배치한 것은 시적 묘사에 지나지 않고, 세속의 삶과 그로부터의 이탈을 대비하여 출가 동기를 교묘하게 묘사해낸 것이다. 그것은 충분히 성장한 나이에 이른 싯다르타가 노인과 병자와 장례식 혹은 시신을 보지 못했다고는 믿기 어렵기 때문이다.

깨달았다고 합니다.

　이러한 사문유관의 역사적 사실 여부에 대해 학자들은 이는 싯다르타가 오랜 시간 경험한 늙음과 질병, 죽음에 대해 설화적으로 표현한 것으로 보고 있습니다. 이렇듯 사문유관을 설화로 보는 것이 더 옳은 해석이라고 하겠으나, 이 설화가 싯다르타가 출가하게 된 문제의식을 잘 표현해주고 있음은 분명한 것 같습니다.[39]

　싯다르타는 결국 출가하여 요가 수행을 시작했습니다. 그가 처음 만난 사람은 알라라 칼라마Alara Kalama와 우다카 라마푸타Uddaka Ramaputta라는 요가를 가르치는 스승이었습니다. 알라라 칼라마가 추구했던 경지는 무소유처無所有處라 하고, 우다카의 그것은 비상비비상처非想非非想處라 합니다.[40] 붓다께서는 힌두교에서 말하는 최상의 경지인 비상비비상처까지 체험하셨다고 합니다. 여기서 말하는 비상비비상처는 감각적인 욕망의 세계인 욕계欲界와 이를 넘어선 사선정四

---

[39] 『중아함경』에 보면 태자가 전원에서 홀로 명상에 잠겨 있을 때 농부들의 노고와 자연계의 생존경쟁을 관찰하고 늙음과 질병, 죽음이라는 생존의 고뇌를 경험했다고 보는 편이 어쩌면 본래의 형태였는지 모른다.(와타나베 쇼코, 법정 역, 『불타 석가모니』, 동쪽나라, 2002, 98쪽)

[40] 이는 초기 불교사상 명상 수행의 정신적 경지를 단계적으로 표시하는 사무색정四無色定에 포함되는 것으로, 당시 명상 수행자들은 여기에 역점을 두어 선정을 닦고 있었던 것으로 보인다. 석가모니의 가르침 중에서도 "잘 정신 차려 무소유를 기대하면서 거기에는 아무것도 존재하지 않는다고 생각함으로써 번뇌의 흐름을 건너라"(『수타니파타Suttanipata』, 1069)고 하여 무소유처의 명상을 가르치고 있다. 비상비비상처에 대해서는 "있는 그대로 생각하는 자도 아니고, 잘못 생각하는 자도 아니며, 생각이 없는 자도 아니고, 생각을 소멸한 자도 아니다. 이렇게 행하는 자의 형태는 소멸한다. 무릇 세계가 확대되는 의식은 생각을 조건으로 하여 일어나기 때문이다"(『수타니파타』, 874)라고 말하고 있다.

禪定의 색계色界마저도 뛰어넘은 경지인 무색처정無色處定이라 해서 무소유처無所有處를 말합니다. 이와 같이 그는 힌두교의 마지막 경지까지 체험했지만 거기에 만족할 수 없었습니다. 그것은 선정 상태에 들 때에는 마음이 평안했지만, 그것을 통해 생로병사의 문제가 궁극적으로 해결되는 것은 아니었기 때문입니다. 결국 싯다르타는 사마타 선정을 통해서는 절대평정을 얻기 힘들다고 결론짓고, 그들을 떠나 힌두교의 성지인 가야에서 고행주의자를 찾아갔습니다.

붓다의 초기 말씀을 모아 놓은 『숫타니파타(426~428)』에는 싯다르타가 고행 중에 악마의 유혹을 받았다는 이야기가 전해 오고 있습니다. 그것은 구체적으로 정신적 갈등과 탐욕, 배고픔, 쾌락의 유혹입니다. 그리고 그러한 유혹에 대한 그의 고뇌도 묘사되고 있습니다. 악마의 유혹은 그가 깨달음을 얻기 직전에 절정에 달합니다.(『숫타니파타』 426~449 참조) 그는 고행을 다 이겨냈지만 이것으로도 자신이 원하는 절대평정에 들기는 힘듦을 깨닫고 결국 고행하던 숲을 떠납니다. 격렬한 고행으로 인해 쇠약해질 대로 쇠약해진 싯다르타는 수자타Sujata라는 처녀가 준 우유죽을 공양 받고 새로운 활력을 얻게 됩니다. 원기를 회복한 고타마는 예전에 부왕을 따라 농경축제에 가서 보리수 밑에서 명상에 잠겼던 적을 떠올리게 되었다고 합니다. 농경제 때 경험한 선정을 기억해낸 그는 보리수 밑에서 자신만의 수행의 길에 들어섭니다.

여기서 우리는 싯다르타가 힌두교 수행을 통해 얻을 수 없었던 것이 무엇이었는지 묻지 않을 수 없습니다. 그는 당시 힌두교에서 최상의 신비 체험인 비상비비상처의 경지를 획득했고 엄청난 고행을 했지만, 그러한 체험과 고행이 그가 처음 문제 삼았던 생로병사를 궁극적으로 해결해주지 못한 것은 분명합니다. 그래서 그는 어린 시절 농경제 때 체험한 선정을 기억해내고 자신만의 수행의 길로 들어섭니다. 여기서 중요한 것은, 싯다르타는 종전에 체험했던 수행들을 통해 다시 초발심을 냈다는 것입니다. 그래서 싯다르타는 극단적인 수행도 아닌 중도적 수행을 통해 35세(또는 36세)가 되던 12월 8일 새벽에 깨달음을 얻었습니다. 전해지는 범천권청梵天勸請의 전설에 따르면, '범천'으로 전해지는 브라마 신이 나타나 그에게 자신이 깨달은 진리(法)를 설법하기를 권했다고 합니다. 붓다께서 처음으로 설법을 한 이들은 함께 수행했던 다섯 명의 고행자들이었습니다. 붓다는 그들에게 다음과 같이 말했습니다. "벗이여, 나는 이 세상에 홀로 존재하는 것은 아무 것도 없다는 사실, 즉 만물이 상즉相卽 관계에 있다는 사실을 깨달았다."[41]

> 수행자들이여, 나는 두 가지를 버리고 중도가 있다고 말하노라. 내 스스로 증득해 알았으며…… 깨달음을 위하고…… 열반을 위한 까닭에 이를 성취하였느니라. 중도란 무엇인가? 여덟 가지 바른 길이니 정견正見, 정분별正分別, 정어正語, 정업正業, 정명正命, 정정진正精進, 정념正念, 정정正定이니라.(『불본행집경』)[42]

이와 같이 붓다께서는 성도에 드신 후에 45년간 연기법과 중도의 길, 그리고 팔정도八正道에 관한 가르침을 펼치셨습니다. 5백 명의

---

41 틱낫한, 『아! 붓다』, 반디미디어, 2004, 22쪽.
42 도법, 『부처를 만나면 부처를 죽여라』, 아름다운 인연, 2004, 112~113쪽 재인용.

비구들이 모인 가운데 붓다께서 열반에 드셨을 때 다음과 같은 말씀을 마지막으로 남기셨습니다. "비구들이여, 너희들에게 할 말은 이것이다. 모든 현상은 변천한다. 게으름 없이 정진하라." 붓다께서 남기신 이 말씀에서 '게으름 없는 정진'이 얼마나 중요한지를 새삼 느끼게 됩니다.

2) 붓다의 깨달음과 성도成道의 내용

붓다께서 깨친 내용에 대해서는 경전마다 조금씩 다르게 전해져 오지만, 가장 유력하고도 보편적으로 전해지고 있는 것은 12지支 인연, 곧 연기緣起의 도리입니다. 이는 삼라만상이 상호 불가분의 관계를 지니고 있다는 존재의 실상에 대한 진리를 의미합니다. 그러나 저는 부처님의 깨달음의 세계를 단순히 연기로 표현하기보다는 불성佛性의 세계까지 포괄하여 '무상불성' 혹은 '연기불성'으로 표현해도 좋지 않을까 싶습니다. 이 표현 안에는 연기의 진리에 함축된 무상, 무아에 대한 붓다의 깨달음과 더불어 그 깨달음을 통해 드러난 열반의 세계, 불성의 세계까지를 내포하고 있다고 보기 때문입니다.

붓다께서 문제 삼으신 것은 생로병사, 곧 인생의 고품라는 문제였습니다. 이러한 문제의식 속에 붓다께서는 연기의 진리를 통해 고통의 궁극적 원인이 어디에 있는지를 깨닫게 된 것입니다. 늙고 죽음은 태어남으로 인해, 태어남은 생존으로 인해, 생존은 집착으로, 집착은 갈망으로……, 이렇게 해서 모든 것의 근원은 '무명'에 있음을 밝혀냈습니다. 붓다께서는 이러한 연기적 깨달음에 바탕을 두고 사성제四聖諦와 팔정도의 가르침을 펼치셨습니다.

사성제 중 첫째인 고성제苦聖諦는 우리로 하여금 고통으로 가득 차 있는 현실을 있는 그대로 직시하게 합니다. 둘째 집성제集聖諦는 고苦의 뿌리, 곧 고가 어디서 생겨나는지를 파악하는 진리를 의미합니다. 고통이 생기는 원인은 다름 아닌 '집착'에 있다는 것입니다. 돈이나 명예 그리고 권력에 집착하는 것은 물론이고, 궁극적으로는 자기 자신에 집착(我執)함을 뜻합니다. 고통이 생기는 원인을 알아 고통에 빠지는 행동을 삼감으로써 고의 발생을 멈추게 하여 번뇌가 끝날 수 있습니다. 번뇌가 끝났다는 것은 곧 열반에 듦을 의미합니다. 열반이란 산스크리트어로 'nirvāṇa', 빨리어로 'nibbāna'인데 이는 무엇이 꺼진 상태를 뜻합니다. 다시 말해 고통의 근원인 갈애渴愛가 제거됨으로써 타오르던 번뇌가 꺼졌다는 것입니다. 이렇게 볼 때 열반은 갈애의 소진, 즉 번뇌가 꺼진 상태, 탐욕으로부터 완전히 자유로워진 상태임을 알 수 있습니다. 이와 같이 번뇌에서 해방됨이 바로 멸성제滅聖諦라 할 수 있습니다. 집착을 끊어버림으로써 고통의 문제를 해결하고자 한 붓다께서는 집착을 끊어버리는 방법으로 도성제道聖諦를 제시했고, 그중 하나로서 명상 수행이 발전하게 되었습니다.

이와 같이 집착으로부터 자유로워지는 길로 제시된 불교의 명상 방법은 인류의 위대한 유산입니다. 그러나 여기서 우리가 주목할 것은 집착에서 완전히 자유로워지는 것이 명상 수행만으로는 어렵다는 사실입니다. 부처님께서 팔정도의 가르침을 남기신 것도 명상 수행 외의 닦음이 필요하다고 보셨기 때문입니다. 팔정도에는 명상(定)에 해당되는 정근(正勤, 正精進), 정념正念, 정정正定 이외에 계戒와 혜慧에 해당되는 부분을 포함하고 있습니다. 즉 정견正見, 정사正思, 정어正語, 정업正

業, 정명正命이 그것입니다. 이와 같이 팔정도를 삼학三學에 비견한다면 계戒에 해당되는 것이 정업·정정·정명이고, 정정진·정념·정정이 정定에, 그리고 정견·정사유는 혜慧에 해당됩니다.

　팔정도는 각각이 나머지 일곱을 모두 포함하고 있습니다. 다시 말해 정견 속에 나머지 다른 7가지 요소가 숨겨져 있다는 것이지요. 예를 들면 정념 수행을 하게 되면 정어 아닌 말을 하거나 정법이 아닌 행동을 할 때 알아차릴 수 있습니다. 또 정근과 정념을 닦으면 정정이 쉽게 이루어질 수 있고 이를 통해 통찰력과 지혜를 얻을 수 있습니다. 사실 나머지 일곱 가지 요소를 수행하지 않은 채 팔정도의 한 가지 요소만을 수행한다는 것은 불가능합니다.[43] 이런 점에서 팔정도는 서로 상즉 관계에 있으며 이를 팔정도의 상즉성相卽性이라 합니다. 여기서 우리는 깨달음, 곧 지혜란 정定의 닦음만으로 얻어지는 것이 아니라는 사실을 깨닫게 됩니다. 마치 솥에 발이 셋 있어야 균형을 이루듯이 참된 깨달음은 계·정·혜 삼학이 균형 있게 닦아질 때 이루어진다는 것입니다. 팔정도 수행은 바로 이 사실을 말해주고 있습니다. 한국불교의 수행 분위기가 혹 정과 혜로 치우치는 경향이 있다면, 부처님의 팔정도에 비추어 다시금 성찰해볼 필요가 있지 않나 싶습니다.

> 마치 사람이 손을 씻을 때 왼손이 오른손을 깨끗하게 해주고, 오른손이 왼손을 깨끗하게 해주는 것처럼…… 지혜가 있으면 곧 계가 있고, 계가 있으면 곧 지혜가 있는 것이라오. 계는 능히 지혜를 깨끗하게 하고 지혜는 능히 계를 깨끗하게 한다오. (『종덕경』)[44]

---

[43] 틱낫한, 『아! 붓다』, 반디미디어, 2004, 154쪽.

이상에서 붓다의 탄생과 가르침에 대해 살펴보았습니다. 앞서 살펴보았듯이 그리스도교 안에서는 예수의 정체성과 관련된 많은 해석학적 과정이 있었는데 비해, 불교의 경우는 역사적 붓다에 대한 해석학적 연구가 그리 활발하지 않은 듯합니다. 앞으로 붓다에 관한 역사비평학적, 해석학적 관점에서의 연구가 더욱 활발히 이루어진다면 오늘날 대승불교와 초기불교 간의 연계성을 더욱 깊이 하는 계기가 되지 않을까 생각합니다.

4. 붓다와 예수의 정체성 비교

1) 역사적 붓다와 삼신불

붓다께서는 입멸 전 제자들에게 다음과 같은 말씀을 남겼다고 합니다. "내 육신의 몸은 여기 없지만, 나의 가르침인 다르마카야Dharma-kāya는 언제나 너희들과 함께 할 것이다." 이 유언처럼 그분의 몸은 떠나셨으나 그분의 가르침인 다르마카야는 현존함을 우린 확인할 수 있습니다. 석존 입멸 후 붓다의 제자들은 법을 스승으로 삼아왔으며 붓다의 몸에 대해 '육신의 몸'인 색신(色身, rupa-kāya)과 '법의 몸'인 법신(法身, dharma-kāya)이라는 두 개념이 생겨나게 되었습니다.[45] 즉 법이야말로 붓다의 실신實身이고 붓다는 바로 그 법신의 현현인 색신으로 등장한 것으로 봅니다. 이렇게 법신과 색신이라는 이신설二身說이 나오면서 다르마카야는 영원한 붓다, 영원한 진리, 곧 언제나 가르침을 설파하는

---

44 도법, 『부처를 만나면 부처를 죽여라』, 아름다운 인연, 2004, 223쪽 재인용.
45 케네스 첸, 길희성·윤영해 공역, 『불교의 이해』, 분도출판사, 1994, 85쪽.

법신불 개념으로 바꾼 것입니다.[46] 그래서 대승불교에서는 법신불께서 '지금 여기'에서도 대중들에게 설법을 계속한다고 봅니다. 『증일아함경』 제5권에는 다음과 같은 표현이 나오고 있습니다.

진리에 공양하는 자는 곧 나에게 공양하는 것이며, 진리를 본 사람은 곧 나를 본 것이다. 이미 진리가 있으면 내가 있느니라(其有供養法하면 則供養我요 己其觀法者면 則觀我며 己有法則有我니라).

놀랍게도 이는 예수님께서 하신 다음 말씀과 유사합니다. "나를 보았으면 곧 아버지를 본 것이다. 내가 아버지 안에 있고 아버지께서 내 안에 계시다고 한 말을 믿어라."(요한 14,9,11) 붓다께서 자신이 곧 진리임을 선포했듯이 예수께서도 당신 자신을 '길이요 진리요 생명'이라고 하셨습니다. 법신불 신앙은 대승불교에 와서 삼신불三身佛 신앙으로 발전했는데 법신불(法身), 보신불(報身), 화신불(化身)이 그것입니다. 『화엄경』에서는 법신불을 비로자나불이라고 불렀는데 이 칭호에는 부처님의 영혼, 정신, 모든 존재의 근거, 그리고 깨달음의 근거라는 의미가 들어 있습니다. 이러한 법신은 후에 진여眞如나 열반, 그리고 여래장如來藏으로 표현되기도 했습니다.[47] 석가모니불을 비롯한 부처님들은 바로 이 법신불의 화신化身이라 할 수 있습니다. 다시 말해 화신불은 진리가 부처의 모습을 취해 드러난 것입니다. 석가모니불께서 그러하셨듯이 화신불은 미혹의 세계에 살면서도 그 미혹을

---

[46] 틱낫한, 오강남 역, 『살아 있는 붓다, 살아 있는 그리스도』, 한민사, 1995, 98쪽.
[47] 틱낫한, 『아! 붓다』, 반디미디어, 2004, 203쪽.

모르고 사는 중생을 깨우쳐주기 위해 응신불應身佛로서 드러난 부처라 할 수 있습니다.

『화엄경』「노사나불품盧舍那佛品」에 보면 보신불은 노사나불이라 하여 비로자나불이 오랜 세월 동안 수행하며 공덕을 쌓고 중생을 위한 보살행을 한 결과로 불타가 되었음을 전해주고 있습니다. "무수한 억겁의 세월 동안 공덕을 닦고 시방세계의 일체 부처님을 공양하며 무수한 중생을 교화하여 노사나불은 정각을 이루셨네."[48] 이와 같이 보신불은 노사나불처럼 보살행에 의해 부처를 이룬 존재를 말합니다. 원효元曉의 『대승기신론소』에 의하면 보신불은 다음과 같은 세 가지 사실에 근거하고 있습니다. 첫째는 본행本行으로 이는 보살의 단계에 있을 때 크게 자비로운 마음을 일으키고 여러 바라밀행波羅蜜行을 실천하는 것입니다. 둘째는 대원大願으로 중생들을 영원무궁토록 고통과 죄악에서 건져내 자유롭게 하기로 서원을 세웁니다. 아미타불은 법장보살이 48대원大願을 세우고 정진하여 성불함으로써 보신불이 되었고, 약사여래 역시 12대원을 일으켜 그 서원을 달성함으로써 동방 유리세계東方瑠璃世界의 부처가 되었습니다. 셋째는 대방편大方便으로 모든 중생과 자기 자신은 하나이고 다름이 없다는 사실을 여실히 깨달았기에 모든 중생을 자기 몸과 같이 여기는 것입니다.

틱낫한 스님은 삼신불에 대해 독특한 해석을 했습니다. 붓다가 역사 속으로 사라진 한 개인이 아니라, 진리가 인격화된 모습으로 드러난 전형적인 존재라고 볼 때 우리 안에서 이미 법신을 발견할 수 있다는

---

[48] 『大方廣佛華嚴經』「盧舍那佛品」(大正藏 9, p.405下).

것입니다. 또한 부처님께서 철저한 수행을 통해 한량없는 평화와 기쁨, 그리고 행복을 얻었고 그 결과가 보신불이라면 우리도 조화와 평화를 잃지 않고 아름다운 것을 접하게 된다면 보신불을 접하게 된다는 것입니다. 이를 일러 '스스로 즐김(自受用)'이라 하며, 이러한 지복으로 이루어진 우리를 보고 다른 사람들이 즐거워하는 것을 '타수용他受用'이라 합니다. 이렇듯이 모든 이가 자기 안에서 깨달음의 씨앗을 기르는 법을 터득한다면 다른 이에게 기쁨을 주고 그들의 고통을 덜어줄 수 있다는 것입니다.[49]

이러한 불교의 삼신불 사상은 그리스도교의 삼위일체론과 비교되기도 합니다.[50] 붓다 입멸 후 그의 가르침을 받아들이는 과정에서 삼신불 사상이 발전했듯이, 그리스도교도 예수께서 돌아가신 후 하느님과 예수의 관계를 조명하는 과정에서 삼위일체 사상이 나왔다는 점에서 그 형성 과정의 유사성을 발견할 수 있습니다. 그러나 이 두 사상을 동일선상에 두고 비교하는 것은 자칫 두 교의의 차이점이 간과될 위험이 있습니다. 앞서 언급했듯이 참된 종교 대화는 양 종교의 특수성을 인정하는 가운데 이루어져야 한다는 점에서 그리스도교의 삼위일체나

---

[49] 틱낫한, 『아! 붓다』, 반디미디어, 2004, 204~5쪽.
[50] A.D. 325년 니케아 1차 공의회와 381년 콘스탄티노플 제2차 공의회에서 삼위일체론이 교의로서 확정되었다는 것은, 제1차 공의회 때 예수 그리스도의 신성이 공인되고, 제2차 공의회에서 성령의 신성이 공인된 것이다. 그 속뜻은 그리스도교 신앙 공동체가 초기부터 예수라는 역사적 인물을 통하여 그분의 행태行態와 존재가 지닌 계시의 투명성(transparency)을 느꼈고, 신성의 충만이 그의 존재 안에 현존함을 체험했기에, 그는 사람이긴 하되 하느님과 인간을 다리 놓는 접촉점이자 중보자이고, 로고스가 육화되신 분이라고 교의로서 표현한 것이다. 삼위일체론의 일차적 동기가 예수 그리스도 존재의 신비를 해명하려는 것이었다는 말이다.

불교의 삼신불이 각 종교의 고유한 교의라는 점을 간과해선 안 되리라 생각합니다.

2) 예수의 신성과 인성

예수의 정체성을 규명함에 있어 무엇보다 중요한 것은 역사적 예수와 신앙의 그리스도 간의 관계라 할 수 있습니다. 예수의 정체성을 '역사적 예수'의 측면에서만 보거나 혹은 선포된 그리스도의 측면에서만 본다면 우리는 그리스도교에서 신앙하는 '예수 그리스도'의 일면만을 보는 것입니다.

그리스도교 해석학적 역사 안에서 복음 선포자로서의 '예수'와 복음으로서 선포된 '그리스도' 간에는 긴장 관계가 있어 왔습니다. 예수의 정체성을 이해하는 데 있어 역사적 예수를 통해 드러난 그의 '인성'과 선포된 그리스도를 통해 드러난 그의 '신성'이라는 양 측면 간의 긴장 관계가 바로 그것입니다. 그것은 예수의 인성과 신성 간의 문제가 예수와 하느님의 관계를 어떻게 보아야 하는가의 문제와 직결되기 때문입니다. 예수와 하느님의 관계를 신학적으로 풀어가는 과정에서 나온 삼위일체론도 지금 이 논의와 무관하지 않다고 봅니다.

삼위일체론은 325년 니케아(지금의 터키 이즈니크)에서 그리스도교 교회의 첫 번째 에큐메니컬 공의회로 열린 니케아공의회에서 시작되었습니다. 황제 콘스탄티누스 1세는 당시 아리우스주의(알렉산드리아의 아리우스가 처음 내세운 이단교리로 '그리스도는 신이 아니라 피조된 인간'임을 강조했음) 때문에 동방교회에서 발생한 문제를 해결하기 위해 공의회를 소집했습니다. 이 공의회에서는 "아버지는 (예수 그리스도에게서 계시된) 아들 없이는 존재한 적이 없다"는 주장이 받아들여졌습니다. 즉 아들은 아버지와 결코 분리될 수 없으며, 또한 아들은 아버지와 본질적으로 하나라는 니케아 신조가 결정된 것입니다. 이러한 니케아 신조는 381년 콘스탄티노플에서 열린 공의회에서 공식적인 교회의 입장으로 재확인되었을 뿐 아니라, 성령 또한 하느님의 신성으로 간주됨으로써 "성령은 성부 및 성자와 동등하다"는 삼위일체 교리가 최종적으로 공포되었습니다.[51]

삼위일체와 관련하여 교회는 다양한 해석들을 내놓았습니다. 그러나 삼위일체에 관한 형이상학적인 설명들은 사람들에게 삼위적 형상을 통한 하느님의 신비를 이해하려는 데 그다지 큰 도움이 되지는 못했습니다. 사실 삼위일체 교리는 예수를 통해 사랑 자체이신 하느님이 세상에 완전히 계시되었고 그 하느님의 사랑이 성령 안에서 오늘날도 계속 이어지고 있음을 말하려는 것이라고 봅니다. 그러기 위해서 우리는 추상화된 언어로부터 벗어나 성경을 통해 드러난 예수의 가르침에로 돌아갈 필요가 있다고 봅니다. 왜냐하면 그리스도인은 예수처럼 하느

---

[51] 하느님에 대한 삼위적 형상을 우리를 위해서 주어진 양식에 지나지 않는다고 보는 양식론도 있다. 예수가 하느님을 아버지로 불렀다면 이는 인간이 되신 하느님인 예수가 아들의 자세를 보였다는 사실을 말한 것에 불과하다는 것이다. 다시 말해 양식론에서는, 삼위적 형상들이 만드는 삼위의 차이는 인간의 심리에 의한 것이지 하느님의 내적 생명 자체에 대해 말하려는 것이 아니라고 본다. 이에 반해 종속론에서는 아버지 아들 영의 형상을 세 개의 실재로 보고 있다. 하느님은 본래 한 분이셨는데 거기서 아들과 영이 나왔다고 보는 유출론적 사고가 바로 그것이다. 이와 같이 종속론적 사고에서는 아버지 형상으로 지칭되는 실재에서 아들과 영이 나왔다고 보기에 아버지 형상이 더 우월하다는 것이다.(서공석, 『예수, 하느님, 교회』, 분도출판사, 2001, 178~9쪽)

님을 압바로 받아들이고, 압바 하느님이 아들인 예수를 통해 당신 스스로를 보여주셨고, 예수를 믿는 사람들 안에 성령을 베푸셔서 당신의 자녀로 살게 하심을 믿고 살아가는 이들이기 때문입니다.(루카 11,13 참조)

하느님과 예수와의 관계 규명은 그리스도교가 이웃 종교와 대화를 할 때 늘 큰 이슈로 떠오르는 것 중 하나입니다. 신 중심주의적 다원주의에서는 그리스도교에서 말하는 '예수의 유일성'이 종교 대화에 걸림돌이 된다고 봄으로써 괄호 속에 넣고 '신 중심'으로 종교 대화에 임하려 합니다. 그러나 그리스도교가 예수 그리스도를 보류한 채 종교 대화에 임한다면, 그건 그리스도교의 정체성을 벗어난 대화가 될 것입니다. 이런 점에서 그리스도교가 어떻게 '그리스도 중심'과 '신 중심'을 양립시킬 것인가의 문제는 종교간 대화를 임함에 있어 그리스도교의 중요한 과제가 아닐 수 없습니다. 바로 이 문제의 배후에는 예수의 신성과 인성 간의 긴장 관계가 있습니다. 신 중심을 고집하는 이들은 예수의 인성만을 중시하고 그분의 신성은 한쪽으로 밀어놓고자 합니다. 그것은 예수의 신성이 종교간 대화에서 걸림돌이 된다고 생각하기 때문입니다. 그러나 역사 안에서 면면히 유지되어온 그리스도교 신앙은 분명 예수의 신성과 인성 간에 균형 있고 역동적인 믿음 안에서 이루어져 왔습니다. 사실 신학계에서는 이 문제로 너무나 많은 시간을 보내 왔습니다. 종래의 삼위일체론 논쟁이 말하듯이 희랍 철학의 영향을 받아 그리스도교 신학 안에는 형이상학적인 경향이 강했던 것이 사실입니다. 그러나 실제로 그리스도교 신앙을 사는 데에 중요한 것은 존재론적이고 형이상학적 문제가 아니라 예수의 인격과 삶이라고 생각합니다. 그리스도인으로 산다는 것은 실제 삶에서 얼마만큼 예수의 삶에 가까워지는가에 달려 있기 때문입니다.

제3강 사랑과 연기

보통 그리스도교의 사랑은 불교의 자비와 비교되곤 합니다. 그러나 보다 근본적으로 그리스도교의 사랑은 불교의 연기緣起와 비교되어야 한다고 봅니다. 그것은 부처님의 자비는 그분께서 깨우친 연기의 진리에 기반을 두고 있기 때문이지요. 삼라만상이 상호 깊은 연관관계를 지니고 있다는 연기의 진리, 곧 삼라만상의 존재와 내가 불가분의 관계를 지님을 깊이 자각할 때 비로소 진정한 의미의 자비가 가능하다고 보기 때문입니다. 이러한 자각을 통해 얻어진 지혜와 자비의 관계는 불교에서만이 아니라 그리스도교에도 적용됩니다. 다시 말해 그리스도교에서 말하는 사랑 역시 하느님 사랑에 대한 깨달음과 깊은 상관관계가 있습니다. 이와 같이 그리스도교의 사랑과 불교의 자비는 우리 존재의 근원에 대한 깨달음과 불가분의 관계를 지니고 있습니다. 그럼 자비의 근원이 되는 연기적 지혜부터 살펴보도록 하겠습니다.

1. 연기

1) 연기의 의미

붓다 시대에 인도의 바라문들은 요가를 통해 해탈을 얻고자 한 수정주의 修定主義자들이었고, 바라문 수행을 받아들이지 않던 육사외도六師外道[52]들은 고행주의자들이었습니다. 붓다께서는 이러한 당대의 수행 방법을 모두 터득하셨지만, 종래의 선정이나 고행을 통해서는 완전한 깨달음에 도달할 수 없음을 자각하게 됩니다. 그래서 그분은 스스로 독자적인 길로 나아가셨고, 궁극적으로 '연기緣起'의 진리를 깨닫게 되었습니다.

초기경전에 등장하는 '연기'의 빨리어는 'Paticcasamuppāda'인데 그 어원은 산스크리트어 Pratītyasamutpāda입니다. 이는 '의존해서 또는 조건적으로(Prati-I-tya) 함께 생기함(sam-ut-pāda)'이라는 뜻을 지니고 있습니다. 즉 연기는 '~에 연하여 일어나는 것'이라는 의미로, 일체 사물은 다양한 원인과 조건에 연하여 성립한다는 것입니다. 다시 말해 인간 존재나 그것을 둘러싼 세계는 모두 어떤 원인과 조건에 근거하여 형성된다는 것입니다. 그래서 초기불교 경전에서는 연기를 다음과 같이 정의합니다. "이것이 있으면 저것이 있고, 이것이 일어나면

---

[52] 고타마가 출생한 기원전 500년경에는 낡은 계급제도가 붕괴되고 상인들의 장으로서의 장자長者 계급이 형성되고 경제적 풍요에 미치지 못하는 정신적 공허와 불안과 권태로 현실도피 안에서 진리를 추구하려는 경향이 생겼다. 특히 당시 육사외도로 대표되는 많은 사문이 생겼는데 이처럼 많은 사문을 배출할 수 있었던 것은 그들의 유행생활을 뒷받침할 충분한 경제력이 있었기 때문이다. 즉 경제적인 풍요로움으로 인해 자유주의 사상이 생기게 된 것이다.

저것이 일어난다. 이것이 없으면 저것이 없고, 이것이 소멸하면 저것이 소멸한다."[53]

틱낫한 스님은 모든 존재가 상호 연관성을 지닌다는 연기를 'interbeing'으로 해석한 바 있습니다. 이는 존재와 존재가 서로 의존관계에 있음을 표현한 것입니다. 나무는 나무 아닌 다른 모든 요소에 의해 존재하고, 꽃은 꽃이 아닌 요소들에 의해 존재한다고 볼 수 있습니다. 나무에서 나무 아닌 요소를 모두 없애면 나무는 더 이상 나무일 수 없고, 꽃 아닌 요소를 모두 없애면 꽃은 더 이상 꽃일 수 없다는 것입니다. 지금 여기에서 살아가고 있는 나는 조상 대대로 내려온 유전인자뿐만 아니라 그 조상들이 생명을 유지하기 위해 섭취했던 그 수많은 생명체, 또 그 생명체가 살아가기 위해 맺은 모든 인연을 생각할 때 과연 나의 생명이 우주와 무관할 수 있을까 싶습니다. 진화론에서는 단세포에서 사람으로 진화하기까지 수십억 년의 시간이 흘렀다고 합니다. 그렇다면 우리 몸은 그 수십억 년 세월의 진화를 담고 있다고 할 수 있겠지요. 이는 우리 몸이 우주의 다른 생명체 없이는 한시도 홀로 살아갈 수 없으며 우주의 모든 생명체와 불가분의 관계가 있음을 의미합니다.

이렇듯 연기는 일체의 존재가 인연에 의해 생겨났다는 인연생기因緣生起와 깊은 관련이 있습니다. 예를 들자면 씨앗에서 싹이 나올 때 씨앗은 직접 원인인 인因이 되고 흙, 물, 기후 등의 제반 조건인 간접원인은 연緣이 됩니다. 이처럼 인과론은 '저것이 있을 때 이것이 있고,

---

[53] 『상응부경전相應部經典』 2, 65, 70, 78쪽.

저것이 없을 때 이것이 없다'는 시간적 인과관계만을 의미합니다. 이에 반해 연기는 시간적 '인과관계'만이 아니라 이것과 저것이 서로 의지하는 '상의성相依性'도 내포되어 있습니다. 상의성이란 '저것이 있을 때 이것이 있고, 이것이 있을 때 저것 또한 있다'는 것입니다. 따라서 저것이 없을 때에는 이것도 없고, 이것이 없을 때에는 저것도 없어 이것과 저것이 서로 의지함을 말합니다. 이러한 상의성을 설명하는 유명한 비유로『잡아함경』제12권「노경蘆經」에 나오는 갈대 묶음 이야기를 들 수 있습니다.

세 개의 갈대가 땅에 서려고 할 때 서로서로 의지해야 서는 것과 같다. 만일 그 하나를 버려도 둘은 서지 못하고, 또한 둘을 버려도 하나는 서지 못하듯이 서로서로 의지해야 서게 된다.

이러한 상의성은 우리네 삶에 드리운 상호 의존적 관계를 잘 말해주고 있습니다. 우리 각자는 가정이나 학교, 직장이나 단체 등 여러 공동체에 소속되어 살아갈 뿐만 아니라 그 안에 드리운 수많은 관계망 속에서 살아갑니다. 홀로 있을 때에는 자신만의 고유한 색깔이 있지만 공동체를 이루면 각 개인의 색깔들이 서로 어우러져서 하나의 새로운 색깔을 띠게 됩니다. 이렇듯 우리네 삶에 드리운 모든 관계 안에 연기적 진리가 깃들어 있다고 볼 수 있습니다.

2) 12지 연기설

원시불교에서는 붓다께서 깨우친 연기법을 '12지 연기'로 정리했는데,

12개 항목이 서로 인연에 의해 생겨난다는 것입니다. 붓다께서 지녔던 생로병사 안에 드리운 고苦의 문제가 이 12지 연기를 통해 해결되었다는 것입니다. 『상응부경전相應部經典』에서는 12지 연기를 다음과 같이 정리하고 있습니다.

비구들이여, 연기란 무엇인가? 무명을 연하여 제행諸行이 있고, 행을 연하여 식(識, 인식작용)이 있고, 식을 연하여 명색(名色, 명칭과 형태)이 있고, 명색을 연하여 육처(六處, 감각기능)가 있고, 육처를 연하여 촉(觸, 감각기능에 의해 대상과 접촉이 있음)이 있고, 촉을 연하여 수(受, 감수작용)가 있고, 수를 연하여 애(愛, 妄執)가 있고, 애를 연하여 취(取, 집착)가 있고, 취를 연하여 유(有, 생존)가 있고, 유를 연하여 생(生, 존재)이 있고, 생을 연하여 노사老死, 근심, 슬픔, 번뇌가 생긴다.

인간은 누구나 늙고 죽는데 그 노사老死의 근본 원인은 '나'라는 존재가 태어났기 때문이지요. 이와 같이 늙고 죽음은 태어남(生)에 의한 것이고 생生은 있음(有)에 의한 것으로 봅니다. 있음(有)은 취(取, 무엇을 자기 것으로 하고자 하는 강한 욕구)에 의해 생겨난 것이고, 이것은 집착(愛)에 의해서 생겨난다고 봅니다. 여기서 말하는 집착(愛)은 목마른 사람이 물을 원하는 것과 같은 강한 충동의 갈애渴愛를 말하는데 이는 감수작용(受)에 연해서 일어납니다. 쾌·불쾌의 감수작용(受)은 마음이 대상과 접촉함(觸)에 의해 일어납니다. 촉觸은 감각기관인 육입(六入, 眼耳鼻舌身意)과 외부 접촉에 의해서 일어나며, 이 육입은 명색名色, 즉 신심身心 활동에 의해서 일어나고, 신심 활동은 의식(識)

에 의해 생겨납니다. 의식 활동은 행(行, 잠재적 형성력)에 의해서, 행은 무명無明에 의해 생겨난다고 봅니다. 이렇게 볼 때 결국 고苦의 근본 원인은 무명에 있음을 알 수 있습니다.

원시불교에는 12지 연기 외에도 3지支, 4지, 5지, 8지, 9지, 10지가 전해져 옵니다. 12지 연기보다 더 간단한 연기설이 있었다는 것은 붓다께서 깨달은 바를 후대에 12지 연기설로 정리한 것이 아닌가 하는 추론을 하게 만듭니다. 앞서 언급했듯이 붓다께서는 고苦를 문제 삼으셨습니다. 고통으로부터 어떻게 궁극적으로 자유로워질 수 있는가 하는 것입니다. 이런 점에서 붓다께서는 연기법을 통해 고통의 근원을 보여주었다면 고통을 멸할 수 있는 환멸연기還滅緣起도 설하셨습니다.

고통에서 벗어나려면 그 고통을 불러일으킨 원인을 없애야 하는데, 고苦의 근원적인 원인이 바로 무명無明이라는 것입니다. 곧 존재의 실상을 제대로 알지 못함을 의미합니다. 따라서 무명을 떨쳐낼 수만 있다면 고통에서 자유로워질 수 있다는 거지요. 여기서 무명이란 연기에 대한 무지를 뜻합니다. 모든 것은 실체가 있는 것이 아니라 연기에 의해 생겨나고 사라지는데, 이를 모르기 때문에 사물이나 인간에 집착하게 되고 거기서 고통이 생겨난다는 것입니다. 따라서 무명에서 비롯되는 연기의 진리를 터득하게 된다면 사물이 실체가 있는 것이 아니라 상호 인연에 의해 생겨나고 사라진다는 사실을 깨달아 집착에서 벗어나고, 궁극적으로 고통에서 자유로워질 수 있다는 것이 붓다의 깨달음이라 할 수 있습니다.

2. 화엄종의 법계 연기

원시불교에서 12지 연기로 설명해온 것이 화엄종에 오면 '법계 연기法界緣起'로 설명됩니다. 『화엄경』에서는 이 우주가 작은 티끌에서 시작하여 우주 전체에 이르기까지 온 세계가 무한히 중첩되어 있다고 봅니다. 다시 말해 세상은 그물망처럼 얽히고설켜서 화장세계華藏世界를 이루고 있다는 것입니다.[54] 이와 같이 모든 사물이 상호 의존관계 속에 있음을 화엄종에서는 상즉·상입(相卽相入, mutual penetration) 관계라고 합니다. 상입은 스스로 혼자 존재할 수 없는 것들이 서로 의지하고 있음을 말합니다. 화엄의 제3조인 법장法藏 스님은 사면이 거울로 된 방 한 가운데에 놓인 횃불에 비유하여 상입을 설명하고 있습니다. 즉 하나의 거울 속에 다른 모든 거울의 상이 들어오면 무수히 많은 횃불의 상이 거울에 비추어지게 됩니다. 그렇더라도 한 거울의 상은 다른 모든 거울의 상을 방해하지 않습니다. 이와 같이 거울에 나타나는 무수한 상들이 서로가 서로를 비추듯 삼라만상도 서로 영향을 주고받는다는 것입니다. 화엄종에서는 이것을 법계 연기라고 하는데, 이를 좀 더 깊이 이해하기 위해 법계의 의미에 대해 살펴보겠습니다.

『화엄종』에서는 존재의 실상을 사법계四法界로 설명합니다. 그중 사법계事法界는 우리가 감각으로 감지할 수 있는 모든 경험세계에서 생겨나는 현상을 말합니다. 그러나 이 현상계의 무실체성을 깨닫게 되면 참된 실재의 세계가 보이는데 이를 이법계理法界라고 합니다. 이는 사법계를 관통하고 있는 하나의 순수한 원리로 화엄종에서는

---
[54] 양형진, 『산하대지가 참빛이다』, 장경각, 2001, 71쪽.

이를 '공空이나 우주적 일심一心'으로 표현합니다. 다음은 이사무애법계理事無礙法界로 이는 이법계와 사법계가 상즉·상입 관계에 있음을 말합니다. 『대승기신론大乘起信論』의 진여眞如와 수연隨緣의 관계는 이사무애법계를 잘 보여주고 있습니다. 『대승기신론』에서는 우리의 마음을 일심一心이라 하고, 일심을 다시 진여문眞如門과 수연문隨緣門으로 나누어 설명합니다. 예를 들어 변할 수 없는 금 자체는 이理인 진여문에 해당되지만 금으로 만들어진 물건은 사事인 수연문에 해당됩니다. 이러한 이理와 사事 간에 서로 방해받음 없이 연관되어 있다고 보는 이것이 바로 이사무애법계입니다.

마지막으로 사사무애법계事事無礙法界는 현상계의 모든 사물이 아무 장애 없이 상즉 관계에 있음을 말합니다. 즉 사사무애법계란 모든 것이 아무런 걸림 없이 상통하는 세계입니다. 일본 시인 바쇼오(芭蕉)가 지은 "개구리가 연못에 퐁당 뛰어드는 소리"라는 하이쿠가 있습니다. 이 짧은 시는 사사무애법계를 잘 보여주고 있지 않나 싶습니다. 보통은 "개구리가 연못에 뛰어들었다. 그래서 소리가 들렸다"라고 생각합니다. 즉 우리는 개구리, 연못, 그리고 소리가 각각 존재한다고 생각합니다. 그러나 바쇼오의 하이쿠 속에는 개구리도 없고, 그것을 바라보는 자신도 없고 오직 '퐁당하는 소리'만이 있을 뿐입니다. 이와 같이 개구리나 연못, 그리고 이를 둘러싼 모든 존재의 벽이 사라진 상태가 바로 사사무애의 경지라 할 수 있습니다. 기도나 명상에 깊이 침잠하다 보면 이러한 경지를 체험할 때가 있습니다.

저는 일본 유학시절 비구니 스님들과 함께 참선수행을 한 적이 있었는데 그때 이런 체험을 한 적이 있습니다. 참선수행이 끝나는 마지막

날, 수행이 끝났음을 알리는 범종이 33번 울려 퍼졌습니다. 법당 밖에서 한 스님께서 치셨던 그 범종의 울림이 처음에는 법당 안을 가득 메우는 듯싶더니 점점 제 몸 안에 강한 파동으로 스며 들어오기 시작했고 마침내 내가 북소리인지, 북소리가 나인지 분별할 수 없는 경지까지 이르렀습니다. 그리고는 법당 전체와 또 함께 참선해 왔던 스님들, 그리고 온 우주가 그 북소리와 하나라는 체험으로 이어졌습니다.

사사무애와 관련하여 또 유명한 '인드라망의 구슬 이야기'가 있습니다. 인드라 제석천이라는 신의 궁전에는 끝없이 넓은 그물이 있고, 그 그물코마다 보석이 달려 있습니다. 이 보석들은 서로가 서로를 반사하여 마치 각 보석이 다른 모든 보석을 품고 있는 것과 같습니다. 화엄에서는 이것을 "하나 안에 일체요 일체 안에 하나이며, 하나가 곧 일체요 일체가 곧 하나(一中一切 一切中一 一卽一切 一切卽一)"라고 말합니다. 이렇듯 세계를 상즉상입 관계로 바라보는 관점을 화엄종에서는 '법계 연기'라 합니다.

이상에서 살펴본 연기적 세계관은 불교가 존재나 실상을 바라보는 핵심적 사유방식이라 할 수 있습니다. 붓다 이래 불교사 안에서 형성되어 온 수많은 사유들은 연기에 대한 다양한 해석들이라고 해도 과언이 아닙니다. 불교에서는 존재의 실상을 연기적 관점에서 보는 동시에 불성의 관점에서도 바라봅니다. 즉 '일체 중생은 곧 불성'이라는 것이지요.(불성에 관해선 뒤에서 상세히 살펴보겠습니다.) 붓다께서는 일체 중생의 불성을 일깨워주기 위해 가르침을 펼쳤습니다. 이것이 바로 부처님의 자비행이며, 이 자비행이야말로 연기적 깨침을 완성해 나아가는 길임을 보여줍니다.

3. 연기와 자비

1) 자비의 의미

자비의 '자(慈, maitrī. 빨리어는 Mettā)'는 '친구(mitra)'에서 파생된 것으로, 중생에게 이익과 안락을 주려는 마음을 말합니다. 또한 '비(悲, Karuṇā)'는 남의 불행을 불쌍히 여기는 동정의 뜻이고 연민의 마음으로 중생의 고통과 불이익을 보고 이를 덜어주려는 마음이라 할 수 있습니다.[55] 초기불교 경전인 『숫다니파타』에는 자비와 관련하여 다음과 같은 이야기가 나옵니다.

> 마치 어머니가 목숨을 걸고 외아들을 지키듯이
> 모든 살아 있는 것에 대해서 한량없는 자비심을 발하라.
> 또한 온 세계에 대해서 무한한 자비를 행하라.
> 위로 아래로 옆으로, 장애도 원한도 적의도 없는 자비를 행하라.
> 서 있을 때나 길을 갈 때나
> 앉아 있을 때나 누워서 잠들지 않는 한,
> 언제나 이 자비심을 굳게 가지라.[56]

이와 같이 붓다께서는 자비를 어머니가 자신을 잊고 자식을 사랑하는 것과 같은 마음이라고 말씀하십니다. 이러한 모성적 자비를 베풀려면

---

[55] 길희성, 「자비와 아가페-불교와 그리스도교에 있어서의 사랑」, 『한국 전통 사상과 천주교』 제1집, 탐구당, 1995, 218쪽.

[56] 『숫다니파타』 149-151.(http://www.moktaksori.org)

무엇보다 먼저 자신의 마음을 닦을 필요가 있습니다. 자기 닦음의 수행을 하려면 우선 보리심을 일으켜야 합니다. 보리심을 일으킴에 있어서는 명상 수행뿐 아니라 자비심을 불러일으키는 것이 무엇보다 중요합니다. 육바라밀에서 보시바라밀을 첫째로 놓는 것도 이런 이유에서라고 볼 수 있습니다. 이렇게 볼 때 자비심을 일으키는 것이야말로 보리심을 발하는 데 있어 그 뿌리가 아닌가 싶습니다.

나가르주나는 다음과 같이 말합니다. "그대와 세상을 위해 무상정등각을 얻고자 한다면 그 뿌리는 이타심의 발현이다. 이타심은 산처럼 흔들림 없고 굳세며, 모든 것을 감싸 안는 자비가 있고 이원성에서 자유로운 초월적 지혜이다."[57] 마음을 닦고자 하면 불법과 하나가 되어야 하는데 그러기 위해선 앎과 실천이 하나가 되어야 합니다. 앎이 구체적으로 삶 안에 구현되지 못한다면 그 수행은 별 효과를 거둘 수 없을 것입니다. 이런 점에서 자비심을 일으키는 것은 앎과 실천을 함께 이룰 수 있는 방법이라 할 수 있겠습니다.

『대보적경大寶積經』에는 이런 대목이 나옵니다. "오, 부처님이시여! 보살은 많은 수행법을 닦지 않습니다. 만일 보살이 올바르게 하나의 다르마를 잡고 그것을 완벽하게 배운다면 그는 부처님의 모든 자질을 그의 손바닥에 쥐고 있는 것입니다. 그리고 만일 당신께서 그 하나의 법이 무엇이냐고 물으신다면 그것은 위대한 '연민'입니다."[58] 여기서 연민이 강조되는 건 연민이야말로 보리심을 일으키고 보살행을 닦아서 깨달음에 이르게 하는 기초라고 보기 때문입니다. 이런 점에서 불교의

---

[57] 달라이라마, 이종복 역, 『수행의 단계』, 들녘, 17쪽 각주 3 참조.
[58] 달라이라마, 이종복 역, 『수행의 단계』, 들녘, 54~55쪽.

자비는 도덕적 계율이라기보다 선정을 닦는 출가승의 수행 중 하나로 볼 수 있습니다. 그것은, 자慈와 비悲는 남의 행복을 따라 기뻐하는 희(喜, muditā)나, 희비고락이나 애증에 의해 동요되지 않는 평정을 뜻하는 사(捨, upekkhā)와 함께 사범주四梵住에 속하기 때문입니다.[59] 이와 같이 자비심을, 열반을 얻기 위한 수행 과정의 일부로 보는 초기불교의 자비관은 대승불교에서 더욱 강조되고 있습니다.

대승불교에서는 자비를 다음 세 측면에서 말하고 있습니다. 첫째는 '중생연衆生緣'으로 범부의 상태에서 베푸는 자비입니다. 이는 한 개인이 다른 한 개인에게 베푸는 자비행으로, '내가' 베푼다는 나의 의지가 남아 있습니다. 여기서 한 걸음 더 나아간 것이 '법연法緣' 자비입니다. 이는 법을 연緣으로 삼아 베푸는 자비행으로, 사람이나 다른 모든 사물이 독립된 실체가 아님을 깨달아 집착을 버리고 타인에게 봉사하는 것을 의미합니다. 마지막으로는 '무연자비無緣慈悲'를 들 수 있습니다. 이는 세상에 존재하는 모든 제법실상 안에서 여래의 모습을 볼 수 있을 때 나오는 자비입니다. 『관무량수경』에서는 "불심佛心이란 대자비이고, 무연자비로써 모든 중생을 포섭한다"고 하여 무연자비를 대자비(大慈悲, mahaKaruṇā)라고 말하고 있습니다. 또 『금강경』에 보면 '무주상보시無住相布施'라는 표현이 나오는데 이것은 순수보시, 순수증여로 이때는 내가 사라져서 내가 베푸는 것도 아니요 본래 내 것도 아니니 물질에 대한 소유의식도 사라지게 됩니다. 이러한 자비행이 가능하려면 연기에 대한 깨달음이 깊어져야 합니다. 이렇듯이 초기불

---

59 길희성,『포스트모던사회와 열린 종교』, 민음사, 1994, 128쪽.

교에서 대승불교에 이르기까지 자비행은 연기에 대한 깨달음과 불가분의 관계가 있음을 알 수 있습니다.

2) 연기와 자비의 관계

진정한 자비행이 되려면 삼라만상의 연기적 실재성을 자각함이 필요한데, 연기의 깨달음과 자비 간의 상관성을 잘 보여주는 것이 바로 대승불교의 보살 사상입니다. 보살은 깨쳤음에도 불구하고 중생을 구제할 때까지 부처됨을 보류한, 대승불교가 지향하는 이상적 존재라 할 수 있습니다. 이렇듯이 보살은 중생 곁에서 중생을 거두는 존재입니다. 보살이 되기 위해서는 육바라밀을 닦아야 한다고 하는데 보시, 지계, 인욕, 정진, 선정, 지혜(반야)바라밀다가 바로 그것입니다. 그중 남을 위해 자신을 헌신하는 자비행인 보시(布施, dana)바라밀을 닦으려면 반야바라밀을 병행해야 하는데 그것은 반야바라밀을 통해 베푸는 주체, 베풂의 대상, 베푼다는 관념으로부터 자유로워질 때 비로소 진정한 보시가 가능해지기 때문입니다.[60] 『유마힐소설경』의 「문수사리문질품文殊師利問疾品」은 보시바라밀과 반야바라밀의 상관관계를 잘 보여주고 있습니다. 유마거사가 병에 걸려 자리에 눕자, 붓다는 문수보살에게 문병할 것을 권합니다. 문수보살이 여러 보살들과 함께 그에게 문병 가서 무엇 때문에 병이 생겼는지 묻자 유마거사는 다음과 같이 답합니다.

---

[60] 길희성, 「자비와 아가페-불교와 그리스도교에 있어서의 사랑」, 『한국 전통 사상과 천주교』 제1집, 탐구당, 1995, 222쪽.

일체 중생이 병에 걸려 있으므로 저도 병들었습니다. 만약 모든 중생의 병이 낫는다면 그때 저의 병도 없어질 것입니다. 보살은 중생을 위해 생사에 들었고, 생사가 있는 곳에 병은 있게 마련이기 때문입니다.……
보살의 병은 광대한 자비로부터 생긴 것입니다.[61]

모든 중생에게 아픔이 남아 있는 한, 자신의 아픔도 계속될 것이라고 한 유마거사의 표현은 자신의 몸과 중생의 몸이 한몸임을 자각한 통찰에서 나온 것이라 볼 수 있습니다. 중생이 아프기 때문에 자신이 아프다는 것은 자기 몸이 중생의 몸과 둘이 아님을 자각한 데에서 나온 것이 아니겠습니까? 여기서 주목할 것은 중생에게 생긴 병은 무지와 생존에 대한 갈애에서 비롯되었다는 것입니다.

이 병이 생기는 것은 모두 영원히 변하지 않는 자아가 있다는 집착에 기인한다. 때문에 자아에 대해 집착하는 일이 없어야 할 것이다. 이미 이같이 병의 근본을 알면 자아라는 생각도, 살아 있는 것(중생)이라는 생각도 없어진다.[62]

여기서 말하는 무지란 제법실상諸法實相인 무아를 모르는 것을 의미합니다. 마치 영원한 자아가 있는 것처럼 생각하고 이에 집착함으로써 고통이 생기고 병이 생긴다는 것입니다. 이와 같이 존재의 실상이 무아임을 깨닫게 되면 너와 내가 둘이 아님을 깨닫게 되고, 여기서

---

[61] 박경훈, 『유마경』(현대불교신서16), 동국대불전간행위원회, 1994, 120~121쪽.
[62] 같은 책, 124쪽.

동체대비행同體大悲行이 가능해진다는 것이지요. 대승불교에서 말하는 동체대비행은 인간에게만 한정된 것이 아니라 삼라만상에까지 열려져 있습니다.

불교에서는 인간을 정보正報, 자연을 의보依報로 보고 정보인 인간이 환경인 의보와 불가분의 관계에 있다고 봅니다. 여기서 인간과 자연이 둘이 아니라는 의미에서 의정불이依正不二, 신토불이身土不二라는 말이 생겼습니다. 몇 년 전 천성산을 지키기 위해 단식투쟁한 지율 스님이 쓴 글 중에 "굴삭기가 천성산 꼭대기에서 산을 무너뜨릴 때 산이 울부짖는 소리를 들었다"는 대목을 읽은 적이 있습니다. 스님은 그때 "내가 구해줄께"라고 산에게 약속했고, 그래서 목숨을 걸고 천성산을 살리기 위해 단식했다고 합니다. "자연이 아프니 나도 아프다"라는 그의 자각에서 그러한 동체대비적 행위가 가능하지 않았나 싶습니다. 이와 같이 중생의 병이 다 나아야 보살의 병도 낫는다는 동체대비적 자비행은 연기에 대한 깊은 자각 없이는 어렵습니다. 이런 점에서 불교의 자비는 연기와 깊은 상관관계가 있음을 알 수 있습니다. 불교의 자비가 연기에 근거한다면, 그리스도교에서 말하는 사랑은 하느님 사랑에 근거하고 있다고 할 수 있겠습니다.

4. 그리스도교의 사랑

선불교의 제3대 조사인 승찬僧璨의 『신심명信心銘』에 보면 "깨달음에 이르는 것은 어려움이 없으니 오직 간택을 꺼리는 것뿐, 미워하고 사랑하지만 않으면 통연히 명백하니라(至道無難 唯嫌揀擇 但莫憎愛 洞然

明白)"라는 구절이 나옵니다. 여기서 '간택을 꺼린다'는 것은 사랑하는 마음이나 미워하는 마음(憎愛心)을 갖지 않음을 의미합니다. 사랑이건 미움이건 어느 쪽으로 기울어지면 도에 이르기 어렵다고 보기 때문입니다. 이를 바꿔 말하면 '증애심을 일으키지 않으면(但莫憎愛) 도道에 이를 수 있다'는 의미가 되겠습니다. 이와 같이 불가에서는 사랑도 간택심에서 나온 것으로 보는데, 그리스도교에서 말하는 사랑은 이러한 간택심과는 구별될 필요가 있습니다.

　예수께서는 율법을 '하느님 사랑과 이웃 사랑'의 두 가지로 축약해서 가르치셨습니다.(마르 12,28-34; 루카 10,25-28) 그리고 이것이 둘이 아니라 '하나'라고 말씀하십니다. 이런 면에서 예수께서 말씀하신 사랑은 구약성경의 그것과 차이가 있음을 알 수 있습니다. 구약성경에서는 '하느님 사랑'이 최우선적인 반면, '이웃 사랑'은 레위기 19장 18절에도 나오듯이 여러 계명 중 하나로 부수적인 것으로 여겨져 왔습니다. 예수께서는 부차적으로 여겨온 이웃 사랑을 하느님 사랑과 동일선상에 두었습니다. 그것은 보이지 않는 하느님을 사랑하는 방법은 이웃 사랑을 통해서임을 말해줍니다. 이런 점에서 이웃을 사랑함이 곧 하느님을 사랑하는 길이라는 예수의 가르침은 당시 613개의 율법 하나하나를 준수하도록 강조해온 율법학자들의 가르침과는 분명한 차이가 있음을 알 수 있습니다. 이렇듯 예수께서는 하느님 사랑과 이웃 사랑이라는 두 계명을 '새 계명'이라고 명명함으로써 율법의 절대권위를 상대화시켰고 유대교와 당신 가르침을 차별화시켰던 것입니다.

1) 하느님의 사랑

① 다바르로서의 하느님 사랑

하느님의 사랑은 먼저 그분의 창조행위와 깊은 연관이 있습니다. 성경은 '태초에 하느님의 창조행위가 있었다'고 서술하는데 바로 그 창조행위가 '하느님의 말씀'으로 이루어졌다는 것입니다. 여기서 하느님의 '말씀'이란 히브리어로 '다바르dabhar'라고 합니다. 이는 단순히 언어소통의 수단으로써의 말씀이 아니라 그 안에 '말씀과 사건'이라는 두 의미가 담겨 있습니다. 즉 다바르는 말씀이 곧 사건이나 행위로 드러남을 의미하고 있습니다.

창세기 1장에는 "하느님이 말씀하시기를…… 하시니…… 생겼다"라고 하여 하느님이 말씀하심으로써 빛과 어둠, 궁창 위의 물과 궁창 아래의 물, 땅과 바다, 수목, 짐승 등이 생겨났다고 전합니다. 앗시리아, 바빌론, 이집트, 이스라엘을 포함한 고대 근동 전역에서 쓰였던 '신의 말'은 다바르와 깊은 연관성을 지닙니다. 고대 근동 지역에서 사용된 '신의 말'은 단순히 어떤 의미를 전달하는 수단만이 아니라 역동적인 '힘'을 갖고 있습니다. 창세기가 바빌론 유배 이후에 쓰여졌다면 거기에 나오는 다바르의 의미는 고대 근동에서 사용된 '신의 말'과 연관이 있다고 추측해볼 수 있습니다. 이로써 창세기에 나오는 '말씀'인 다바르 역시 하느님의 창조력을 드러내고 있다는 해석이 가능합니다. 여기서 한걸음 더 나아가 하느님의 말씀으로 생겨난 모든 것 역시 하느님의 창조력을 품고 있다고 볼 수 있겠습니다.

구약성경의 지혜문학에 나오는 다바르는 하느님의 지혜를 뜻합니다.(집회 42,15; 43,26; 지혜 9,1-2 참조) 곧 우주만물은 하느님의 지혜가 안에 숨겨져 있음을 의미합니다. 하느님의 지혜가 창조의 에너지, 사랑의 에너지가 되어 창조계 전체가 생겨났다고 볼 수 있습니다. 창조와 진화의 관계를 풀기 위해 노력한 떼이야르 드 샤르댕은 '사랑'이야말로 가장 강하고 보편적이며 신비로운 우주의 에너지라고 주장합니다. 모든 개체의 생명은 죽음으로 끝나는 것이 아니라 '다음 생명'으로 이어지는데 이를 가능케 하는 것은 바로 '사랑'이라는 것입니다. 이와 같이 샤르댕은 사람뿐만이 아니라 포유류에서 미생물에 이르기까지 심지어 물질의 미세한 분자도 사랑을 한다고 봅니다. 다만 낮은 단계로 갈수록 사랑이 희미하거나 모호하게 보일 뿐이라고요.[63]

② 헤세드로서의 하느님의 사랑

구약성경에서는 하느님의 사랑을 말할 때 히브리어 헤세드hesed와 라하밈rahamim이라는 두 표현을 씁니다. 헤세드는 '은총이나 자비'를 뜻하며, 라하밈은 '애간장'이라는 의미로 긍휼로 번역되는데 이는 '자기 태를 찢고 나온 자식에 대한 어머니의 정'을 의미합니다. 그 어원은

---

[63] 그러나 진화생물학자인 도킨스는 다음 세대에 전해지는 건 다름 아닌 '이기적 유전자'라고 주장했습니다. 유전자가 이기적이라는 말은 자연선택에 의해 다음 세대에 후손을 더 많이 남기려는 단위가 유전자임을 뜻합니다. 이와 같이 유전자는 더 많은 자손이 생존토록 애쓰고, 인간은 이 목표를 이루고자 노력하는 존재라는 것이 도킨스의 주장입니다. '이기적 유전자'를 주장한 도킨스의 책은 출판 이후 20년간 과학 분야의 베스트셀러가 되어 왔습니다. 그리고 그의 주장은 마치 '인간이 이기적으로 태어났다'는 말처럼 여겨져 왔습니다. 그러나 도킨스는 2006년도 새로 서문을 덧붙이면서 '인간이 이기적으로 태어났다'는 이 문항이 틀렸으니 이를 뇌리에서 없애달라고 썼습니다. 이러한 주장이 지닌 허점을 인정한 것은 참으로 다행한 일이 아닐 수 없습니다.

모태母胎나 자궁이라는 뜻을 지닌 '라헴rahem'에서 유래되었다고 합니다. 구약성경에서 이 단어는 하느님의 모성母性적인 면을 잘 보여주고 있습니다.(호세 11,1-8; 이사 49,14-19 참조) "마음이 불붙는 것 같아서"(열왕상 3,26), "마음이 타는 듯하므로"(창세 43,30)와 같은 표현은 자식을 생각하는 어머니 심정을 의미합니다. 이와 같이 구약성경 안에 나오는 헤세드와 라하밈 속에서 우리는 하느님의 자비와 모성적인 사랑을 느낄 수 있습니다. 예수의 행적 안에서 이러한 하느님의 사랑이 구체적으로 드러나고 있음을 발견할 수 있습니다. 예수께서 선포하신 것은 그분의 삶을 잘 표현해주고 있습니다.

주님께서 나에게 기름을 부어 주시니 주님의 영이 내 위에 내리셨다. 주님께서 나를 보내시어 가난한 이들에게 기쁜 소식을 전하고 잡혀간 이들에게 해방을 선포하며 눈먼 이들을 다시 보게 하고 억압받는 이들을 해방시켜 내보내며 주님의 은혜로운 해를 선포하게 하셨다.(루카 4,18-19)

예수께서는 위의 내용을 읽으신 후 "오늘 이 성경 말씀이 너희가 듣는 가운데에서 이루어졌다"(루카 4,19)고 말씀하셨습니다. 이는 이사야 예언자가 미래에 이루어지리라 예언한 것인데 이것이 지금 당신 안에서 성취되었다고 선포하신 것입니다. 예수께서 당신의 공생활 시작을 알리면서 선포한 이 말씀은 실제로 그분의 생애를 통해 구체적으로 실현되었음을 우리는 성경을 통해 확인할 수 있습니다. 그분의 행적은 가난한 이들에게 기쁜 소식을 전하고 잡혀간 이들에게 해방을,

갇힌 이들에게 석방을 선포하게 하는 하느님 사랑의 현현 그 자체였던 것입니다. 탕자를 끌어안아주고, 죽어가는 사람을 살려주고 귀머거리를 듣게 한 예수에게서 하느님의 자비와 사랑을 느끼게 됩니다. 사실 당대 사람들도 연민의 마음으로 자신들을 바라보고 치유하며 위로해준 예수 안에서 하느님의 사랑을 느낄 수 있었습니다. 예수께서 군중들을 가르칠 때 '가엾은 마음이 드셨다'는 표현이 자주 나오는데 바로 그 마음이 하느님의 사랑을 드러내는 라하밈인 것입니다. 착한 사마리아인의 이야기에서도 예수께서는 강도에게 폭행당해 쓰러져 있는 사람을 보고 속이 요동칠 정도의 연민을 느끼셨고, 돈을 탕진하고 집에 돌아온 아들을 멀리서 알아보고서도 같은 마음을 지녔던 것입니다.

자비를 뜻하는 'compassion'은 라틴어 'cum patior'에 뿌리를 두고 있습니다. 'compassion'은 '함께'라는 의미의 'com-'과 '견디다' 또는 '고통을 겪다'라는 'pati'가 합쳐져서 '함께 아파하고(com-passion)', '함께 고통을 겪다'는 의미를 함축하고 있습니다. 그리스도교 교회에서는 예수께서 겪으신 십자가의 고난과 죽음을 많은 사람들을 위한 대속의 의미로 풀이합니다. 그분은 모든 이들을 위해(고린후 5,15) 당신 자신을 속죄 제물로 바치심으로써 이 일을 단 한 번에 이루셨다(히브 7,27; 10,10-12 참조)는 것입니다. 십자가상의 죽음을 대속의 의미로 해석함에 대해, 현대의 많은 이들은 거부감을 느끼기도 합니다. 어떻게 2000년 전에 이스라엘에서 일어난 한 사람의 죽음이 오늘을 살아가는 나의 죄를 사해준다는 것인지 이해하기 어렵다는 것이지요.

예수의 죽음이 지닌 대속의 의미를 이해하기 위해 '대리'라는 개념과 연관 지어 인간 현존의 사회적 성격에 대해 먼저 생각해 보도록 합시다.

모든 인간은 외부 세상과 연관된 책임감에서 구체적으로 행동하며 살아갑니다. 여러 공동체의 그물망 속에서 살아가는 우리는 상호 영향을 주고받으며 살아가지요. 이러한 삶의 과정 안에서 '대리'라는 일종의 보편적 현상이 일어납니다. 자의건 타의건 우리는 가정이나 사회 안에서 타인들을 위해 살아가고 있습니다. 아무리 이기적인 존재라도 그의 삶의 어느 한 부분은 타인을 위한 것이 된다는 것입니다. 이는 우리의 행위가 타인에게, 또 타인의 행위가 내게 영향을 미침을 말해줍니다. 개인적으로만이 아니라 공동체적으로도 알게 모르게 상호 영향을 주고받으며 살아간다는 거지요. 우리 각자가 속한 공동체나 전체 사회공동체에서 일어나는 것들은 우리 각자에게 영향을 미치고, 우리는 그 안에서 윤리적 책임감을 지니고 살아갈 수밖에 없습니다. 우리네 현실 속에 숨겨진 이러한 상관관계 안에 드리운 '대리'가 지닌 의미는 예수의 죽음이 무한한 속죄력을 지녔다는 것과 어떤 상관관계가 있습니까?

사도 바오로는 인간의 보편적 죄성에 근거하여 예수의 죽음이 전 인류를 향한 대속적 의미를 지녔다고 말했습니다. 다시 말해 모든 인간이 지닌 보편적 죄성이야말로 (모든 인간을 위한) 예수의 죽음이 지닌 대속적 의미를 드러내 준다고 보는 것이지요. 이와 같이 모든 인간이 지닌 죄의 보편성을 통해 구원의 보편성을 말하고자 한 바오로의 견해는 그가 쓴 다음 글에 잘 드러나고 있습니다.

> 모든 사람이 죄를 지어 하느님의 영광을 잃었습니다. 그러나 그리스도 예수님 안에서 이루어진 속량을 통하여 그분의 은총으로 거저 의롭게 됩니다. (로마 3,23-24)

속량이라는 개념에는 죄인이나 포로를 풀어주려고 지불하는 몸값의 의미가 깔려 있습니다. 바오로는 하느님께서 사랑 때문에 당신의 아드님까지 아낌없이 내놓음으로써 이루신 구원의 값진 성격을 강조하기 위해서 이런 표현을 쓴 것입니다.[64] 즉 그는 속량이나 몸값, 그리고 희생제물이라는 표현을 통해 하느님께서 그리스도 안에서 우리의 구원을 이루신 방식을 말하고자 한 것입니다. 이와 같이 그리스도께서는 당신 자신을 희생 제물로 바치심으로써 죄 많은 인류와 연대하셨고 그분의 죽음에 결합한 이들은 이제 그리스도의 새 생명에도 동참하게 되었다는 겁니다.(로마 12,1; 에페 5,1-2 참조)

예수의 대속과 관련한 일련의 해석은 하느님의 의로움에 근거한 것이라 할 수 있습니다.(2코린 5,21; 로마 1,17; 3,5; 21,26) 여기서 '하느님의 의로움'이라 함은 하느님께서는 언제나 세상을 향한 당신의 구원 계획에 성실하셨음을 의미합니다. 바로 그 하느님의 의로움이 예수 그리스도를 통해 사람들에게 계시되었고, 그분이 전한 복음을 통해 인간에게 구원이 주어졌다는 것입니다. 다시 말해 하느님의 무상적 의화義化가 예수 그리스도의 삶과 행적, 그리고 십자가상의 죽음을 통해 드러난 것입니다.

이와 같이 하느님의 의화에 근거한 예수의 대속 행위는 펠리컨 새의 행위에 비유되곤 합니다. 펠리컨 새는 여러 다른 먹이 외에도 독사를 먹고 큰다고 하는데, 그렇게 하면 어미 새의 피에 뛰어난 독성면역혈청이 형성되어 만일 독사가 펠리컨의 새끼들을 물었을 때 어미가 새끼들을

---

[64] 한국 천주교 주교회의, 『주석성경』, 2010, 565쪽 각주 20 참조.

치료할 수 있게 된다고 합니다. 어미 새는 새끼들 위에 서서 부리로 자기 옆구리를 상처내기 시작해 상처에서 피가 흐르게 되면 그 피를 한 방울씩 자기 새끼들에게 떨어뜨려 먹입니다. 새끼들은 면역혈청이 있는 어미 새의 피를 받아먹음으로써 생명을 유지할 수 있게 된다는 것입니다. 이와 같이 그리스도교 교회는 펠리칸 어미 새가 자기 부리로 상처를 내고 피를 흘려 젖먹이 새끼들을 살려내듯, 예수께서도 인간을 죄로부터 구해주시고자 십자가 위에서 피를 흘리셨음을 대속적 신앙으로 받아들이고 있는 것입니다. (1고린 15,56)[65]

2) 이웃 사랑

예수의 가르침이 당대에 새롭게 다가온 것은 하느님을 사랑하는 것과 이웃을 사랑하는 것이 둘이 아니라(不二)고 보았기 때문입니다. 즉 하느님은 사랑 자체이시기에 이웃을 향한 사랑의 행위는 모두 하느님으로부터 온 것으로 바라보는 것입니다. 인간의 사랑에 대해 표현한 것 중 사도 바오로의 사랑의 송가는 사랑의 의미를 가장 잘 표현하지 않았나 싶습니다.

> 내가 인간의 여러 언어를 말하고 천사의 말까지 한다 하더라도 사랑이 없으면 나는 울리는 징과 요란한 꽹가리와 다를 것이 없습니다. 내가 하느님의 말씀을 받아 전할 수 있다 하더라도, 온갖 신비를 환히 꿰뚫어보고 지식을 가졌다 하더라도, 산을 옮길 만한 완전한 믿음을 가졌다 하더라도 사랑이 없으면 나는 아무것도 아닙니다. 내가 비록 모든

---

[65] 니콜라오스 바실리아디스, 『죽음의 신비』, 정교회출판사, 2010, 127쪽.

재산을 남에게 나누어준다 하더라도 또 내가 남을 위하여 불속에 뛰어든다 하더라도 사랑이 없으면 모두 아무 소용이 없습니다.(1고린 13,1-3)

이런 속성들 때문에 사랑은 인간이 열심히 노력해서 얻을 수 있는 무엇이 아닙니다. 요즘 대학생들이 스펙을 쌓기 위해 무척이나 애쓰는 모습을 볼 수 있는데, 사랑은 그런 노력으로 얻을 수 있는 것들이나 은사와는 다릅니다. 은사들은 내가 열심히 노력하고 훈련하면 얻을 수 있으나, 사랑은 그렇지 않습니다. 예술가가 되거나 운동선수가 되는 일, 어떤 첨단기술을 습득하는 것이나 덕망 높은 설교가가 되는 것, 깨달음을 얻을 일마저도 열심히 수행하고 닦으면 가능합니다. 또 자신의 전 재산을 기부하는 일이나 남을 위해 자신을 희생하고 헌신하는 일도 마음먹으면 가능한 일들입니다. 그런 것들은 사랑이 없더라도 가능할 수 있습니다. 그러나 사랑은 그렇지 않습니다. 그럼 과연 은사와 예수가 말씀하신 사랑은 어떤 차이가 있습니까? 계속 바오로의 말을 경청해 봅시다.

사랑은 오래 참습니다. 사랑은 친절합니다. 사랑은 시기하지 않습니다. 사랑은 자랑하지 않습니다. 사랑은 교만하지 않습니다. 사랑은 무례하지 않습니다. 사랑은 사욕을 품지 않습니다. 사랑은 성을 내지 않습니다. 사랑은 앙심을 품지 않습니다.…… 사랑은 모든 것을 덮어주고 모든 것을 믿고 모든 것을 바라고 모든 것을 견디어냅니다.(1고린 13,4-7)

여기서 열거한 사랑의 속성들 안에는 공통점이 있습니다. 그건 바로 사랑의 속성에는 자아 중심적인 표현이 없다는 것입니다. 이는 참된 사랑이란 '자아 중심적'이 아님을 뜻합니다. 우리가 흔히 사랑이라고 말하는 것 중에는 자신의 갈망이나 집착을 표출한 경우가 많습니다. 그러나 진정한 사랑은 자아 중심적 사유에서 벗어날 때 가능합니다. 내가 소유하고 집착하려는 것에서 자유로워질 때에야 비로소 사랑이 가능하다는 것입니다.

당시 사람들이 예수께 이웃 사랑에 대해 물었을 때 그분께서는 '착한 사마리아인의 이야기'를 들려주셨습니다. 이 이야기에 나오는 사마리아인은 원수지간인 민족적 감정을 뛰어넘어, 강도를 만난 유대인을 구해줍니다. 그가 그런 행동을 할 수 있었던 것은 민족적 적대관계 속에서 상대를 바라보지 않고, 지금 자신 앞에서 고통받고 있는 한 사람으로 그를 바라볼 수 있었기 때문입니다. 이와 같이 '지금 여기'에서 있는 그대로 상대를 바라볼 수 있는 마음이 바로 하느님의 사랑인 '라하밈의 마음'이 아닌가 싶습니다. 이와 같이 사회 혹은 자기 자신이 만들어낸 선입견으로 상대를 바라보지 않고 있는 그대로 상대를 바라보려면 자신을 비우는 법을 배워야 합니다.

틱낫한 스님은 원수를 사랑하는 것은 상대를 더 이상 원수로 보지 않을 때만 가능하다고 합니다.[66] 그리고 그렇게 볼 수 있는 건 상대를 깊이 보는 법을 배워 실천할 때 가능하다는 것입니다. 상대를 깊이 보려면 먼저 자기 자신이 투명해져야 합니다. 상대에 대한 선입견에

---

[66] 틱낫한, 오강남 역, 『귀향』, 모색, 2001, 49쪽.

묶여 있다면 상대를 깊이 볼 수 없고 자기 틀에서만 상대를 보고 판단하게 됩니다. 따라서 상대를 깊이 바라보려면 먼저 자기를 깊이 바라봄이 선행되어야 합니다. 대부분의 종교가 수행과 기도를 강조하는 것은 바로 이런 이유에서겠지요.

사도 바오로는 노예 오네시모를 "내 심장 같은…… 존재"라고 표현하기도 했습니다.(필레몬 1,12) 어떻게 노예였던 오네시모를 자신의 심장에 비유할 수 있었을까요? 저는 사도 바오로의 다음 고백에 그 답이 숨어 있지 않나 싶습니다. "이제는 내가 사는 것이 아니라 그리스도께서 내 안에 사시는 것입니다."(갈라 2,20) 자기 안에 그리스도가 사시려면 먼저 자기중심적 자아의 죽음이 필요합니다. 그러려면 자기중심적 자아가 허상임을 자각해야 할 것입니다. 그럴 때 비로소 우리 자신의 본래성이 드러나게 될 것입니다. 사도 바오로는 그 본래성을 '그리스도'로 보았습니다. 그래서 그는 예수 그리스도를 '새로운 아담', 곧 '하느님의 모상'이라 부른 것입니다. 즉 하느님이 창조하신 본래 모습으로서의 아담이 그리스도라는 것입니다. 곧 그리스도는 나와 다른 어떤 존재가 아니라 하느님의 모상인 본래 나의 모습이라는 것입니다. 여기서 우리는 바오로가 말한 그리스도가 내 안에 산다는 의미를 발견할 수 있습니다. 그리스도가 내 안에 산다는 건 나의 자아가 죽고 내 본래성이 되살아나는 것이요, 그래서 예수 그리스도처럼 자신의 본래성인 사랑을 살아갈 수 있게 된다는 의미입니다.

보통 불교는 깨달음의 종교, 그리스도교는 사랑의 종교라고 합니다. 그러나 불교의 깨달음도 자비를 위한 깨달음이요, 그리스도교의 사랑 또한 하느님 사랑에 대한 깨달음 없이는 불가능합니다. 하느님의 사랑을 깨닫기 위해서는, 사도 바오로가 말했듯이 그리스도가 내 안에 살 때 가능하기 때문입니다. 이렇게 되기 위해 선행해야 할 것은 자기중심적 자아를 비우고 비워내는 일입니다. 나를 비워내어 투명해질 때 나의 본래성이 회복되어 예수 그리스도를 닮은 삶이 가능해지기 때문입니다. 그래서 그리스도교에서는 '그리스도를 통하여 그리스도와 함께 그리스도 안에서' 살아가도록 재촉하고 있는 것입니다.

제4강 그리스도교적 인격과 무아

생태위기에 직면하고 있는 세계는 '단일화'를 향해 치닫고 있습니다. 세계경제는 시장의 다양성이 사라져가고 단일화 시스템을 통해 타인을 거대한 자기 속에 흡수시켜 모든 것을 자기 동일화시키려 합니다. 이와 같이 '너'라는 존재를 있는 그대로 인정하기보다 나를 위한 '수단'으로 생각해버리는 논리 속에서 인류는 점점 자멸의 길로 가고 있는 게 아닌가 싶습니다. 다양함을 유지하며 함께 어우러진 공존이 아니라 내 안에 너를 흡수함으로써 단일화시키려는 시도가 인류를 점점 파멸의 길로 빠져들게 합니다. 따라서 지금 우리에게 필요한 것은 다름 아닌 공동체성의 회복이며, 상호 의존관계 속에서 다양성을 회복해가는 길이라 할 수 있습니다. 이와 같이 더불어 살아가는 공동체를 지속해가기 위해 연기적 진리인 상호 의존관계를 배울 필요가 있습니다. 불교의 연기적 관점에서는 모든 존재 현상을 상호 의존성 속에서 바라봅니다.

연기적 지혜의 근저에는 인간 실존을 무아로 보는 붓다의 가르침이 있습니다.

1. 무아설과 그 의미

앙드레 바로는 무아 사상이야말로 불교를 다른 종교와 구별 짓는 가르침이라고 말합니다. 그리스도교에서는 영혼, 힌두교에서는 아트만ātman이라고 해서 자아로 대치할 수 있는 개념이 있지만, 불교에는 무아설을 존재의 실상을 이해하는 방식 중 하나로 보기 때문입니다. 불교에서는 존재의 실상을 사법인四法印으로 설명합니다. 사법인이란 제행무상諸行無常, 제법무아諸法無我, 일체개고一切皆苦, 열반적정涅槃寂靜을 말합니다. '제행무상'이 우리 삶에 드리운 모든 것은 영원하지 않고 끊임없이 변한다는 사실을 표현한 것이라면, '제법무아'는 모든 존재는 무상하기에 무아일 수밖에 없음을 의미합니다. 다시 말해 만물이 변하기에 무상하며 따라서 자아나 실체라고 할 수 있는 건 없다는 것입니다. 이와 같이 '무상'이 시간의 관점에서 바라본 불교의 실재관이라면, '무아'는 공간적 관점에서 존재의 실상을 바라본 것이라 할 수 있겠습니다.

불교적 관점에서는 우리의 몸이나 감정, 인식이나 관념 중 변치 않는 것은 없다고 봅니다. 따라서 나 자신뿐 아니라 우리가 바라보는 모든 것은 '끊임없이 변하는 물질적, 생물학적, 또는 정신적인 현상의 집합체'에 불과합니다. 육체는 물질적인 요소들의 집합이고, 정신은 감각기관들과 그것에 해당하는 대상들 간의 접촉에 의해 발생하여 나타났다가 사라지고, 사라졌다가 다시 나타나는 하나의 현상에 불과하다는 것이지요. 『잡아함경』 45권 102에서는 이러한 인간 존재를 수레에 비유하여 설명합니다. "마치 여러 가지 재목을 한곳에 모아 세상에서 수레라 일컫는 것처럼, 모든 쌓음의 인연이 모인 것을 중생(존재)이라 부르느니라." 이와 같이 모든 것은 변하건만 그것이 마치 영원불변할 것처럼 여기며 살아가는 존재가 바로 중생이라는 것입니다. 이 사실을 모르기에 중생은 고통 속에서 살아갈 수밖에 없습니다. 그래서 불교에서는 영원하지 못하는 실체에 대해 집착함에서 고통이 발생한다고 보았고, 이러한 중생의 실존적 상태를 '일체개고一切皆苦'라고 칭했습니다. 붓다는 무상, 무아라는 존재의 실상을 깨닫고 이 고통에서 벗어날 수 있는 방법을 터득하여 실천하면 '열반적정'에 들 수 있다고 가르쳤습니다. 따라서 고통의 문제를 해결하려면 무엇보다 먼저 존재의 실상을 깨닫는 것이 필요합니다. 바로 그 존재의 실상이 다름 아닌 '무아'입니다. 무아설은 실체적이고 항구적인 자아는 없다는 것입니다.

그렇다면 불교에서는 지금 존재하는 것을 어떻게 이해하고 있을까요? 모든 존재는 다섯 요소인 오온五蘊-물질(色)·느낌(受)·개념(想)·다양한 심리현상들(行)·분별과 판단(識)-으로 구성되어 있다고 불교에서는 봅니다. 즉 모든 존재는 이 다섯 요소의 집합일 뿐이지 자기동일성을 지닌 상주불변한 실재가 아니라는 것이지요. 여기서 물질(色)은 지수화풍으로 구성된 몸을 의미하며, 느낌(受)은 오관을 통해 들어온 정보에 대한 느낌이고, 개념(想)은 대상에 대해 생성된 표상이나 작용을 말합니다. 다양한 심리현상들(行)은 이에 대한 의지작용을 의미하며, 분별과 판단(識)은 우리 삶을 이끌어가는 식별작용을 말합니다. 이와 같이

'나'는 몸, 감정, 생각 등이 일시적으로 결합된 하나의 다발인데 이에 대해 집착함으로써 고통의 문제가 발생된다고 보는 것입니다. 즉 '아我가 존재한다는 생각'에서 욕망이 생기고 그 욕망에 의해 고苦가 생긴다는 거지요.

루이 드 라 발레 뿌쎙이 "욕망의 뿌리는 아我에 대한 믿음"이라고 표현한 것도 이런 까닭에서입니다. "아我가 존재한다는 잘못된 생각이 욕망의 주원인"[67]이라는 왈폴라 라훌라walpola rahula의 말도 같은 맥락에서 이해할 수 있습니다. 이와 같이 불교에서는 인간의 고통을 자아에 대한 집착에서 비롯된다고 보기 때문에 '아我'라는 실체가 있다는 착각에서 해방된다면 고통의 문제 또한 해결될 수 있다고 봅니다. 다시 말해 존재하지 않는 대상에 집착하고 있다는 사실을 자각할 때, 우리는 비로소 진정한 해방을 얻을 수 있다는 것이지요. 이것이 붓다가 가르친 제법무아의 진리이고 이 무아의 길이야말로 육도윤회를 벗어난 실존, 곧 붓다가 되는 길이라 할 수 있습니다.

불교에서는 이 세상을 살아가면서 해탈하지 못한 중생들이 지옥, 아귀, 축생, 아수라, 인간, 천상이라는 육도를 계속 윤회하게 된다고 보고, 윤회하는 한 인생의 고통에서 벗어날 수 없다고 봅니다. 이 윤회를 벗어나려면 인간으로 태어났을 때 수행을 통해 '아我'에 대한 집착에서 완전히 자유로워져야 합니다. 이런 점에서 '무아의 진리'는 고苦의 해방을 추구하는 과정에서 나온 것이라 할 수 있겠습니다. 전통적으로는 붓다의 가르침이 자아의 존재를 완전히 부정한 무아설로

---

[67] 윤호진, 『무아, 윤회문제의 연구』, 민족사 1992, 89쪽.

이해해 왔지만, 어느 경전에서도 붓다 자신이 자아가 없다고 명시적으로 밝힌 바가 없다고 주장하는 학자들도 있습니다. 이렇게 보는 이들은 무아를 '아我가 없다'는 의미로 보기보다 '아我가 아니다'라는 비아非我로 해석하고자 합니다.

2. 비아와 무아의 상관관계

근본적으로 불교는 힌두교 문화에 바탕을 두고 있지만 '무아無我' 개념은 힌두교에서 자아를 표현하는 '아트만ātman'을 부정하는 데에서 비롯되었습니다. 무아로 해석되는 'anātman'은 'ātman'에 부정어 'an'을 붙인 것입니다. 그래서 'anātman'은 아트만을 부정한다는 점에서 '무아'로 번역되지만 'an'을 '아니다'라는 부정사로 보아 비아非我로 해석하는 학자들도 있습니다.[68] 이와 같이 비아를 주장하는 이들은 'anātman'의 빨리어인 'anattā'가 빨리어 성전에서 문맥상 비아非我로 번역된다고 주장합니다. 실제로 무아로 번역되는 산스크리트어는 'anātman'이 아니라 'nirātman'이며, 이에 해당하는 빨리어는 'niratta'인데 이는 경전에 많이 나오지 않습니다. 따라서 원시불교 성전에서 무아로 사용된 'anattā'는 비아非我이므로 본래 붓다가 말한 것은 무아가 아니라 비아라

---

[68] 비아非我를 주장하는 대표적인 학자로 나까무라 하지메(中村元)를 들 수 있다. 그는 원시불교의 성전 중 무아설의 발전을 다음 3단계로 말하고 있다. 1) 게송에서 아我를 승인하며 이 아我를 진실한 자기로 파악하고 있다. 2) 초기 산문에선 아我를 부정하지 않는 비아로 표현되며, 이 표현은 아집을 버리는 실천적 목표를 달성하는 데 의도가 있다. 3) 후기 산문 부분에서는 아我가 없다는 무아의 맹아가 발견되지만, 아직 원시불교 성전에선 명확한 무아 관념이 보이지 않는다.

는 것입니다. 이와 같이 비아를 주장하는 이들은 무아 사상이 인간 존재의 주체를 부정한다는 비판을 전제하고 있습니다. 길희성 교수는 무아설에 대해 다음과 같은 문제점을 제기한 바 있습니다.

> 도대체 이처럼 '나'라는 존재를 분석하고 해체하는 자는 누구이고, 나라는 것이 단지 오온의 다발뿐이라고 자각하는 자는 또 누구입니까? 해체되는 자아와 해체하는 자아가 같은 존재이며, 해체하는 자아란 결국 해체되는 자아의 일부분에 지나지 않은 것인지 의문이 생깁니다. '나'라는 이 과정적 존재를 거리를 두고 지켜보면서 그것이 결코 내가 아니라고 거부하고 초월하려는 자는 도대체 누구란 말입니까? 그것도 오온의 일부인가요? 무상하고 괴로운 오온의 흐름을 정화하려 애쓰는 자는 누구이며, 도대체 왜 우리에게는 그런 마음이 생기는 것일까요? 오온을 주시하면서 오온으로 구성된 자기 존재를 다스리고 변화시킬 수 있을 만큼의 자유를 가진 초월적 요소가 우리 인간에게 존재하는 것은 아닌지, 오온과는 다른 또 하나의 나, 즉 초월적 자아, 진정한 내가 따로 존재하는 것은 아닌지요?[69]

곧 무아 사상과 관련하여 '주체의 문제'에 대해 살펴볼 필요가 있다는 것입니다. 『대반열반경』에 보면 붓다께서 열반에 들면서 "자기를 등불로 삼고 살아라. 법을 너의 섬으로 삼고, 법을 너의 의지처로 삼아라(自燈明 法燈明)"는 유언이 나옵니다. 비아非我를 주장하는 이들은 '자기'야 말로 진아眞我를 의미한다고 해석합니다. 불교계에서는 무아와 비아와

---

[69] 길희성, 『보살예수』, 현암사, 2004, 130쪽.

관련한 일련의 문제에 대해 비아非我를 무아無我 속으로 흡수시키고자 합니다. 그것은 범부들이 현상세계를 해명하려 할 때는 '자아'라는 존재가 일시적으로 필요할지 모르나, 궁극적인 세계에서는 아我를 부정하는 무아를 받아들여야 한다고 보기 때문입니다.

3. 무아와 윤회의 주체 문제

윤회설은 본래 힌두교 사상이지만, 불교 초기부터 핵심 교리로 정착되어 왔습니다.[70] 불교가 지향하는 궁극적 세계는 윤회라는 고苦의 바퀴에서 벗어나는 데 있습니다. 그러기에 불교의 모든 교리는 윤회 사상과 깊은 상관관계를 지니고 있다고 볼 수 있겠습니다. 이런 점에서 무아와 윤회 이론은 불교의 두 기둥이라고도 할 수 있겠습니다. 그런데 무아와 윤회의 교리는 모순되는 면이 없지 않습니다. 그것은 바로 윤회가 성립하기 위해서는 윤회의 주체가 필요하기 때문입니다. 무아로서

---

[70] 힌두교와 불교 간의 가장 첨예하게 대립되는 부분은 유아有我·무아설無我說이다. 힌두교 전통 안에는 다양한 견해가 있으나 영원불멸의 실재를 인정한다는 점에선 거의 예외가 없다. 한편 불교는 상주불변의 자기실체가 있음을 부정하는 무아설이 중심축을 이룬다. 유아·무아의 논쟁은 윤회의 주체 문제와 관련하여 더욱 첨예하게 드러난다. 고대 인도의 우파니샤드 철학에선 자아(아트만)를 상정하므로 불멸의 본체가 현재의 나와 미래의 나 사이에 동일성을 유지하면서 개인의 윤회를 가능케 했다. 그러나 불교의 무아설은 불멸하는 본체는 없다고 봄으로써 무아설과 윤회설이 대립된다. 무아설은 석존 당시 인도의 윤회설을 받아들인 것이나 불교에서 윤회설이 차지하는 비중은 무아설에 비해 결코 작지 않다. 석존은 윤회를 전제로 하는 설법을 했고 윤회설은 신자의 삶을 지탱하는 힘으로 기능해 왔기 때문이다. 이와 같이 불교는 윤회를 인정하면서도 무아설을 가르치는 셈이다.

실체가 없는데 무엇이 남아 윤회한다는 겁니까? 이런 관점에서 무아와 윤회 사상이 양립하려면 윤회의 주체 문제를 해결할 필요가 있습니다. 윤회의 주체가 될 수 있는 '나'를 인정하지 않는다면 누가 윤회하여 과보를 받고 열반을 성취할 수 있겠습니까? 따라서 무아와 윤회가 모순됨 없이 공존하려면 윤회할 수 있는 주체가 필요합니다. 불교에서는 이 문제를 '무아윤회'로서 해결하고자 합니다.

무아윤회란 전생에서 현생, 현생에서 내세로 윤회하는 실체를 '업業의 상속'이라고 보는 관점을 의미합니다. 즉 이는 업을 지은 실체가 윤회하는 것이 아니라, 업 자체가 다음 생으로 이어진다는 것입니다. 『잡아함경』에 나오는 "업의 과보는 있으나 그것을 짓는 자는 없다"는 대목도 이러한 무아윤회설을 뒷받침해주고 있습니다. 무아윤회 사상을 보여주는 유명한 예화로 촛불의 비유를 들 수 있습니다.

"촛불이 밤새도록 꺼지지 않고 타거나 한 초에서 다른 초로 옮겨 붙었을 때 고정된 불의 초가 있는 건 아니다. 초가 있으면 촛불이 지속되고 초가 떨어지면 촛불도 꺼진다. 한 초에서 다른 초로 옮겨져도 동일한 촛불의 주체가 옮겨진 것이 아니다. 이와 같이 사람도 나라는 주체 없이 업이라는 촛불의 작용으로 윤회하는 것이다."

이와 같이 불교는 업의 상속을 통해 무아설과 윤회의 주체 문제를 해결하고자 했으며, 주체 문제와 관련하여 불교 내에서는 다양한 표현들이 나왔습니다. 어떤 이들은 윤회의 주체 문제와 관련하여 다음과 같은 문제를 제기합니다. "경험의 연속성과 통일성, 그리고 윤회의 연속성을 보장하기 위해서 실체적 자아 개념을 도입할 필요는 없다고 봅니다. 다만 생사의 세계에 유전하는 자기 자신을 반성하고 벗어나려는 해탈의 의지와 그 실현은 생사의 세계에 유전하는 오온과는 다른 본래적 나, 참나가 없이는 불가능하다는 것입니다."[71] 여기서 '참나'라고 하면 이는 무아연기가 전제된 주체적 표현이라 할 수 있습니다.

이와 관련하여 대승불교에 와서 다양한 표현들이 전개되었습니다. 그 표현들의 공통점은 인간의 마음을 '자성청정심自性淸淨心'으로 본다는 것입니다. 즉 모든 중생이 갖추고 있는 본래 성품은 청정하다는 것입니다. 자성청정심은 여래장如來藏이나 불성佛性으로 표현되기도 합니다. 자성청정심을 기반으로 한 불교의 존재 이해에 있어 다양한 표현들이 있는데 아뢰야식 연기, 여래장 연기, 법계 연기가 그것입니다.

1) 아뢰야식 연기

'오직 식識'만이 있다는 유식唯識 사상은 세상의 모든 것을 공空의 관점에서 보는 중관학파를 보완하여 중도中道로 돌아가려는 운동의 일환에서 나온 것입니다. 기원전 5세기경 아상가와 바수반두 두 형제가 만든, 유가학파에서 나온 유식 사상에서는 우리 눈에 보이는 '모든 것은 식識으로부터 나왔다(萬法唯識)'고 봅니다. 식識은 인식하는 주체에 해당하는 마음속의 인식작용을 말합니다. 인식작용을 떠나 인식주체는 없기 때문입니다. 같은 대상이라도 인식주관에 따라 다르게 인식됩니다. 유가학파에서는 인간의 의식을 5식, 6식, 7식, 8식으로 나눕니다. 우리의 감각기관에 기초한 안이비설신眼耳鼻舌身이라는 다섯 가지 의식이 있고, 이를 통합한 의식인 제6식이 있습니다. 의식은 5식을 포함하고 있습니다. 즉 감각기관인 5근을 통해 전5식이 5경인 외부대상을

---

[71] 길희성, 『보살예수』, 현암사, 2004, 131쪽.

인식하게 되고, 이 인식을 받아들여 제6의식이 종합적으로 판단하게 됩니다. 잠재되어 있는 제7식과 8식은 무의식에 해당됩니다. 제7식은 자아의식으로 이것 때문에 아집과 애착이 생기게 됩니다. 여기서 더 깊이 들어가면 제8식인 아뢰야식, 곧 종자식이 있습니다. 종자種子로 변화된 업력을 저장하고 이 업력에 의해 대상을 인식하도록 돕습니다. 있는 그대로 대상을 인식하는 것이 아니라 업력의 종자에 의해 대상을 인식하기에 순수인식이라고 보기는 어렵습니다. 여기에서는 우리가 경험한 모든 것이 종자의 형태로 저장된다고 말합니다.

그리고 우리가 어떤 상황을 만나면 이 종자들이 발현하게 되고 거기서 또 새로운 종자를 만들어냅니다. 이처럼 우리는 끊임없이 새로운 종자를 만들어 아뢰야식에 저장하며 살아간다는 것입니다. 이와 같이 꼬리에 꼬리를 물고 영향을 주고받는 현상을 '훈습薰習'이라고 합니다. 이 훈습에 의해 업의 고리는 이어지게 되고요. 이러한 일련의 과정에 대해 유식 사상에서는 "일체 존재는 아뢰야식에 의해서 연기된다"고 하여 '아뢰야식 연기'라는 표현을 쓰게 되었습니다.

아뢰야식 연기 사상은 윤회의 실체인 업業의 소장을 잘 설명해주고 있다는 점에서 그 의의를 찾을 수 있습니다. 곧 유식 사상에서는 "과거의 지은 업이 어떻게 현재에 발생하게 되며, 지금 지은 업은 어디에 있다가 나중에 나타나게 되는가? 업이 종자가 되어 과보를 생겨나게 한다면 업종자는 어디에 보관되는가?"[72]라는 질문에 대해 업종자의 소장처인 아뢰야식 연기를 통해 그 답을 하고자 한 것입니다. 이와 같이 아뢰야식

---

[72] 교양교재 편찬 위원회, 『선과 자아』, 동국대학교 출판부, 1999, 54쪽.

연기가 유식의 관점에서 존재를 이해한 것이라면, 중생은 청정한 여래의 성품을 지녔다는 관점에서 존재의 실상을 설명해 보려는 것이 여래장 연기라 할 수 있습니다.

2) 여래장 연기

여래장如來藏은 불성과 함께 대승불교의 핵심적 표현이라 할 수 있습니다. 불성이 부처를 이룰 수 있는 근본 성품이라면, 여래장은 여래가 중생 안에 감추어져 있음을 의미합니다. 이는 아무리 중생이 번뇌 속에서 살아갈지라도 그의 성품은 청정한 여래의 성품을 지녔다는 것입니다. 이와 같이 대승불교에서는 중생이 이미 그 자신 안에 부처의 지혜를 가지고 있기 때문에 그것을 발현하기만 하면 누구나 부처가 될 수 있다고 가르치고 있습니다. 즉 마음속에 여래를 품고 있으나 번뇌 망상으로 인해 드러나지 못하고 있을 뿐이라는 것이지요.

아뢰야식 연기가 중생의 입장에서 말한 것이라면, 여래장 연기는 깨침의 입장이라고 할 수 있습니다. 중생은 대개 아뢰야식을 발현하면서 살아갑니다만, 여래장 연기 사상에서는 자신의 자성청정심을 믿고 이를 발현하며 살고자 노력하면서 여래와 같은 삶을 살 수 있다고 보기 때문입니다. 이와 같이 중생심이 미망 상태를 극복하고 여래를 드러낼 수 있다고 보는 것이 여래장 연기라 할 수 있습니다.

여래장 연기를 설하는 대표적인 논서로는 『대승기신론大乘起信論』을 들 수 있습니다. 여기에서는 중생심을 두 측면에서 바라보고 있습니다. 하나는 실재의 측면에서 파악되는 심진여문心眞如門이고 다른 하나는 현상의 측면에서 파악되는 심생멸문心生滅門입니다. 이 두 측면은 개념상으로 구분될 뿐 별도로 존재하는 것이 아닙니다(以是二門 不相離). 우리네 삶의 자리에서 드러나는 마음 상태는 생멸을 거듭한다는 점에서 생멸심이라 할 수 있습니다. 즉 이는 마음이 인연화합에 의해 생멸의 여러 가지 모습을 나타내는 것을 말합니다. 그러나 이러한 현상적인 차별상으로 드러나는 마음의 본원은 진여라고 『대승기신론』에서는 말합니다. 이러한 진여심이 바로 자성청정심인 여래장입니다. 『대승기신론』에서는 이 여래장이 무명에 의해서 생멸현상을 일으킨다고 보았고 이를 아려야식阿黎耶識이라 칭했습니다. 여기서 진여가 인因이 되고 무명이 연緣이 되어 아려야식을 일으키게 되는데, 이는 불생불멸의 진여가 무명에 훈습되어 일어나는 것입니다. 이와 같이 무명이 오랫동안 지속적으로 영향을 주면 물든 양상(染相)을 띠게 되며, 진여가 오랫동안 지속적으로 영향을 주면 깨끗한 기능(淨用)을 나타내게 된다는 것입니다.[73] 이와 같이 망념에 의해서 생긴 염심染心을 없애 불각不覺에서 각覺에로 들어감으로써 청정한 진여가 인연에 따라 드러남이 바로 여래장 연기라 할 수 있습니다.

3) 법계 연기

법계 연기는 『화엄경』을 소의경전으로 한 화엄 사상에 근거하고 있습니다. 법계法界란 산스크리트어 달마타투Dharmadhātu의 한문 번역입니다.[74] '달마'는 존재를 의미하고 '다투'는 영역 혹은 바탕을 뜻하므로

---

[73] "但以無明而熏習故 則有染相 無明染法 實無淨業 但以眞如而熏習故 則有淨用."
[74] 부파불교에서 법계는 의식의 대상이 되는 모든 사물을 가리킨다. 반면, 일반적으로 대승불교에서는 법法을 모든 존재 또는 현상으로 해석하여 모든 존재를 포함한

법계는 존재의 영역, 존재의 바탕 혹은 근원이라 할 수 있습니다.[75] 화엄 사상에서는 법계法界를 사事와 이理의 관계로 설명합니다. 이 법계 연기를 간결하게 밝힌 것이 화엄 제4조 징관澄觀이 『법계현경法界玄鏡』에서 제시한 사종법계四種法界라는 설명 체계입니다. 이에 따르면 사법계에서 독립된 이법계도 없고 이법계를 떠난 사법계도 없다고 합니다. 즉 이理와 사事는 따로 존재하는 것이 아니라 함께 있으며, 이와 사 간에는 아무런 장애가 없다는 것입니다. 이를 이사무애법계理事無碍法界라 합니다. 다시 말해 개체는 전체 속에 있고 전체는 개체 속에 있으므로, 독립적으로 존재하는 것은 하나도 없다는 것입니다. 이를 파도와 물의 관계로 볼 때, 물은 본체인 이理에 해당되고, 파도는 현상인 사事에 해당되며 서로는 분리할 수 없는 관계라 할 수 있습니다. 이와 같이 각각의 사물 속에 동일한 이理가 있다고 볼 때, 모든 존재는 서로 상즉상입相卽相入의 관계 속에 있게 됩니다. 그래서 화엄에서는 이와 사의 관계뿐만이 아니라 사事와 사事의 관계도 장애가 없다고 보아 이를 사사무애법계事事無碍法界라고 합니다. 즉 법계의 모든 사물은 차별적 관계를 가지지만, 서로 인과관계 속에 있기에 어느 것 하나도 독립적이거나 단독적으로 존재할 수 없다는 것입니다. 이와 같이 하나의 사물을 연기의 법으로 본다면, 우주 만물은 각각 일체와 서로 연유하여 중중무진重重無盡한 관계에 있다고 볼 수 있습니다. 이것을 법계 연기法界緣起라고 합니다. 이러한 법계 연기에 기반한 화엄종에서는

세계, 온갖 현상의 집합으로서의 우주를 뜻하며, 또한 모든 현상의 본질적인 양상, 즉 진여眞如까지도 뜻한다.(http://ko.wikipedia.org/wiki 참조)

[75] 오강남, 『불교 이웃 종교로 읽다』, 현암사, 2006, 205쪽 참조.

삼라만상의 세계를 부처의 화현으로 보는 것입니다.『화엄경』의 「입법계품」에는 선재동자의 이야기가 나오는데 그는 많은 부류의 사람을 만나고 거기서 깨달음을 얻게 됩니다. 그리고 그 자신이 만났던 모든 존재가 부처라는 사실을 자각하게 됩니다. 이와 같이 선재동자처럼 깨침을 얻는 존재가 바로 법계 연기적 주체라 할 수 있습니다.

이상에서 살펴본 다양한 불교적 주체의 근저에는 무아 사상이 깔려 있습니다. 이런 점에서 불교의 존재론은 무아적 주체관이라 할 수 있습니다. 선불교에서 말하는 무의진인無依眞人이나 무위진인無位眞人은 욕망에서 벗어난 절대자유인으로서의 무아적 주체를 잘 드러내주는 표현이 아닌가 싶습니다. 이상에서 이런저런 표현들로 '무아'에 대해 말씀드렸으나 무아의 실상은 말로 설명할 수 있는 것이 아닙니다. 무아적 주체는 실천을 통해 깨닫는 것이지 이런 표현들이 의미하는 바를 안다고 해서 무아를 깨닫는 건 아니라는 것입니다. 이런 점에서 말로 설명하는 무아는 생명력이 없는 사구死句에 불과하다고 말할 수 있습니다. 무아가 활구活句가 되려면 무아적 삶을 살아갈 때 가능합니다. 이와 같이 불교는 절대자유인으로서의 주체는 강조하고 있으나 그 주체가 현실 안에서 어떻게 윤리적 주체로 살아가야 하는지에 대해서는 구체적으로 언급되지 않는 것 같습니다. 한국불교의 경우 정혜쌍수定慧雙修에 초점이 맞추어지면서 계율 부분이 조금은 소홀히 되어온 면도 이와 무관하지 않다고 봅니다. 이와 같이 불교가 무아적 주체를 강조한다면 그리스도교의 경우는 어떠한지 살펴보도록 합시다.

5. 그리스도교적 인격

1) 관계성에 기반을 둔 그리스도교의 인격

불교에서는 무아를 강조하는 데 반해, 그리스도교에서는 인격을 중시합니다. 일본 교또학파에 속한 니시타니 게이치(西谷啓治)는 서구의 인격 개념은 인간 중심적이라고 비판하면서 진정한 인격은 인간의 자기부정에 입각한 절대무의 현성으로서의 인격이어야 한다고 주장한 바 있습니다.[76] 이러한 주장의 이면에는 종래 서구에서 인격을 실체론적으로 이해해온 것에 대한 비판이 함축되어 있습니다. 전통적으로 서구 철학에서는 인격을 "합리적, 자연적, 개별적 실체"라고 규정해 왔습니다. 20세기 철학적 인간학의 시조始祖라 할 수 있는 막스 쉘러(M. Scheler, 1874~1928)는 이러한 실체론적 인격관을 비판했습니다. 그는 종래 인격을 자아나 영혼으로 바라보는 실체론적 인격 이해라고 비판하면서, 인격이란 결코 대상화될 수 없다고 강조했습니다. 그는 인격을 모든 활동의 존재적 통일, 곧 정신(작용의) 통일이라고 정의했습니다. 여기서 말하는 '정신'이란 그리스인들이 일컬었던 이성이란 말보다 한층 더 포괄적인 말로서 관념, 직관, 정서를 포괄하고 있습니다. 그러기에 인간의 정신은 고정되어 있는 게 아니라 세계 변화와 더불어 열려 있다는 것입니다. 이런 점에서 그는 인격의 본질을 모든 종류의 명령, 압박, 의존성, 구속성으로부터의 해방에 있다고 보았고 이것을 '세계 개방성世界開放性'이라고 불렀습니다. 이와 같이 인격을 세계 개방성이라는 관점에서 본 쉘러는 인간을 무한히 '열려 있는' 존재로서

---

[76] 니시타니 게이치, 정병조 역, 『종교란 무엇인가』, 대원정사, 1993, 118쪽.

이해할 수 있는 실마리를 제공했습니다. 이러한 쉘러의 인격 이해는 종래의 실체론적 인격 이해에서 벗어나 한 걸음 나아간 점은 있으나, 인격을 윤리적 선의 책임 있는 작용인으로 여기지 않았다는 점에서 비판을 받기도 합니다.

요한 바오로 2세인 카롤 보이티와Karol Josep Wojtyla는 쉘러의 인격관에는 일체 사회적 관계가 배제된 면이 있음을 지적했습니다. 즉 진정한 의미의 인격은 완전히 혼자가 아니라 '관계' 속에 있다고 보기 때문입니다. 보이티와가 볼 때 쉘러는 자기 안에서의 느낌만을 강조하지 실제적인 관계 속에서 인격을 바라보고 있지 못하다는 것입니다. 이러한 요한 바오로 2세의 비판은, 그리스도교의 인격 이해는 '하느님의 사랑'에 근거하고 있음에 기반한 것입니다. 즉 그리스도교는 인간이 하느님께로부터 왔고 그 존재의 근원인 하느님은 삼위일체적 관계 속에 있다고 보기 때문입니다. 삼위일체란 삼위 간의 사랑의 관계 속에서 비로소 하느님이 누구이신지를 알 수 있다는 그리스도교의 핵심 교의입니다. 다시 말해 하느님이 사랑의 관계 속에 현존하시듯 하느님의 모상으로 태어난 인간 역시 그 사랑의 관계 속에서 존재의 의미를 발견할 수 있으며, 그리스도교적 인격은 바로 이러한 맥락에서 설명 가능하다는 것입니다. 다시 말해 하느님께서 세상에 드러내 보여주신 사랑처럼 자신을 참으로 내어주는 자기 증여로써만 자기 자신을 발견할 수 있다는 것입니다.

이러한 카롤 보이티와의 인격관은 십자가의 성 요한으로부터 영향을 받은 것인데, 십자가의 성요한은 이렇게 표현합니다. "하느님과 영혼 사이의 관계는 상호 자기 증여의 순환으로 묘사할 수 있다. 사랑의 깊은 만족과 행복은 이 순환 운동, 곧 받기만 하는 것이 아니라 주기도 포함하는 순환에서 발견된다." 이와 같이 십자가의 성 요한은 '자기 증여'라는 표현을 통해 사랑의 "변모"와 "합일"이라는 전통적으로 전수되어온 그리스도교의 영성을 풀이합니다. 하느님께서 자유롭고 자비로운 마음으로 당신 자신을 내어주시기 때문에, 하느님과 결합되어 있을수록 그만큼 더 관대하고 자유로운 의지를 가질 수 있는 영혼이 된다는 것입니다. 이러한 관점은 요한 바오로 2세가 설교한 '몸의 신학'에서 잘 드러나고 있습니다.

그는 인간의 정체성인 인격은 '몸'을 통해 드러난다고 봅니다. 여기서 말하는 몸은 단순히 영과 분리된 육체를 의미하는 것이 아니라 세상과 하느님, 그리고 인간을 만나는 장을 의미합니다. 즉 우리는 몸을 통해 인간과 세상, 그리고 하느님과 관계를 맺으며 그 안에서 우리의 인격이 드러난다는 것입니다. 그러기에 그리스도교에서는 신을 '인격적'인 관점에서 바라보고 그리스도교의 인간 이해 역시 인격적 신관에 기반을 두고 있다고 볼 수 있습니다. 이는 그리스도교에서의 인격 이해는 하느님과 불가분의 관계가 있음을 드러내주는 대목입니다. 다시 말해 하느님이 누군지 알아야 인간이 누군지가 밝혀진다는 의미입니다. 그것은 지금 우리가 말하고자 하는 인격 역시 하느님에 대한 이해에 바탕을 두고 있음을 뜻하기도 합니다.

그리스도교에서 인격은 하느님, 인간, 세상을 만나는 통로라 할 수 있습니다. 아우구스티누스 성인이 『고백록』에서 "당신은 우리가 당신을 향하도록 만들었습니다"라고 한 것이나, 교황 바오로 6세께서 "인간을 전인全人으로 깊이 인식하기 위해선 먼저 하느님을 인식해야 한다"고 말씀하신 것, 시에나의 카타리나 성녀가 "영원하신 하느님, 당신의 본질 안에서 나의 본질을 인식하겠나이다"[77]라고 한 이 모든 것을 같은 맥락에서 이해할 수 있지 않나 싶습니다. 그래서 요한 바오로 2세는 "사람이 세상에서 뒷걸음쳐 고립된 자기 본위의 요새 안으로 숨어든다면 자기 존재의 심연을 열 수 있는 열쇠를 잃어버리는 결과가 된다"고 말한 것이 아닌가 생각합니다. 그런데 문제는 인간이 하느님을 알려면 하느님께서 당신 자신을 드러내 보여주는 길밖에 없다는 데 있습니다. 그래서 하느님께서 예수를 통해 당신 자신을 계시하셨다고 복음사가들은 강조해온 것입니다. "나를 보았으면 곧 아버지를 본 것이다"(요한 14,9 참조)라는 예수님의 고백도 같은 맥락에서 이해할 수 있습니다. 따라서 그리스도교에서는 하느님을 알려면 예수에 집중해야 함을 강조합니다. 그건 하느님께서 예수를 통해 인간의 '몸'으로 나셨고 그 몸을 통해 세상과 관계를 맺으셨기 때문입니다. 그것도 십자가상의 죽음에 이르기까지 말입니다.

예수를 통해 드러난 하느님은 '사랑'이십니다. 그래서 그리스도교에서는 인간 존재의 근거가 니시타니가 말했던 것처럼 '절대무'가 아니라 '사랑'에 있다고 하는 것입니다. 그러기에 그리스도교적 인격을 운운하려면 사랑의 깊이로 들어가지 않으면 안 됩니다. 예수께서는 "나의 것은 다 아버지 것이며 아버지의 것은 다 나의 것입니다"(요한 17,10)라고 말씀하시는가 하면 "아버지와 내가 하나이듯이 이들도 모두 하나가 되게 해주십시오"(요한 17,21-22)라고 기도하셨습니다. 이러한 예수의

---

[77] 요한 바오로 2세, 김춘호 역, 『백주년』, 한국천주교중앙협의회, 1999, 103쪽.

기도를 통해 우리는 성부와 성자의 관계가 자기 증여인 사랑의 관계임을 알 수 있습니다. 따라서 인간이 하느님을 닮았다는 것은, 인간 역시 자신을 아낌없이 내어주지 않으면 자신을 완전히 발견할 수 없음을 의미하고 있습니다.(루카 17,33, 사목헌장 24,3 참조)

교황 요한 바오로 2세 회칙 『인간의 구원자』 10항에 보면 "인간은 자신의 존재 전체로 그리스도께 몰입해야 한다. 자기를 발견하려면 강생과 구속의 실재 전부를 자기 것으로 삼고 거기에 동화하여야 한다"[78] 고 나와 있습니다. 그리스도인은 성령을 통해 아버지와의 관계에서 아들의 위격에 참여하는 인격으로서의 자기정체를 깨닫게 된다는 것입니다. 이는 그리스도인의 삶은 예수의 위격에 뿌리를 둔 존재양식임을 잘 표현해주고 있습니다. 그리스도교적 인격에는 '선물과 책임'이라는 두 측면이 강조됩니다. 하느님의 모상으로 태어남이 '선물'이라면 그 하느님의 모상을 충만케 하기 위해 사랑을 사는 것은 책임 부분에 해당된다고 볼 수 있습니다. 하느님 모습을 완벽히 닮아가기 위해서는 인격 간의 친교를 통해 성숙되어 가야 하기 때문입니다.

그리스도교에서 말한 하느님의 모상은 인간의 영혼에만 새겨져 있는 것이 아닙니다. 요한 바오로 2세께서는 이마고 데이(Imago Dei, 하느님의 모상)를 보다 포괄적인 관점에서 말씀하셨습니다. 즉 인간이 하느님의 모상을 지닌 것은 영혼만이 아니라 '몸'을 통해서 하느님의 모습이 빛을 발해야 함을 뜻한다는 것입니다.[79] 여기서 말하는 몸은 전인적인 몸을 의미합니다. 다시 말해 하느님께서는 인간의 영혼에만 숨을 불어

---

[78] 요한 바오로 2세, 『인간의 구원자』, 한국천주교중앙협의회, 1978, 10쪽.
[79] 칼 A. 앤더슨 외, 박문수 역, 『사랑이 부르시다』, 사람과사랑, 2010, 122쪽.

넣어 준 것이 아니라 몸 전체에 당신의 생명을 주었다는 것입니다. 따라서 우리의 인격이 온전하게 완성되려면 몸 전체로 삼위일체적 친교인 사랑의 일치 안으로 들어가야 합니다. 이러한 친교가 자기 증여를 통해서 이루어지며 완성된다는 것이 그리스도교에서 말하는 인격의 핵심이라 할 수 있습니다.

2) 자기 증여로서의 인격

유대인이었던 레비나스는 '유럽은 1,500년간 그리스도교의 영향을 받았건만 왜 그토록 엄청난 살상과 파괴를 진행해 왔는지, 그 전쟁(유대인 학살사건)의 폭력은 어디서 온 것인지'를 묻습니다. 이는 외부 세계의 모든 다양성에도 불구하고 이를 자기화하려는 전체주의적 사유에서 비롯되었다는 것입니다. 이와 같이 전쟁은 모든 것을 자기의식 안으로 포괄시키려는 전체주의적 사유와 깊은 연관이 있다고 봅니다. 즉 전체주의적 사유 속에서 타인들을 자신에게 복종시키는 데에서 전쟁이 야기되었다는 것입니다. 그래서 레비나스는 타자를 자아 속에 흡수시켜버리는 전체주의적 존재론은 참된 인격성과 거리가 멀다고 봅니다.

레비나스는 세계의 가장 근원적 모습을 '카오스'라고 했는데 여기서 카오스란 무無의 상태라기보다 비인격적이고 익명적인 상태를 의미합니다. 즉 카오스는 존재자 없는 '막연한 있음'을 뜻하는 것으로 인간은 이러한 익명적 상태를 견디지 못하고 스스로 의미 있는 존재자가 되기를 갈망한다는 것입니다. 인간은 비인격성인 카오스로부터 인격적 존재자가 되기를 열망하는데 이는 타자와 관계 맺음을 통해 이루어진다는 것입니다. 여기서 말하는 타자와의 관계 맺음이란 그저 알고 지내는 정도가 아니라 에고의 죽음을 통한 진정한 관계 맺음을 의미합니다.

이와 같이 에고의 죽음을 통한 관계 맺음에 있어 레비나스는 특히 타자의 '고통받는 얼굴'을 중시합니다. 여기서 고통받는 얼굴이란 내가 어떤 식으로든 소유할 수 없으며 나로 환원되지 않는 존재를 말합니다. 그 얼굴이 자아에 몰두하게 만드는 대신, 타자에게 헌신하도록 요청하고 있다는 것입니다. 이와 같이 고통받는 타자야말로 우리가 지닌 무엇으로도 환원 불가능한 존재이기에 고통받는 타자의 얼굴 앞에서 우리는 자아 밖으로 나올 수밖에 없다고 레비나스는 말합니다. 이런 점에서 타자는 자기 내면에 닫혀 살아가는 나를 밖으로 초대할 뿐 아니라 초월을 향해 나아가도록 하는 존재라는 것입니다.

그러나 우리네 현실 안에서 보통 약자의 소리는 너무 작습니다. 따라서 우리는 쉽게 외면해버리고 맙니다. 레비나스는 우리가 이를 외면해버린다면 그건 타인에 대한 나의 책임이 나의 자유를 선행하기 때문에 불의를 자행하는 것이라고 주장합니다. 이런 점에서 "타인은 나에게 혼과 영을 불어넣어 주는 나의 호흡이며 나의 혼이며 나의 영"이라는 것입니다. 즉 타인이야말로 나를 고귀한 영적 존재로 만드는 존재라는 것입니다. 레비나스가 "타자의 얼굴을 직면할 때 우리는 존재로부터 존재자가 된다"고 말한 것도 그런 이유에서입니다. 특히 고통받는 타자의 호소에 응답할 때 우리는 이를 통해 자기 초월에로 나아가게 된다고 합니다. 이런 의미에서 레비나스는 '타자를 무한자'라고 했고 바로 그 무한자의 얼굴 앞에서 책임 있는 주체로 사는 길이야말로 이기적이고 자기중심적인 자아를 초월해 사는 길이라고 말합니다. 또한 그는 타자를 대신해 고통받고, 타자를 위해 희생함을 '대속'이라고 보고 그 대표적인 대속적 존재로 이사야서에 나오는 '고난 받는 종'의 모습을 들었습니다. "때리는 이에게 뺨을 내주며 수치를 가득히 받아야 하네"(애가서 3,30)라는 표현처럼 타인을 대신해 고통받는 종의 모습을 우리는 예수에게서 발견할 수 있습니다.

레비나스는 고난받는 종인 메시아의 모습이야말로 가장 '나다운 나'라고 합니다. 그래서 그리스도인들은 고난받는 종인 예수를 그리스도, 곧 메시아로 믿고 가장 나다운 나인 그분을 닮고자 희망하는 것입니다. 대승불교에서 이상적 인간상으로 제시한 보살은 중생을 구제하기 위한 원願을 세우고 그 원을 다 이룬 존재를 말합니다. 이러한 보살의 의미는 레비나스가 말한 메시아상과 일맥상통하는 면이 있지 않나 싶습니다.

그러한 예수의 인격을 모방한 삶을 살았던 한 인물로 막시밀리안 꼴베 신부[80]가 있습니다. 그는 2차 대전 때 폴란드를 침략한 나치제국주의자들에 의해 체포되어 1941년 5월 아우슈비츠로 연행되어 그곳에서 살다가, 감방 동료였던 프란치스코 가요프니체크 대신 아사형을 받고 그해 8월 14일 순교했습니다. "벗을 위해 목숨을 바치는 것보다 더 큰 사랑은 없다"는 예수의 말씀을 있는 그대로 실천했던 꼴베 신부는 그리스도교가 지향하는 인격성이 어떠한지를 잘 보여주셨습니다. 그리스도교적 '인격'은 사랑의 관계에서 비롯되고 그 사랑의 관계 안에서

---

[80] 1894년 폴란드에서 태어나 1907년 10월에 꼰벤뚜알 프란치스코에 입회, 1917년 원죄 없으신 성모기사회를 창립하고 1930년 4월 24일 선교지 일본에 도착하여 6년간 일본교회 발전에 공헌했다. 그는 1971년 10월 17일 시복되고 1982년 10월 10일 시성되었다.

완성된다고 말할 수 있습니다. 이에 반해 불교에서는 무아를 논할 때 '무아'라는 존재의 실상인 연기를 깨닫기를 강조합니다. 그러나 다른 한편 붓다께서는 연기와 더불어 불성에 대해서도 말씀하셨습니다. 이런 점에서 불교의 존재 이해는 연기적 측면만이 아니라 불성의 측면까지 아울러야 비로소 그 본연의 존재의 실상이 드러나지 않나 생각합니다.

제5강 하느님 모상과 불성

1. 불성

1) 불성 사상의 연원

불교에서는 기본적으로 불성佛性의 관점에서 삼라만상을 이해하고 있습니다. 물론 초기불교부터 불성이라는 용어를 쓴 건 아니지만 그 의미는 이미 초기불교 때부터 있었다고 봅니다. 초기불교 경전인 『아함경』에 나오는 '자성청정심自性淸淨心 객진번뇌客塵煩惱'라는 표현은 그 좋은 증거라 할 수 있습니다. 불성 사상이 본격적으로 나온 것으로 『열반경』의 "일체중생 실유불성一切衆生悉有佛性"이라는 표현에 근거하고 있습니다. 이는 "모든 중생에게 불성이 있다"로 해석되어 왔습니다. 즉 모든 중생은 불성이 있어 부처가 될 수 있는 가능성이 열려 있다는 것입니다.[81] 이러한 불성 사상은 『열반경』보다 앞서 나온 『법화

---

[81] '모든 중생은 붓다가 될 가능성을 지니고 있다'는 사고는 여래장이라는 언어를

경』의 가르침인 '일승一乘 사상'이 담고 있는 평등사상에서 비롯된 것입니다.

일승 사상이 나오기 전에는 유식종에서 주장해온 삼승三乘 사상이 있었습니다. 삼승 사상에서는 부처가 되는 과정을 성문승聲聞乘, 연각승緣覺乘, 보살승菩薩乘으로 말합니다.[82] 성문승은 부처의 말씀을 듣고 깨닫는 존재를 의미하고, 연각승은 홀로 연기를 깨달은 사람들을 가리키며, 보살승은 깨달음은 얻었으나 중생을 구제하기 위해 깨달음을 보류한 자를 뜻합니다. 이러한 삼승 사상뿐 아니라 오성각별五性各別 사상에 오면 아예 부처가 될 종자도 없다는 일천제一闡提에 대해서도 언급하고 있습니다. 이러한 존재의 차별화가 대승불교에 와서 일승 사상을 통해 극복된 것입니다. 즉 삼승 사상에 불만을 품은 이들이 '누구나 다 부처가 될 수 있다'는 일승 사상을 주장함으로써 부처됨의 보편성이 동아시아 불교계에 정착되기 시작한 것입니다. 『법화경』에 나온 "삼계三界의 중생이 모두 나의 자식"이라는 표현은 일체 중생이

통해 나타났다. 여래장은 인도불교에서 먼저 나왔고 불성이라는 말은 여래장을 설명하는 형태로 나타나나 한역불전의 역사에선 『열반경』이 전해진 후에 여래장이라는 언어를 설한 경전이 들어왔기에 중국에선 여래장보다 불성 쪽의 영향력이 크다.(다카사키(高崎直道), 전치수 역, 『불성이란 무엇인가』, 여시아문, 1998, 56쪽 참조)

82 성문승聲聞乘은 말 그대로 '소리를 듣고 깨달음의 배를 타는 것'이라는 의미로, 부처님의 법문을 듣고 바로 깨달아 아라한의 경지로 나아간 존재를 칭한다. 연각승緣覺乘은 연기緣起의 진리를 바로 알아 깨달음으로 나아간 존재를 칭한다. 스승 없이 스스로 12연기법을 터득하여 깨달음을 얻은 이를 독각승獨覺僧이라고도 하며, 보살승菩薩乘은 상구보리上求菩提 하화중생下化衆生, 즉 위로는 보리를 구하고 아래로는 중생을 구제하며 교화 제도한다는 보살의 모습을 의미한다.

부처가 될 수 있다는 일승 사상을 잘 보여주고 있습니다. 대승불교의 불성 사상은 이러한 일승 사상에 기반을 두고 있습니다.

불성은 산스크리트어로 'Buddha-Dhātu'라고 합니다. 'Dhātu'는 법계法界의 계界를 의미하기도 하고 '기반이나 토대'로 해석되기도 합니다. 그래서 'Buddha-Dhātu'는 원래 불성이라기보다 불계佛界로 봄이 더 타당할 것입니다. 또 불성은 'Buddha-Gotra'라고도 하는데 'Gotra'는 종족種族, 종성種姓이라는 뜻이므로 부처의 종족(佛種,佛種姓)으로 번역됩니다.[83] 'Gotra'는 '원인이나 근본'에 더 가깝기에 Buddha-Gotra는 부처가 될 요소 혹은 원인으로 해석되기도 합니다.

그런데 여기서 우리는 『열반경』의 "일체중생 실유불성"의 의미에 대해 좀 더 살펴볼 필요가 있습니다. 불교는 초기부터 '영원불변한 것은 없다'고 하여 무상無常에 대해 가르쳐 왔습니다. 그런데 '불성이 있다'고 한다면 이는 불교의 '무상'과 모순되는 것이 아닌가 하는 의문이 들 수 있습니다. 이런 의문이 드는 것은 '실유불성'의 의미를 우리 안에 부처가 될 수 있는 '실체적인 종자'가 있는 것으로 해석하기 때문입니다. 그러나 실유불성의 의미는 실체적 종자라기보다 부처가 될 수 있는 '잠재적인 힘'의 작용으로 봄이 더 타당하지 않나 싶습니다. 다시 말해 중생은 잠재적으로 '부처님의 작용력'을 지니고 있다고 보는 것입니다.

부처님께서 45년간 설한 마지막 법문인 『법화경』「방편품」에 보면 "일체중생 실개성불"이라는 표현이 나옵니다. 모든 중생이 다 성불한다

---

[83] 다카사키(高崎直道), 전치수 역, 『불성이란 무엇인가』, 여시아문, 1998, 57쪽.

는 것이지요. 이것이 어떻게 가능할 수 있겠습니까? 그건 모든 중생이 성불할 수 있도록 부처님께서 작용하시기 때문이 아니겠습니까? 여기서 굳이 이것을 자력이니 타력이니 하며 의문을 제기할 필요는 없지 않나 싶습니다. 도겐의 『정법안장正法眼藏』「발보리심發菩提心」권에 보면 '감응도교感應道交'라는 표현이 나옵니다. 도겐은 보리심은 결코 자기 힘으로 인해 발할 수 있는 것이 아니라 다만 감응도교, 즉 불佛과 자기가 서로 통하는 그곳에서 생긴다고 본 것입니다. 다시 말해 우리 자신이 불佛과 감응하는 그곳에 보리심이 발해지고 우리가 불佛로서 살아감이 가능해진다는 것입니다. 바로 이러한 해석은 「방편품」에서 말한 일체 중생이 성불할 수 있도록 작용하는 부처님의 감화력이라 할 수 있지 않겠습니까?

불성 사상을 기반으로 한 대승불교는 '중생의 마음은 본래 청정하다'는 자성청정심自性淸淨心을 주된 교의로 삼아 왔습니다. 자성청정심은 『반야경』을 비롯하여 『법화경』, 『유마경』 등 대승경전에서 공통으로 말하는 교설로, 대승불교의 근본적 관점 중 하나입니다. 자성청정심을 언급할 때는 보통 '객진번뇌염客塵煩惱染'이라는 어구가 뒤따라오는데 이는 자성은 본래 청정하지만 실제 우리 마음은 번뇌 망상으로 더럽혀져 있다는 것이지요. 모든 물질만이 아니라 사유 역시 본래 실체가 있는 것이 아니기에 번뇌 망상을 먼지와 같은 티끌이라는 의미에서 '객진번뇌'라 일컫고 있습니다. 보통 불교에서는 번뇌로 인해 각양각색의 업業을 쌓게 되고 그 업의 결과로 고통을 받게 된다고 합니다. 그래서 번뇌 망상에서 자유로워져 자성청정심을 되찾고자 함이 불교 수행을 통해 이루고자 하는 목표라 할 수 있습니다. 다시 말해 불교에서 추구하는 깨달음은 자성청정심을 회복함에 있는데, 이는 바꿔 말해 객진번뇌의 무실체성을 자각함에서 비롯되며 무상의 깨달음과도 일맥상통하는 면이 있다고 봅니다.

2) 불성 사상의 발전

불교사 안에서 많은 변화 과정을 거치면서 형성된 불성 사상은 여래장如來藏 사상에 근거하고 있습니다.[84] 여래장은 산스크리트어로 tathāgata-gārbha라 합니다. gārbha는 '모친의 뱃속'이라는 의미로 여래를 낳아주는 자궁으로 여겨졌기에 태胎라는 의미로 쓰였습니다. 그러나 중국인들은 태胎와 같은 생물학적 언어를 그대로 사용하지 않고 대신 '장藏'을 붙여 '여래장'이라는 표현이 생긴 것입니다. 이렇듯 여래장은 '모든 중생이 여래를 담고 있는 그릇'이라고 볼 때 중생이 여래를 품고 있다는 의미에서 중생과 여래의 관계를 둘러싼 여러 이론이 나오게 되었습니다.[85]

---

[84] 여래장의 '여래如來'는 부처의 다른 호칭이다. 고타마 싯다르타와 함께 고행 수행을 하던 다섯 친구에게 붓다는 자신의 깨달은 바를 가르쳐주기 위해 찾아가서 그들에게 "나를 고타마라 부르지 말고 여래라 칭하라"고 말씀하셨다. 즉 부처 자신이 스스로를 여래如來라 한 것이다.

[85] 『보성론寶性論』에서는 여래장의 의미를 다음 세 가지로 설명한다. 첫째, 일체 중생은 성장하여 여래로 될 소질을 갖고 있으므로 여래의 태아이다. 둘째, 중생들에게 있어서는 여래의 성격이 아직 발휘되지 않고 여래의 태 안에서 자고 있다. 셋째, 중생은 번뇌 때문에 자기에게 잠재하고 있는 여래의 성격을 태아처럼 감추어서 표면에 나타내지 못하고 있다 그러나 그들 중생의 태아는 여래성이다. 이와 같이 여래장은 여래의 인因을 의미하나 본질의 측면에서 보면 법신과 동일시된다. 이와 같이 중생과 여래의 동일성에 대한 근거로서 법신편만法身遍滿, 진여평등眞如平等,

여기서 불성이 우리 안에 내재한다는 불성내재론佛性內在論에 주목할 필요가 있는데, 이는 중국불교뿐 아니라 한국불교와 일본불교에서 이해해온 불성론이라고 할 수 있습니다.[86] 불성내재론은 크게 두 가지 의미로 나눠볼 수 있습니다. 하나는 불성이 우리 안에 부처가 될 수 있는 가능성인 종자로 있어 수행을 통해 이것을 키워나가야 한다고 보는 것입니다. 다른 하나는 불성을 종자의 형태가 아닌 완전한 본래성으로 해석하는 것입니다. 곧 가능성으로서의 불성이 아니라 완전한 불성을 지니고 있으나, 번뇌에 의해서 가려져 있으므로 번뇌를 벗겨내기만 하면 불성이 드러난다는 것입니다. 다시 말해 전자는 불성을 부처될 씨앗으로 보는 것이고, 후자는 불성을 가리고 있는 번뇌만 없애면 완전한 불성이 드러난다는 것입니다. 이러한 불성 이해는 중국불교를 비롯하여 동아시아 불교의 불성론뿐 아니라 수증관修證觀에까

여래성如來性 등을 제시한다. 그런데 여래장 사상은 인도 대승불교의 역사에 있어서는 중관학파나 유식학파와 같이 하나의 학파로 성립하지 못했다. 단지 중국 화엄종의 법장이 여래장 사상을 여래장 연기종如來藏緣起宗으로 독립시켜 대승종교大乘終敎로 하나의 독립된 체계로 설명하고 있다. 법장의 이러한 견해는 『불성론』이나 『대승기신론』의 여래장 연기설의 영향에 의한 것이라 보인다. 이같이 인도에서 하나의 학파로 발전되지 못한 여래장 사상은 그 사상의 내용에서도 여러 불교학파로부터 비판의 대상이 되고 있다. 즉 여래법신이 상주한다는 것과 모든 중생에게 여래장이 있다는 여래장 사상의 입장은 그 유적有的인 표현으로 인하여 인도 정통 사상에서 주장하는 형이상학적 실체인 아트만과 유사한 것으로 오해되어 공空사상을 주장하는 중관학파로부터 비판의 대상이 되었다. 그리고 유부有部 등으로부터는 여래장 사상을 포함한 대승 사상이 붓다의 근본 가르침이 아니라는 비판 속에서 부정되고 있다.(高崎直道, 『如來藏思想の形成』, 春秋社, 1990 참조.)

[86] 졸고, 「道元의 修證觀-『正法眼藏』「佛性」卷을 中心으로-」, 서강대학교 대학원, 2003, 139~140쪽.(불성내재론은 山內舜雄이 命名한 것임)

지 깊은 영향을 미치게 되었습니다. 그럼 불성내재론은 불교사 안에서 구체적으로 어떻게 전개되어 왔는지 살펴보겠습니다.

① 남종선의 불성론

인도로부터 중국으로 건너와 중국화된 불교가 바로 선종입니다. 선종의 제6대 조사인 혜능慧能이 저술한 것으로 알려져 있는 『육조단경六祖壇經』을 보면 "보리는 본래 나무가 없는 것이며 명경明鏡 역시 받침이 없다. 불성은 항상 청정한 것인데 어느 곳에 티끌이 있다고 하는가?"[87]라는 게송이 나옵니다. 여기서 말하는 불성의 청정성과 티끌로서의 번뇌가 바로 '자성청정심 객진번뇌염'을 의미합니다. 또 『육조단경』에서는 "무엇을 이름하여 청정법신이라 하는가? 세상 사람들의 성품은 본래 스스로 깨끗하여 만 가지 법이 자기의 성품에 있다"[88]고 하여, 본래 청정한 성품을 청정법신이라고 합니다. 이와 같이 『육조단경』에서는 '돈오頓悟'를 말하는데, 이는 객진번뇌의 무실체성을 깨닫고 우리의 본래성이 자성청정하고 '본래 부처'임을 자각하는 것을 뜻합니다. 이렇듯 불성을 자각하는 것이 깨달음의 핵심이라면 불성은 수행과 깨달음

---

[87] "菩提本無樹 明鏡亦非臺 佛性常淸淨 何處有塵埃." 『육조단경』은 (소주韶州의 대범사大梵寺에서) 혜능이 설법한 내용을 제자 법해法海가 집록한 것으로 전해진다. 그러나 『육조단경』에는 많은 이본異本이 전해져오고 있다.(정승석, 『佛典解說事典』, 민족사, 265쪽 참조) 그중 돈황본이 가장 오래된 것이며 그 후의 것은 이것이 점차 변천되어온 것으로 보고 있다. 또한 『육조단경』은 저자에 대해서도 논쟁이 있어 왔다. 중국의 호적 박사는 『육조단경』의 저자를 혜능이 아니라, 혜능의 제자인 신회로 간주하기도 한다. 이와 같이 『육조단경』은 문헌학적 측면에서 문제를 지니고 있으나, 선종의 중심 텍스트임에는 틀림이 없다.

[88] "何名淸淨法身 世人 性本淸淨 萬法 從自性生."

(修證)과 불가분의 관계가 있다고 할 수 있겠습니다. 그것은 수행이란 결국 자기의 본래면목인 불성을 어떻게 회복할 것인가의 문제이기 때문입니다. 수행의 관건은 어떻게 망심妄心에 가려진 진심眞心을 드러내 참 자기를 회복할 것인가의 문제라 할 수 있겠습니다.

육조혜능 이전 초기 선사들은 수행을 통해 점차적으로 진심眞心을 덮고 있는 번뇌를 없애고자 했습니다. 보통 이는 점진적인 수행을 통해 깨달음으로 나아가는 수행법이라 하여 '점교漸教'라 불렀는데, 이 수행법은 혜능 이후 남종선南宗禪에 와서 비판을 받게 되었습니다. 그것은 깨달음이란 결국 번뇌 망상이 무실체성임을 자각함으로써 불성을 드러낸다는 점에서 '깨달음은 단박에 이루어진다(頓悟)'고 보았기 때문입니다. 이에 반해 혜능 이전에는 점진적으로 깨달아간다고 봄으로써 불성을 단지 부처의 가능성으로 보았던 것입니다. 혜능의 제자였던 하택 신회荷澤神會는 불성은 단지 가능성으로 주어진 것이 아니라 이미 본래 부처임을 주장함으로써 북종선의 점수적 수행법을 비판하고 돈오를 주장한 것입니다. 그에게 있어 돈오란 자신의 본래성이 깨끗함을 단번에 깨치는 것으로, 이는 불성을 '완전한 본래성'으로 보는 것과 '번뇌 망상이란 실재하지 않는다'는 것을 전제하고 있습니다. 이러한 돈오 사상에 근거한다면 범부의 불성과 부처의 그것은 다르지 않다는 것입니다.

돈오적 관점에서 점진적으로 닦는 점수적 관점은 비판을 받았는데, 이는 자칫 오해하면 수행의 필요성이 간과될 위험성을 내포하고 있었던 것입니다. 일본 가마꾸라(鎌倉) 시대에 생겨난 천태본각 사상은 바로 이러한 문제점과 깊은 상관관계를 지닙니다. 일본 천태종에서 나온 천태본각 사상에서 중생즉불衆生卽佛이 강조되면서 '아무 것도 닦을 것이 없다'는 수행무용론修行無用論이 나오게 되었기 때문입니다. 이는 본래 부처이니 굳이 수행이 불필요하다는 것입니다. 이러한 천태본각 사상에 문제의식을 가졌던 분이 일본 조동종의 창시자로 불리는 도겐道元 선사입니다. 이런 점에서 도겐의 불성관은 우리에게 불성과 관련하여 수행의 의미를 더욱 분명히 보여주고 있다고 생각합니다.

② 도겐의 불성 이해와 그 의의[89]

가마꾸라 시대를 살았던 도겐(道元, 1200~1252)은 당대 천태종에서 파생된 천태본각 사상과 관련하여 본래 부처 사상과 수행의 관계에 대한 문제의식을 갖고 있었습니다. 그는 중국으로 건너가 여정如淨 선사 밑에서 수행한 끝에 이 문제를 해결했고 그 후 일본으로 돌아와 가르침을 펼쳤습니다. 그 가르침의 중심에는 불성에 대한 독특한 이해가 있습니다. 그는 『열반경』에 나오는 '일체중생 실유불성'에 대해 독창적인 해석을 하고 있습니다. 보통은 이것을 '모든 중생은 불성을 지니고 있다'고 해석하지만 도겐은 '일체는 중생이요, 실유는 불성'이라고 풀이했습니다.

도겐이 '일체중생 실유불성'에 대한 종래의 해석을 뒤엎고 이를 새로운 독법으로 해석한 것은 어떤 연유에서였을까요? 여기에는 불성을 마치 영원불변한 것으로 이해하는 것에 대한 비판이 내포되어 있습니다. 도겐은 인도의 선니외도先尼外道의 견해를 비판했는데, 이것은

---

[89] '모든 것은 불성을 지니고 있다'는 종래의 불성 해석은 유정 중심, 마음 중심, 의식 중심의 해석이라는 것이 불성에 대한 도겐의 새로운 해석 아래 있는 생각이다.

그들이 불성을 영원불멸한 것으로 보았기 때문입니다.[90] 그들은 불성을 우리 안에 상주하는 영지靈知나 각원覺元으로 보았는데, 도겐은 이러한 견해를 거부했을 뿐 아니라 우리 안에 진아眞我가 상주한다는 견해도 비판했습니다. 그것은 불성이란 영원불멸한 무엇이 아니라 '무상無常'에 근거한다고 보았기 때문입니다. 다시 말해 참된 불성은 '무상으로서의 불성'이라는 것입니다. 이러한 도겐의 무상불성론은 육조혜능의 사상에 기초하고 있습니다.[91]

『경덕전등록』 제5권, 「강서지철장江西志徹章」에 오면 무상불성에 관한 담화가 나옵니다.[92] 여기서의 지철志徹은 혜능의 제자인 행창行娼을 말하는데, 그는 혜능에게 『열반경』에 나오는 불성상주에 대해 묻습니다. "모든 현상은 무상인데, 생멸상무상生滅常無常은 무엇이냐"는 것입니다. 이때 혜능은 "무상이 곧 불성"이라고 응답합니다. 스승인 혜능이 말한 무상불성의 의미를 제대로 이해하지 못한 행창은 (『열반경』에서는) "불성을 상常이라고 하는데, 왜 스님께서는 무상이라 하는지"를 반문합니다. 도겐은 혜능의 무상불성론을 언급하면서 혜능의 위대함은 바로 여기에 있다고 말합니다.[93]

'무상이 불성'이라는 것은 불성이 영원불변한 상常이 아님을 의미합

---

90 『정법안장正法眼藏』「즉심시불卽心是佛」을 참조할 것.
91 졸저, 『불성론 연구』, 운주사, 2011, 285~287쪽 참조.
92 『경덕전등록』 권5의 「강서지철장」에 의하면 지철 선사는 강서인江西人이고 성은 장張씨이며 이름은 행창이었다. 행창은 출가한 후 6조를 참參하여 그의 법사法嗣가 된 후 지철이라 개명했다.(大正藏 51, p.239上)
93 여기서 우리는 혜능과 하택신회 사이에 견해 차이가 있음을 발견할 수 있다. 이 점에 대해서는 졸저, 『불성론 연구』, 운주사, 2011, 222쪽을 참조할 것.

니다. 다시 말해 불성은 영원히 변치 않는 무엇이 아니라 시절인연時節因緣에 따라 변하는 '무상'의 실재라는 것입니다. 그래서 불성은 미래에 드러나는 것이라기보다 '지금 여기'에 현현顯現하는 실재라는 것입니다. 이와 같이 무상불성론에서는 초기불교부터 전수되어온 존재의 무상성과 불성의 실재를 아우르는 존재의 양면성을 잘 드러내주고 있습니다. 바로 이 무상불성의 관점이야말로 존재나 실재를 이해하는 불교의 독창적인 방식이 아닌가 생각합니다. 무상과 불성을 함께 말함은 불교의 존재관이 결코 허무주의가 아님을 의미하기도 합니다. 이와 같이 불교가 무상이면서 불성이라는 관점에서 인간을 이해하고 있다면, 그리스도교의 인간 이해는 어디에 근거하고 있는지 살펴보겠습니다.

2. 하느님의 모상

1) 그리스도교 전통신학에서의 하느님의 모상

대승불교에서는 인간의 본래성인 '자성은 청정하다'고 본다는 점에서 절대 긍정적 인간관을 지니고 있음을 알 수 있습니다. 이에 비해 전통 그리스도교 교의신학은 인간을 '하느님의 형상이면서 동시에 죄인'으로 보고 있습니다. 이는 인간의 본래성을 단순히 긍정적인 측면으로만 보지 않음을 의미합니다. 이와 같이 인간을 하느님의 형상이면서 동시에 죄인으로 볼 때, 하느님의 형상을 어떻게 이해해야 하는지에 대해 그리스도교 신학자들 간에 의견이 분분합니다.

그리스도교 전통신학에서는 인간을 "하느님의 형상에 따라 피조된 존재"로 이해해 왔는데, 이는 P문서에 나오는 창조 기사인 창세기 1장 26-27절에 기반을 둔 것입니다. 학자들은 이 구절에서 두 가지 개념을 도출했습니다. 하나는 "형상(imago)"이고, 다른 하나는 모양(similitudo)입니다. 이 두 개념의 대한 논쟁은 초대교회의 교부 시대부터 있어 왔습니다. 클레멘스Clemens와 오리게네스Origenes는 하느님의 형상이 인간의 영혼 안에 존재하는 것으로 본 반면,[94] 이레네우스Irenaeus와 테르툴리안Tertullian은 하느님의 형상을 인간의 영혼만이 아니라 육체와도 결합되어 있다고 주장했습니다. 그래서 이들은 '형상과 모양'을 엄격하게 구분하여 타락한 인간에게 있어 하느님의 '모양'은 상실되었으나 하느님의 '형상'은 상실되지 않았다고 보았습니다. 이러한 사유는 중세 스콜라 신학으로 이어졌습니다. 그들은 하느님의 '형상'을 인간이 타락한 후에도 남아 있는 이성, 의지의 자유로 보았고 '모양'은 인간의 타락과 함께 잃어버린 '본래적인 의'로 해석했습니다. 이러한 해석은 후에 에밀 브룬너에게로 이어졌습니다. 그는 형식적 하느님의 형상(formale imago Dei)과 실질적 하느님의 형상(materiale image Dei)을 구분했습니다. 형식적 하느님의 형상은 인간의 언어 능력과 책임성, 자유, 양심, 이성으로 남아 있는데 반해, 실질적 하느님의 형상은 죄로 인하여 상실되어 하느님과의 관계를 상실했다는 것입니다.

　한편 종교 개혁자들은 하느님의 형상을 첫 인간에게 주어진 '본래적인 의'의 근거로 보지 않고 실제적인 하느님과의 관계로 보았습니다. 즉 그들은 하느님의 형상이 현실적인 하느님과의 관계에 있다고 생각했

---

[94] 오리게네스는 하느님의 형상은 창조 시에 받은 것이고, 모양은 나중에 그 형상의 내용이 구체적으로 드러나는 것을 의미하는 것으로 해석하였다.

습니다. 그러나 종교 개혁자들 사이에서도 하느님의 형상에 대한 이해에 현저한 차이점이 있습니다. 루터(M. Luther)는 원죄를 통해 인간은 하느님의 모양뿐 아니라 하느님의 형상까지도 완전히 상실했다고 보았습니다. 즉 인간은 타락함으로써 하느님의 형상과 모양까지 완전히 상실했다는 것입니다. 그는 형상과 모양을 구분할 수 있는 근거는 성서 어디에도 없으며, 인간은 타락한 후에 모든 것을 상실하게 되었다고 주장했습니다. 이에 반해 칼빈(J. Calvin)은 타락한 인간에게도 하느님의 형상의 파편이 남아 있어 인간은 다른 동물들과 구별된다고 주장했습니다. 즉 칼빈은 초대교회로부터 시작한 하느님의 형상과 모양을 구분하는 이론을 수용했던 것입니다.

19세기 변증법적 신학자인 칼 바르트K. Barth는 루터의 전통을 이어받아 하느님의 모상성이 인간의 고유한 성품과 연관이 있다고 보는 모든 견해를 반박했습니다. 인간은 죄로 인해 타락했기에 하느님께서 지으신 하느님의 형상은 완전히 사라지고 말았다는 것입니다. 그렇기에 하느님을 만날 수 있는 접촉점은 인간 편에는 존재하지 않고 오직 하느님의 은총으로만(sola gratia) 가능하다고 주장했습니다.[95] 이와 같이 바르트는 하느님의 모상성은 인간이 소유했다가 상실할 수 있는 것이 아니라, 인간에 대한 하느님의 약속이고 인간의 운명이라고 보았던 것입니다.

이렇게 볼 때 하느님의 형상에 대한 이해에는 크게 다음과 같은 두 흐름이 있음을 알 수 있습니다. 하나는 하느님의 형상을 완전히

---

[95] 바르트가 루터와 다른 점이 있다면 하느님의 형상을 존재의 유비(analogia entis)로 본 것이 아니라, 관계의 유비(analogia relationes)로 보았다는 점이다.

상실해버렸다고 보는 견해(M. Luther-K. Barth)이고, 다른 하나는 모양과 형상으로 구분하여 모양은 상실했으나 (완전하지는 않지만) 형상은 남아 있다고 보는 흐름입니다(초대교부, J. Calvin, E. Brunner 등). 이렇게 하느님의 모상에 대한 이해는 서로 달랐지만, 하느님께서 창조한 최초에 인간이 하느님의 모상성을 지녔다는 점에서는 같은 견해를 보이고 있습니다. 뭔가 상실되었다는 건 상실 이전에 있었던 상태를 전제합니다. 다시 말해 죄로 인해 그 상태를 잃어버렸다는 건 그 시초가 완전해야 가능하기 때문입니다. 이런 점에서 하느님의 모상성은 최초에 한 번 있었는데 그때가 바로 원죄로 인한 타락 이전이라고 보는 것이 전통 그리스도교 신학의 관점입니다. 그러나 태초에 완전한 상태가 죄로 인해 상실되었다고 할 때, 구체적으로 잃은 것이 무엇인지에 대해서는 교파 간에 견해 차이를 보이고 있습니다. 이상에서 간략히 살펴본 교부 시대부터 중세를 거쳐 종교개혁에 이르기까지 하느님 형상에 대한 견해는 현대신학에 와서 어떻게 자리매김해 왔는지 판넨베르크의 사상을 통해 살펴보겠습니다.

2) 하느님의 모상에 대한 판넨베르크의 견해

전통신학에서는 신을 전제하여 인간을 이해해 왔기에, 다른 학문(생물학, 사회학 심리학 등)에서 인간을 이해하는 것과는 차별화되어 왔습니다. 판넨베르크는 이에 문제의식을 느껴 타 학문의 인간 이해를 수용하여 인간을 새롭게 이해하고자 시도했습니다.[96] 현대 인간은 자연을

---

96 판넨베르크는 신학이 하느님을 묻는 학문이기에 그 관심을 인간학적 관심으로 대치할 수는 없으나, 신학이 보편타당성을 갖기 위해서는 인간학의 지지를 받아야

지배하려 듦으로써 세계를 넘어선 존재가 되어 버렸기에 종래 그리스 철학에서처럼 우주 질서 속에서 인간을 이해하는 것은 불가능하게 되었습니다. 막스 셸러는 동물과 달리 인간은 대상세계에 종속되어 있는 존재가 아니라 세계를 벗어나기도 하고 그 세계로부터 자신을 돌본다는 점에서 인간의 특성을 '세계 개방성'으로 보았습니다. 판넨베르크는 이러한 막스 셸러의 영향을 받아 '신개방성'을 인간의 본성적 특징으로 언급했습니다. 즉 인간은 세계를 향해 자신을 실현코자 하는 세계 개방성을 지녔는데 이는 궁극적으로 신을 향한 개방성으로 나아간다는 것입니다. 이러한 의미에서 판넨베르크에게 신개방성은 '하느님의 모상'의 의미로 다가왔습니다. 그가 하느님의 모상을 신개방성으로 이해하게 된 데에는 셸러와 함께 헤르더(Johann Gottfried von Herder)에게서 받은 영향 때문입니다. 헤르더는 전통신학자들이 가르쳐 왔듯이 '원래 인간은 완전한 하느님의 형상 속에서 창조되었으나 타락에 의해 완전성을 상실했다'는 주장을 부정합니다. 다시 말해 그는 인간은 원래 완전한 상태에 있는 것이 아니라 완성을 향해가는 인간성을 지녔다고 봅니다. 따라서 인간은 점점 하느님을 닮아간다는 점에서 '하느님의

한다고 주장한다. 이러한 관점에서 그는 인간학에 대한 고려를 전제한 보편사신학普遍史神學을 해온 것이다. 전통 신학(루터, 칼빈, 바르트 등)에서는 하느님과 계시의 인식은 이성이 아닌 신앙을 통해서만 가능한 것으로 이해해 왔으나 판넨베르크는 계시 인식을 위하여 신앙이 아닌 이성을 전면에 내세우기 때문이다. 그것은 신앙이 그 근거에 대한 이성적 확신이 주어지지 않는다면 미신이나 맹신이 될 위험이 크기 때문에, 신앙의 근거에 대한 이성의 지지가 중요하다고 본 것이다. 이는 신앙에 대한 이성의 우위를 주장한 것이라기보다 이성의 지지 없는 신앙은 위험함을 말하기 위해서였다.

모상'을 인간 실현의 목표로 삼았습니다. 판넨베르크는 헤르더의 이러한 주장을 수용함으로써 하느님의 형상을 완성되어 가야 할 삶의 목표로 삼았습니다. 이와 같이 판넨베르크는 인간의 특성을 쉘러의 '세계 개방성'과 헤르더의 하느님의 형상을 향한 목표를 지닌 존재로 본 것입니다.

한편 그는 인간은 신개방성이라는 자기 본성에 모순되게, 자기중심에 갇혀 살아가는 경향을 띤다는 점을 지적합니다. 이와 같이 세계와 신을 향해 자기를 폐쇄하는 것을 판넨베르크는 '죄'라고 보았습니다. 이런 관점에서 판넨베르크는 인간은 하느님의 형상인 신개방성과 함께 자기 폐쇄성을 지닌 존재이며 이러한 양면의 긴장관계 속에서 자기 정체성을 회복하는 것을 '구원'이라고 보았습니다. 이와 같이 전통 신학적 관점에서 벗어나 쉘러가 말한 세계 개방성과 헤르더의 하느님 형상을 결합시켜 '신개방성'으로 하느님의 형상을 해석한 판넨베르크의 관점은 신학적인 인간 이해를 넘어 종교의 보편적 관점에서 인간을 묻고 있다는 점에서 의의를 찾을 수 있겠습니다.

3. 나오면서

지금까지 살펴본 하느님의 모상과 불성을 통해 우리는 인간의 본성이란 단순히 존재론적 차원에서의 이해를 넘어서 수행과 직결되어 있음을 알 수 있습니다. 그것은 인간은 궁극적으로 인격적 완성이나 깨달음을 추구하기 때문입니다. 불교에서 지향하는 깨달음의 세계로 나아가기 위해 일으켜야 하는 '발보리심'은 자기 존재성에 대한 믿음에서 비롯됩니다. 다시 말해 '자성청정심'이라는 대승교의가 말하듯이, 수행은 인간의 본래성이 청정하다고 믿는 데서 출발합니다. 또한 불교 수행이 이 청정성을 깊이 자각하는 데 있다는 점에서 '믿음'은 수행의 시작이면서 동시에 마침이기도 합니다.

이와 같이 불교에서는 자성청정심을 중시해온 데 비해, 그리스도교는 아우구스티누스 이래 인간의 원죄와 죄성을 강조해 왔습니다. 이러한 원죄설에 대한 강조가 결국 하느님 모상으로서의 인간성을 간과하게 만들었다고 볼 수 있습니다. 그리스도교 역시 인간의 본래성을 하느님의 모상으로 보지만, 인간의 죄성이 강조되면서부터 하느님의 형상을 그리 중요하게 여기지 않는 경향이 있어 왔던 것입니다. 그러나 오늘날 생태 문제와 연관 지어 그리스도교의 인간관에 대한 성찰이 이루어지면서 그동안 간과해온 '하느님 모상'에 대해 다시금 고찰하기 시작했습니다. 전통 그리스도교의 가르침에서는 하느님의 모상을 인간만이 지닌 하나의 특권인 양 생각함으로써 창세기에 나오는 "땅을 지배하라"는 의미를 인간에게 주어진 축복으로 보아 왔습니다. 즉 인간은 하느님의 형상을 지닌 존재로서 자연을 지배하도록 창조되었다고 해석해온 것입니다. 그러나 생태위기에 직면하면서 그리스도교는 하느님의 모상의 의미가 인간에게 주어진 하나의 특별한 속성이 아님을 자각하게 되었습니다. 즉 하느님의 모상이란 인간에게 내재된 능력을 의미하는 게 아니라, 하느님께서 당신 자신에 상응하도록 인간을 창조하셨다는 사실에 입각하여 해석되어야 한다는 것입니다. 곧 인간은 땅을 지배하는 존재로서 창조되었다기보다 창조주 하느님의 '협력자'로서 창조되었다는 거지요. 인간이 창조주의 협력자로서의 역할을 지녔다는 건 창조된 세상을 가꾸고 돌봐야 할 책임성을 부여받은 존재임을 의미합니다. 인간에게 세상을 돌보는 청지기로서의 책임을 부여했다는 것입니다. 바로 그 청지기로서의 모델이 예수 그리스도이십니다. 이런 점에서 예수의 삶과 행적은 인간이 청지기로서 구체적으로 어떻게 살아가야 하는지 그 행동 방식에 대해 잘 가르쳐주고 있습니다. 따라서 인간이 하느님으로부터 부여받은 청지기 직분은 예수께서 하신 일의 연장선상에 있다고 볼 수 있겠습니다. 예수께서 보여주신 하느님 나라는 통치와 다스림이 아닌 '섬김과 봉사'에 있음을 그분의 삶과 행적은 말해줍니다. 이런 점에서 청지기 직분을 부여받은 인간 역시 섬김과 봉사를 통해 세상을 가꾸어 나가고 관리해야 한다는 것입니다. 그리스도교 생태영성가들은 인간에게 주어진 이 직분을 다하는 것이 곧 자신에게 주어진 하느님 모상을 완성해가는 길임을 강조하고 있습니다.

제6강 하느님 나라와 열반

1. 하느님 나라의 의미

'하느님 나라'라는 표현은 공관복음에 98번 나오고 신약성경의 나머지 기록들(사도행전, 서간들, 요한묵시록)에는 다소 변형된 형태인 '그리스도 나라'와 같은 개념을 포함해서 약 25회 정도 나오고 있습니다. 이는 하느님 나라가 예수께서 공적으로 시작한 가르침, 그 중심에 위치하고 있음을 말해줍니다. 이렇게 예수께서 복음이라고 전한 '하느님 나라'는 구체적으로 어떤 의미를 지녔는지 살펴보겠습니다.

하느님 나라는 그리스어로 '바실레이아 투 테우basileia tou theou'라고 하는데, 이는 하느님께서 다스리고 통치하는 상태라는 의미라 할 수 있습니다. 다시 말해 하느님께서 활동하는 장場이 바로 하느님 나라라는 것입니다. 이렇게 볼 때 예수께서는 하느님께서 세상 가운데 활동하심을 알려주셨고 이를 몸소 보여주신 것이라 할 수 있습니다.

예수 당시 성행하던 묵시문학에서는 하느님 나라를 종말론적인 관점에서 보아 왔습니다. 묵시문학적 관점에서뿐 아니라 대체적으로 당시 사람들은 하느님 나라가 종말에 올 것으로 생각했습니다. 그래서 율사들은 율법의 완전한 준수를 통해 하느님 나라에 갈 희망을 키워 왔으며, 열혈당원들은 정치적인 독립을 시도함으로써, 에세네파와 같은 수도 공동체에서는 신비주의적인 관점에서 하느님 나라를 그려 왔습니다. 또 그 밖의 사람들도 하느님 나라는 다윗 왕가의 메시아 왕국이 건설된 다음에 올 미래의 왕국으로 해석해 왔습니다. 하느님 나라에 대한 이러한 해석들 안에서 초대 그리스도교 교회 역시 종말론적 관점에서 하느님 나라를 이해하는 경향을 띠었습니다. 다시 말해 예수께서 제시한 하느님 나라 역시 종말에서 하느님께서 통치하심에 관해서였다는 것입니다.

사실 예수께서는 하느님 나라에 대해 단정적으로 말씀하기보다 비유를 통해 상징적으로 보여주셨습니다. 따라서 우리는 그 비유 안에 담긴 의미를 통해 하느님의 다스림이 세상 안에서 어떻게 이루어지는가를 엿볼 수 있습니다. 예수께서 제시한 누룩과 씨앗의 비유는 하느님 나라가 누룩과 씨앗에서 일어나는 것과 같은 변화를 통해 드러남을 보여줍니다. 다시 말해 누룩이 밀가루를 부풀려 빵을 만들 듯 하느님께서도 우리 안에 작용해서 하느님 나라를 이루어 가신다는 것입니다. 즉 하느님 나라는 하느님께서 당신 혼자 이루어 가는 세계가 아니라 나를 통해 하느님 나라를 성취해 간다는 것입니다. 곧 내가 세상의 누룩이 되어 세상을 변화시켜 나감으로써 이뤄진다는 것입니다. 이렇게 볼 때 하느님의 다스림은 내 안에서 일어나는 변화를 통해 드러남을 알 수 있습니다. 즉 밀가루 반죽 안에서 누룩이 누룩으로서 제 역할을 다할 때 반죽이 부풀어 오르듯 우리도 세상의 누룩이 될 때 하느님께서는 우리를 통해 당신의 일을 하게 된다는 것입니다. 내가 세상 속에서 누룩이 된다는 건 다름 아닌 하느님의 사랑으로 내가 변화됨으로써 가능해집니다. 그건 우리가 하느님과 깊은 사랑의 관계 속으로 들어감으로써 가능해지는 일입니다. 이렇게 볼 때 하느님 나라는 결국 나에게서 비롯된다고 볼 수 있습니다. 이러한 나의 변화는 하느님의 사랑에 대한 자각에서 시작됩니다. 누룩의 비유를 통해 드러난 하느님 나라는 종말 이전에 '지금 여기'라는 현 시점에서 내가 변화되는 것이 보다 더 중요함을 보여줍니다. 그렇다면 예수의 하느님 나라는 구약의 묵시문학적 희망과는 무관한 것일까요? 이를 위해 하느님 나라의 시간관부터 살펴보겠습니다.

2. 하느님 나라의 역동적 시간성

앞서 누룩의 비유에서 보았듯이 예수께서 제시한 하느님 나라는 하느님의 다스리심이 지금 여기에서 시작되었음을 보여주고 있습니다. 바리사이파인들이 예수께 언제 하느님 나라가 올 것인지 물었을 때 "하느님의 나라는 너희 가운데에 있다"(루카 17,21)고 하셨습니다. 예수의 행적을 되돌아보면 그분은 하느님의 사랑과 자비가 함께 하는 장을 만들어 가심으로써 하느님 나라를 '지금 여기'라는 현재적 시간으로 끌어당기셨음을 알 수 있습니다. 이렇듯 예수께서는 하느님 나라의 현재성을 드러내심과 동시에 "하느님 나라가 장차 다가올 것"이라는 말씀도 곁들여 하셨습니다.(루카 22,18)[97] 곧 하느님 나라는 '이미 와 있으면서 동시에 앞으로 올 나라'라는 것입니다. 여기서 우리는 하느님 나라가 지닌 역동적 시간관에 대해 생각해 봅시다.

이미 와 있으면서 동시에 앞으로 올 하느님 나라에 대한 예수의 시각은 예수께서 구약시대의 묵시주의적 관점과는 차별화된 하느님 나라의 시간관을 지니셨음을 보여줍니다. 구약시대에는 고통과 고난이 많은 현세를 유배지로 보고 이를 벗어나 본고향인 천국을 희망하며 살았습니다. 이런 생각 때문에 천국과 현세는 이원론적으로 나누어질 수밖에 없고 그래서 묵시주의자들은 하느님 나라를 종말에 올 것이라고 생각했던 것입니다. 그러나 예수는 유대인들의 이원론적 세계관을 극복하고 현재와 종말의 의미를 함축한 하느님 나라를 선포하셨습니다.

하느님 나라에 관한 비유 중 '가라지 비유'(마태 13,24-30)를 보면 거기에 가라지를 없애고 빨리 성취감을 맛보려는 우리의 속내가 잘 드러납니다. 그런 마음을 간파한 예수께서는 우리에게 "수확 때까지 둘 다 함께 자라도록 내버려 두어라"(마태 13,30)고 하십니다. 지금 당장 성급하게 추수하려는 마음으로는 하느님 나라를 볼 수 없다는 것이지요. 인내롭게 기다리는 가운데 하느님 나라가 주어진다는 것입니다. 인내하고 기다리다 보면 현실 속에 숨겨진 하느님 나라를 발견할 수 있음을 예수께서는 '보물의 비유'를 통해 보여주고 있습니다. 보물의 비유에 나오는 어느 한 장사꾼은 밭을 갈다가 보물을 찾았고 그래서 그 밭을 샀습니다.(마태 13,44-46) 그가 보물을 발견할 수 있었던 것은

---

[97] 슈나켄부르그, 조규만 조규홍 역, 『하느님의 다스림과 하느님 나라』, 가톨릭출판사, 2002, 120쪽.

열심히 밭을 갈았기 때문이고, 그 성실함으로 자신이 머무는 자리에서 하느님 나라임을 발견하게 된 것입니다. 이렇듯 '지금 여기'에 보물이 숨겨져 있음을 알아차린다면, 우리는 그것을 얻기 위해 모든 것을 던지지 않겠습니까? 여기서 우리는 하느님 나라가 선물이면서 동시에 우리의 과제로 주어졌음을 알 수 있습니다.

하느님 나라의 실재는 예수의 행적 안에 잘 드러나고 있습니다. 빵의 기적(요한 6,1-15)은 바로 그 좋은 예라 할 수 있습니다. 물고기 두 마리와 빵 다섯 개로 수천 명을 먹인 빵의 기적은 다양한 해석들을 낳았습니다. 복음서는 오병이어五餠二魚 예화에서 여자와 어린이를 제외하고 오천 명이 예수 주변에 모였다고 전합니다.(요한 6,1-15) 그들은 모두 다른 지방에서 며칠에 걸쳐 예루살렘에 왔기에 배낭에는 분명 식량이 있었을 것입니다. 그러나 그들은 그것이 자신들의 여행에 꼭 필요하다고 생각했기에 선뜻 내놓을 마음이 없었을 것입니다. 예수께서는 이렇듯 마음의 빗장을 걸고 자기 것을 움켜쥐고 있는 이들이 마음을 열도록 이끄셨습니다. 어린아이가 가장 먼저 마음을 열어 물고기 두 마리와 빵 다섯 개를 내놓습니다. 여기서 우리는 왜 예수께서 어린이와 같이 되라고 하셨는지 이해할 수 있습니다. 머리 굴려 이것저것 재지 말고 있는 그대로를 보여줄 수 있는 투명성과 단순한 마음, 바로 그런 마음을 지닌 자는 하느님 나라에 가까이 있음을 보여주는 대목입니다. 이 이야기를 통해 하느님 나라는 누군가 먼저 마음을 열 때 그 자리에서 시작된다는 것을 보여줍니다. 예수께서 빵과 물고기를 나누기 시작하자 다른 이들도 자신의 배낭에 있던 것들을 하나 둘씩 꺼내기 시작했습니다. 이와 같이 우리가 마음의 빗장을 열 때 하느님 나라는 '지금 여기'에서 펼쳐집니다. 지금 우리에게 중요한 것은 너를 향한 마음의 빗장을 여는 것입니다. 바로 그때 우리는 하느님 나라를 보게 될 뿐 아니라 지금 자신이 있는 자리가 하느님 나라임을 발견하게 될 것입니다.

3. 하느님 나라와 회개

하느님 나라는 나의 변화로부터 시작되며 그 변화는 믿음에서 비롯된다는 말씀을 드렸습니다. 여기서 믿음이란 하느님의 신실하심에 대한 전폭적인 신뢰를 갖는 걸 의미합니다. 그런데 하느님을 전폭적으로 신뢰하며 살아간다는 것이 말처럼 쉽지 않습니다. 그건 다름 아닌 인간이 지닌 자기중심적 사유방식 때문이지요. 인간은 자기중심성에 빠지는 경향이 있기에 쉽게 하느님에게서 멀어지게 됩니다. 그래서 예수께서는 하느님 나라를 언급할 때 '회개'를 강조하신 것입니다. "때가 차서 하느님 나라가 가까이 왔다. 회개하고 복음을 믿어라."(마르 1,15) 나 중심에서 하느님 중심으로 회귀하라는 것입니다.

사실 예수 이전에 활동했던 세례자 요한도 회개를 촉구한 바 있습니다. 그러나 그의 회개는 하느님의 심판을 앞세우는 것이었습니다. "회개하라, 그렇지 않으면 하느님의 진노가 임할 것"이라고요. 이처럼 요한이 심판에 초점에 맞추어 회개를 외친 데 반해 예수께서는 하느님의 사랑과 자비에 초점을 맞춰 회개를 말씀하셨습니다. "회개하라. 그리하면 너에게 베풀어진 하느님의 사랑과 자비를 보게 될 것이다." 이와 같이 요한은 하느님께서 심판하심으로 하느님 나라가 시작될 것이기에 하느님의 심판을 강조했다면, 예수께서는 하느님의 사랑과 자비에 시선을 집중시키고 계십니다. 그러기에 예수께서 강조하신 회개는 하느님의 자비에 자신을 내어맡기는 믿음과 깊은 연관성이 있다고 볼 수 있겠습니다.

회개는 희랍어로 '메타노이아metanoia'라고 하는데, 이는 영어의 repentance처럼 과거의 잘못을 뉘우치고 다시는 반복된 잘못을 피하겠다고 다짐하는 것보다 훨씬 더 깊은 의미를 내포하고 있습니다. 메타노이아는 깊은 내면에서 이루어지는 의식의 변화를 요구하기 때문입니다. 그래서 한스 큉은 회개를 "인간의 사고가 근본적으로 바뀌는 것, 변화를 받는 것, 모든 형태의 이기주의에서 하느님과 이웃으로 향하는 것으로 변화된 의식, 변화된 사고방식, 변화된 가치 체계를 의미한다"고 말한 바 있습니다. 즉 회개란 우리의 가치관, 믿음, 희망, 사랑을 마음 깊은 곳에서 변화시키는 실존적인 전향과 결단을 내포한다고 볼 수 있겠습니다. 이러한 실존적 의식 변화는 하느님의 신실하심에 대해 깊은 신뢰를 가질 때, 곧 하느님을 향한 깊은 믿음에서 일어납니다. 또한 회개는 히브리어로 '돌아온다, 돌아선다'는 '슙sub'에 해당됩니다. 슙이란 "내게로 돌아오라. 그러면 내가 너희에게 돌아가리라"(즈카 1,3, 말라 3,7)에 나오듯이 '하느님께로 돌아가는 것'과 '하느님께서 우리를 향해 돌아오심'이 모두 함축되어 있습니다. 즉 회개하여 하느님께 돌아설 때 이미 하느님께서 내게 다가와 계심을 깨닫게 됩니다. 이런 점에서 회개는 하느님과 나 자신의 역동적 활동임을 알 수 있습니다.

이는 송宋나라 때의 선어록인 『벽암록碧巖錄』에 나오는 '줄탁동시啐啄同時'라는 표현에 비견해볼 수 있습니다. 줄탁동시啐啄同時란 병아리가 알에서 나오기 위해서 어미와 새끼가 안팎에서 서로 쪼는 것을 말합니다. '줄啐'은 병아리가 알 껍질을 쪼는 것을 가리키며 '탁啄'은 어미닭이 쪼는 것을 가리킵니다. 제자가 부화하기 위해 발버둥치는 그 순간, 마음의 껍질을 자신의 가냘픈 부리로 쪼고 있는 그 순간, 스승의 큰 부리가 동시에 같은 곳을 향해 쪼아줌으로써 제자는 마음의 껍질을 깨고 깨달음의 경지로 들어가게 된다는 것입니다. 이렇듯 하느님은 인간이 자기 껍질을 깨고 나오도록 우리의 껍질을 쪼아주십니다. 여기서 루카복음에 나오는 탕자의 비유가 떠오릅니다.

아버지의 재산을 모두 탕진한 아들은 "내가 일어나서 내 아버지께로 가리라"(루카 15,18 참조)고 회개하면서 아버지 집으로 향했습니다. 돌아오는 아들을 발견한 아버지께서는 맨발로 뛰어나와 아들을 맞이합니다. 이처럼 하느님께 마음을 돌릴 때 하느님께서 이미 우리를 품고 계심을 깨닫게 됩니다. 이렇듯 하느님과 인간의 관계는 역동적이라 할 수 있습니다. 하느님의 사랑을 깨닫게 되면 그 사랑으로 인해 내가 변화됩니다. 그러한 변화는 나 자신을 하느님께 열어놓는 데서 비롯됩니다. 하느님의 자비에 자신을 맡길 때 하느님께서 우리를 새롭게 변화시키십니다. 이런 점에서 회개는 '다시 태어남'이라고도 할 수 있습니다.

'다시 태어남'과 관련하여 니코데모가 예수님과 나눈 대화가 떠오릅니다. 어느 날 니코데모가 예수께 하느님 나라에 대해 물었을 때 예수께서는 "누구든지 위로부터 태어나지 않으면 하느님의 나라를 볼 수 없다"(요한 3,3)고 답하십니다. 그래서 니코데모는 위로부터 태어난다는 것이 어떤 의미인지 다시 예수께 묻습니다. 이에 예수께서는 "누구든지 물과 성령으로 나지 않으면 하느님 나라에 들어갈 수 없다"(요한 3,5)고 말씀하셨습니다. 여기서 '물과 성령으로 다시 난다'는 건 단지 세례를 받는 것만을 의미하지는 않습니다. 그건 성령, 곧 하느님의 영으로 내가 변화됨을 의미합니다. 그러려면 성령께 마음을 열고 하느님께 깊은 신뢰와 믿음을 두는 것이 필요하리라 봅니다. 이런 점에서 예수께서 강조하신 회개는 하느님의 은총과 인간의 믿음이 만나는 장이라 할 수 있겠습니다.

4. 열반에 대한 가르침

1) 원시불교에서의 열반

윤회설은 본래 불교의 고유한 교의라기보다 고대 인도의 힌두교 전통에서부터 있었던 것으로서 부처님 당시 성행하던 사유방식이었습니다. 윤회는 "한 번 죽음으로 생명이 끝나는 것이 아니라 끝없이 재생된다"는 것입니다. 이처럼 끝없이 거듭되는 생사에서 벗어나기 위해서 힌두교에서는 일찍부터 명상 수행이 발달되었습니다. 그건 명상을 통해 윤회로부터 해방될 수 있다고 믿었기 때문입니다.

힌두교의 우파니샤드 철학에서는 범아일여梵我一如를 깨달음으로써 윤회를 벗어날 수 있다고 가르칩니다. 이는 대우주인 브라흐만과 소우주인 아트만이 하나임을 깨닫는 것을 의미하는데, 이처럼 우주와 자신이 하나임을 체득한 자는 또 다시 태어날 까닭이 없기 때문이지요. 그러나 아트만을 부정한 붓다는 범아일여의 깨달음을 진정한 열반涅槃으로 보지 않았습니다. 붓다께서는 『잡아함경』에서 열반에 대해 다음과 같이 말합니다.

붓다가 제자들을 향해 말했다. "비구들이여, 일체는 타느니라. 일체가 탄다는 것은 무슨 말인가? 비구들이여, 눈이 탄다. 눈의 대상이 탄다. 눈이 닿는 곳 일체가 탄다. 무엇에 의해 타는 것인가? 탐욕의 불에 의해 타고, 노여움의 불에 의해 타고, 어리석음에 의해 타고, 코와 혀 그리고 몸과 마음이 탄다."[98]

이와 같이 탐진치貪嗔痴 삼독三毒에 의한 번뇌의 불이 꺼지고 멸진된 상태가 열반이라는 것입니다. 즉 열반은 갈애가 소멸된 멸도滅度, 적멸寂滅을 뜻하는 닙바나nibbāna, 혹은 니르바나nirvāna를 말합니다. 이와 같이 윤회의 사슬이 끊어지고 번뇌 망상으로부터 해방된 모크샤(moksha, mokṣa)의 상태인 열반은 죽어서 가는 세계가 아니라 깨달음을 통해 머무는 세계를 의미합니다. 이런 점에서 열반은 먼 미래가 아닌 현생 열반이라 할 수 있습니다. 붓다는 현생 열반에 이르는 방법을 다음과 같이 제시하고 있습니다.

쟌부카다카가 사리풋타에게 물었다. "열반, 열반 하는데 대체 그게 어떤 것입니까?" 사리풋타가 대답하였다. "탐욕의 소멸, 노여움의 소멸, 어리석음의 소멸, 이를 일컬어 열반이라 합니다." "그러면 그 열반에 이르는 방법이 있습니까?" "있습니다. 팔정도八正道가 그것입니다."[99]

---

[98] 상응부경전 35,28, 『잡아함경』 8,13.

이렇듯 붓다께서 열반에 드는 방법으로 팔정도를 제시하셨다는 건 팔정도 수행이 얼마나 중요한지를 보여줍니다. 팔정도 수행은 계정혜 삼학이 잘 균형 잡힌 수행 방법입니다. 저는 여기서 오늘을 살아가는 불자들에게 팔정도 수행이 어떤 의미를 지니고 있는지 궁금합니다. 물론 시대에 따라 수행 방법이 다양해질 수 있으나 그 방법이 어떠하든 계정혜의 균형이 잘 이루어지지 않는다면 그것은 부처님의 본래 가르침과는 거리가 있지 않나 싶습니다. 이 점은 차후에 명상 수행을 다룰 때 좀 더 상세히 언급하도록 하겠습니다. 지금까지 현생 열반에 대해 살펴보았는데 그렇다면 붓다께서 사후 열반에 대해서는 어떻게 말씀하셨는지 궁금해집니다. 붓다께서는 사후 세계에 대해 아난阿難의 입을 빌어 다음과 같이 밝히고 있습니다.

구가나俱迦那라는 외도外道가 아난에게 물었습니다. "아난이여, 여래如來는 죽은 후에 존재하는가?" 아난이 대답하기를 "대답할 것이 아니다(無記)." "(여래는) 죽은 후에 존재하지 않는가? 아니면 죽은 후에 존재하기도 하고 존재하지 않기도 하는가? 그것도 아니면 죽은 후에 존재하는 것도 아니고 존재하지 않는 것도 아닌가?" 아난이 답하기를 "대답할 것이 아니다(無記)." "무슨 소리인가, 아난이여. 당신은 도대체 아는 것도 없고 보는 것도 없단 말인가?" 아난이 답하기를 "이는 모르는 것이 아니요, 보지 못하는 것도 아니다. 이는 잘 아는 것이고 잘 보는 것이다." 외도가 다시 묻기를 "아난이여, 도대체 무엇을 알고 무엇을 본다는 말인가?" 아난이 답하기를 "볼 수 있는 것을 보고, (번뇌가)

---

99 상응부경전 38,1, 『잡아함경』 18,1.

일어나는 곳을 보고, 번뇌에 묶임을 끊는 곳을 보니, 이것이야말로 아는 것이고 보는 것이다. 나는 이처럼 알고 이처럼 본다. 어찌 내가 알지 못하고 보지 못한다고 말할 수 있겠는가?"[100]

한마디로 사후 열반에 대해서는 무기無記, 곧 '대답할 것이 아니다'라고 표명하셨습니다. 따라서 원시불교의 열반관은 붓다의 가르침에 기반한 현생 열반에 기초하고 있음을 알 수 있습니다. 즉 붓다에게 있어 열반은 사후에 머무는 세계라기보다 '지금 여기'에서 깨달음을 얻어 누리게 된 상태라 할 수 있겠습니다. 이렇듯 열반이 현생에서 이룬 깨달음을 통해 가는 현생 열반이라는 사실에서 우리는 불교의 생사관을 보게 됩니다. 즉 모든 실재를 연기의 관점에서 바라보는 불교적 관점에서는 생生 자체가 상정되지 않는다는 사실입니다. 실체를 구성하는 '오온은 모두 공하다(五蘊皆空)'고 보기 때문입니다. 그러니 생이 없을 수밖에 없고 죽음 또한 없다고 보는 것입니다. 따라서 열반을 사후 세계로 생각하는 건 착각인 거지요. 이러한 초기불교의 열반관은 대승불교에서도 그대로 이어집니다.

2) 대승경전을 통해 본 열반

붓다의 사후와 관련하여 『소승열반경』에서는 붓다께서 돌아가시게 된 과정, 돌아가실 때의 광경, 장례 다비 장면, 유골을 나누어서 탑을 만드는 이야기 등 주로 역사적 사실에 관한 이야기를 전하고 있습니다. 이와 같이 석가모니의 죽음을 인간적인 관점으로 해석한 『소승열반경』

---

[100] 『雜阿含經』 34권 T, Vol2. 248bc.

6권을 대승의 입장에서 재해석한 것이 40권 『대승열반경』이라 할 수 있습니다. 『소승열반경』이 붓다께서 돌아가신 사실을 중심으로 기술했다면, 『대승열반경』은 붓다께서 열반하심에 대한 의미를 철학적, 종교적으로 해석한 것입니다. 대반열반(mahā-pari-nirvāṇa)은 '크다'의 의미를 지닌 'mahā'와 '원만히, 온전히'라는 뜻인 'pari'와 열반인 'nirvāṇa'의 합성어로 '온전히 열반에 드셨음'을 의미합니다. 즉 부처님은 단순히 돌아가신 것이 아니라 온전한 삶에 드셨다는 것입니다. 여기서 말하는 온전한 삶이란 상락아정常樂我淨의 사덕四德을 갖춘 상태를 말합니다. 여기서 '상常'이라 함은 시공을 초월하여 더 이상의 생주이멸生住異滅의 변화가 없는 상태를 말하며, '낙樂'은 번뇌가 다하여 괴로움과 즐거움을 모두 떠난 진정한 즐거움의 세계를 뜻합니다. 또 '아我'란 거짓 자아의 망상에서 해방된 상태를 말하며, 마지막으로 '정淨'이란 염오染汚에 덮힌 생사 세계를 여읜 청정한 세계를 의미합니다. 이와 같이 사덕四德을 갖춘 상태로서의 열반이 무위열반無爲涅槃으로서 대승불교에서는 이를 최상의 목표로 삼고 있습니다.

28품으로 구성된 『법화경』에서는 1장~14장까지를 적문迹門이라 하여 시간에 따라 깨달아가는 부처의 과정을 다루고 있으며, 15장~28장까지는 본문本門이라 하여 시간을 초월한 영원한 존재인 부처에 대해 언급하고 있습니다. 본문에서는 붓다를 한 시대를 살다가 역사 속으로 사라져간 존재로 보기보다 시공을 넘어선 궁극의 차원에 머무는 존재, 곧 영원한 법신불로 그리고 있습니다. 즉 석존께서 80세의 생애를 마친 후 열반에 드셨지만, 부처님께서는 다만 육체만 사라졌을 뿐 늘 우리 곁에 계시면서 무한한 자비를 베푸신다고 보는 것입니다.

이러한 법신불 신앙은 『법화경』에 기반을 두고 있습니다.

『법화경』을 소의경전으로 삼는 천태종은 '적문'에 중점을 두고 점수漸修를 통해 일념삼천一念三千 세계의 경지를 깨달아감을 강조해 왔습니다. 이에 반해 일본의 니치렌종(日蓮宗)은 본문 사상을 중심으로 법화창제法華唱題 신앙을 중요하게 여겨 왔습니다. 법화창제 신앙이란 『법화경』 안에 모든 진리가 숨어 있기에, 우리가 다만 그 제목을 제창하기만 해도 부처님의 공덕을 자연스레 받게 된다고 믿는 것입니다. 일념삼천을 알지 못하는 중생도 부처님께서 '묘법연화경'이란 5자 속에 일념삼천 세계를 담아주셨기에, 일념으로 '나무묘법연화경(南無妙法蓮華經, 일본어로 나무묘호렝케쿄)'만 읊으면 부처님의 가호를 얻을 수 있다는 것이지요.

틱낫한 스님은 적문과 본문의 성격에 따라 『법화경』을 역사적 차원과 궁극적 차원으로 나누어 설명하였습니다.[101] 역사적 차원은 시작과 끝, 탄생과 죽음이 있기에 파도에 비유했고, 궁극적 차원은 물에 비유했습니다. 파도의 속성이 그러하듯 우리의 일상적인 삶도 높거나 낮음, 혹은 길거나 짧은 상대적 개념들에 예속되어 살아갑니다. 이렇듯 우리는 상대적 세상 속에서 고통을 만들며 일상을 살아갑니다. 파도는 애쓰지 않아도 이미 물로서 존재하듯 역사적 차원 안에 이미 궁극적 차원이 있는 것입니다. 이렇게 볼 때 우리는 '지금 여기'라는 역사적 차원을 살아가면서 동시에 그 세계를 넘어선 궁극적 실재 차원에서도 살아가는 것이라 할 수 있습니다. 이와 같이 우리가 '지금 여기'에서

---

[101] 틱낫한 스님은 『법화경』 1~10장, 12~14장을 역사적인 차원으로, 11장, 15~19장, 22장은 궁극의 차원으로 나누어 설명했다.

궁극적 실재 안에 머무르려면 어떻게 해야 합니까?

틱낫한은 '마음집중(mindfulness) 수행'을 통해 우리도 궁극적 차원을 지금 여기에서 경험할 수 있다고 가르칩니다. 예를 들어 걸음에 마음을 집중하는 행선行禪 수행은 그 좋은 예입니다. 행선이란 어디를 가기 위한 걸음이 아니라 '걷기 위한' 걸음, 곧 걷는 것 자체가 목적인 걸음을 말합니다. 우리는 보통 걸을 때 목적지를 정해놓고 걸어가는데 이때의 걸음은 어느 특정한 곳을 가기 위한 '수단'으로서의 걸음이지요. 그러나 수단으로서가 아니라 걸음 그 자체를 목적으로 삼는다면 우리의 걸음은 아주 달라집니다. 지금 이 순간 마음을 다해 걷기 명상을 하다 보면 일상에서 하는 일거수일투족이 모두 수행이 될 수 있음을 깨닫게 될 것입니다. 즉 먹는 행위나 씻는 행위를 통해서도 먹기 명상이나 씻는 명상이 가능하다는 것입니다.

『화엄경』에서는 우주법계에 광명을 비추는 대방광불의 몸에서 밝은 빛줄기가 흘러나와 그 빛으로 우주의 모든 영역을 비춘다고 합니다. 그 빛은 우리 내면에도 있어 깊은 명상에 들어가면 우리도 그 빛을 접할 수 있습니다. 『화엄경』「여래출현품如來出現品」은 「십지품」, 「입법계품」과 함께 화엄가들이 중시하는 품입니다. 거기에는 화엄교학의 핵심 교의인 '화엄성기華嚴性起' 사상이 들어 있습니다. 화엄성기에서 '화엄'이란 보살 만행으로 대방광불의 세계를 장엄한다는 뜻이며, '성기性起'란 우리의 '성품인 여래성이 드러남'을 의미합니다. 그래서 화엄세계에서는 모든 존재를 대방광불인 비로자나불의 화현이라고 봅니다. 곧 개개 존재가 여래의 지혜인 여래성품을 그대로 드러내는 존재라는 거지요. 이를 여래성기如來性起라고 하는데 이는 '여래의 성품이 그대로 일어난다'라는 의미입니다. 여래성이란 대승불교에서 말하는 불성과도 일맥상통한다고 볼 수 있습니다. 이처럼 화엄세계에서는 모든 존재가 비로자나불의 화현 아님이 없습니다. 이런 관점은 '중생이 곧 부처'라는 선불교적 표현과도 통한다고 볼 수 있습니다.[102]

「입법계품」에 보면 선재동자의 구도여정이 나옵니다. 그는 문수보살에서 보현보살에 이르기까지 53인의 선지식을 만나 해탈법문을 듣습니다. 그는 보현보살을 만나 보현행을 실천키로 서원하면서 깨달음의 여정을 마무리 짓습니다. 그러나 선재동자의 순례는 다른 의미에서 계속된다고 볼 수 있습니다. 그건 선재의 깨침이 아직 완성되지 않았다는 의미가 아니라, 진정한 깨달음이란 한 번의 깨침으로 끝나는 것이 아니고 그 깨침을 계속 살아내는 데 있다고 보기 때문입니다. 깨친 후에 닦음이란 비록 깨쳤지만 몸의 습기가 완전히 제거된 것이 아니기에 끊임없이 자기 닦음이 필요하다는 것입니다. 이 닦음에서 중요한 건 자비행의 실천이라 할 수 있습니다.

3) '지금 여기'에서 열반을 살다

일본 조동종의 창시자인 도겐(道元)의 『정법안장正法眼藏』 중에 「유시有時」권이 있습니다. 유시란 도겐의 독자적인 표현으로 '존재시간'을 의미합니다. 즉 존재를 떠난 시간은 없으며 시간을 떠난 존재 또한 없다는 것입니다. 다시 말해 시간이란 존재에 즉해서 있다는 뜻입니다. 이런 관점에서 과거나 미래는 관념적 시간일 뿐, 실재 시간이 아니라고 할 수 있습니다. 존재는 '지금 여기'에 있으며 바로 그 존재와 더불어

---

[102] 해주, 『화엄의 세계』, 민족사, 1998, 18쪽.

있는 존재시간만이 참 시간이라 할 수 있습니다. 도겐은 이를 유시현성
有時現成, 금현성今現成, 유시이금有時而今이라고 합니다.[103]

『정법안장』「유시有時」에 보면 "시간 속에 있는 존재는 다른 어떤
것과도 바꿀 수 없는 그만의 고유성을 지니고 있다"고 합니다. 즉
"땔감은 땔감의 법위法位가 있고, 재는 재의 법위가 있다"는 것입니다.[104]
우리는 보통 시간을 인과관계로 보기 때문에 "땔감이 변해 재가 된다"고
생각합니다. 땔감과 재의 관계에 연속성이 있다면 재는 다시 땔감이
되어야 할 것입니다. 그러나 재가 다시 땔감이 될 수는 없습니다.
양자 간에 전후관계가 있긴 하지만 연결의 흔적은 없습니다. 그래서
도겐은 "땔감은 땔감의 때가 있고, 재는 재의 때가 있다"고 한 것입니다.
이와 같이 땔감은 땔감의 법위가 있고, 재는 재의 법위가 있듯이 모든
존재에는 각각의 법위가 있습니다. 이런 점에서 어떤 존재든 어느
한 순간에도 같은 존재로 있을 수는 없습니다. 마치 영화가 우리 눈에는
연속적으로 보이지만 그것이 각각 다른 필름의 연속이듯, 존재도 전前
존재와 후後존재 간에 간극이 있습니다. 봄은 봄이고 여름은 여름이지,
봄이 여름이 되는 것은 아니라는 것입니다.

이러한 존재시간(有時)에서 우리는 '지금 여기'의 의미를 더 깊이
깨닫게 됩니다. 존재시간에 깨어 산다는 것은 '지금 여기에 마음을
두고 사는 것'에 다름 아닙니다. 불교 명상의 핵심이라 할 수 있는
정념의 '념念'은 지금(今) 여기에 마음(心)을 두는 것이라 할 수 있습니

---

103 여기서 말하는 현성이란 바로 지금 여기에 존재의 드러남을 의미한다.
104 道元,「現成公案」『正法眼藏』上, 36쪽. "しるべし、薪は薪の法位に住して、さき
ありのちあり。前後ありといへども、前後際斷せり。灰は灰の法位にありて"

다. 그러나 지금 여기에 마음을 다해 산다는 것이 말처럼 쉽지는 않습니다. 우리는 일상 속에서 온갖 생각과 상념에 빠져 살아가고 있기 때문입니다. 보통 우리는 자신이 지금 여기에 살고 있다고 생각하지만, 몸은 여기에 있어도 마음은 과거나 미래에 머무는 경우가 많습니다. 이미 지나가고 아직 오지 않은 허상의 시간 속에서 우리는 얼마나 많은 삶을 허비하며 살아가고 있는지요?

어떤 사람이 부처님께 물었습니다.

"부처님과 제자들은 어떤 수행을 하십니까?"

"우리는 앉거나 걷거나 먹습니다."

"그건 누구나 다 하는 것이 아닙니까?"

"누구나 다 하는 것 같지만, 앉을 때 앉아 있음을 알아차리고, 걸을 때 걷고 있음을, 먹을 때 먹고 있음을 알아차리진 못합니다."

붓다께서 말씀하신 '수행'과 우리가 일상에서 하는 '행위' 간에 차이가 있다면 붓다의 수행에서는 걷거나, 앉거나, 서거나, 눕는 것 그 자체에 마음을 다한다는 것입니다. 이처럼 지금 여기에 마음을 다할 수 있을 때 비로소 우리는 사물의 본질을 꿰뚫어보게 되고 그것을 통해 고통에서 해방될 수 있을 것입니다.

5. 나오면서

지금까지 하느님 나라와 열반에 대해 살펴보았습니다. '하느님 나라와 열반'에서 공통점을 찾는다면 양쪽 모두 이원론을 극복한 세계라는 점입니다. 이는 세간과 초세간이라는 공간적 간격, 역사와 초역사라는 시간적 간격을 넘어선 세계로서 '지금 여기'에서 드러난다는 것입니다. 그러나 양 세계관에는 차이점 또한 없지 않습니다. 예수께서 말한 하느님 나라에는 '현재와 미래' 간의 시간적 역동성이 있기 때문입니다. 이와 같이 하느님 나라는 시간적 역동성이 강조되는 데 반해, 불교의 열반은 현재성이 강합니다. 물론 불교에도 유여有餘 열반 외에 사후 세계인 무여無餘 열반이 있긴 하지만, 원시불교에서 대승불교에 이르기까지 사후 열반보다 '현생 열반'의 의미가 강하게 전해져온 것이 사실입니다. 곧 니르바나의 세계는 '지금 여기'에 있기에 멀리서 니르바나를 찾을 필요가 없다는 것입니다. 우리는 몸을 통해 니르바나를 경험할 수 있기 때문입니다. 여기서 말하는 몸이란 우리의 육체만이 아니라 우리 주위에 있는 모든 것, 곧 물질(色), 감각(受), 지각(想), 의지(行), 의식(識)을 포함한 세계를 의미합니다. 파란 하늘이나 우리가 딛고 서 있는 이 대지 역시 우리의 몸입니다. 이와 같이 존재하는 모든 것이 나의 몸임을 자각할 때 우리에게 죽음은 사라지게 되겠지요. 티엔 호이Thien Hoi라는 베트남 선사의 다음 말씀은 생生도 사死도 없는 세계에 대해 잘 표현해주고 있습니다.

> 헝겊 조각 하나를 태우더라도 그것은 그저 무로 돌아가는 것이 아닙니다. 그것은 우주 속의 열기로 바뀌는 것입니다. 그것은 연기로 바뀌어 하늘로 올라가 구름의 일부가 됩니다. 그것은 재가 되어 땅에 떨어졌다가, 내일 다시 나뭇잎이나 풀잎이나 꽃이 되어 나타납니다. 이처럼 연속성만 있을 뿐입니다.[105]

---

[105] 같은 책, 39쪽.

이렇듯 태어남도 죽음도 없는 세계가 바로 생사의 세계 속에 있으며, 이것을 깨닫는 그 자리가 바로 니르바나의 세계입니다.

제7강 믿음의 길

1. 초기불교에서의 믿음

불가에서도 '신해행증信解行證', 곧 올바로 믿고, 이해하고, 행하고, 깨닫는다고 하여 '믿음'을 강조해 오고 있습니다.[106] 고대 산스크리트어로 믿음의 의미를 담고 있는 것으로 쉬랏다śraddhā, 프라사다prasāda, 아디묵티adhimukti를 들 수 있습니다. '쉬랏다śraddhā'는 '믿다, 한결같

---

[106] 여기서 말하는 '해解'는 지적인 이해를 넘어 정견正見, 곧 바른 견해를 갖는 것이다. 이것은 믿음(信)과 불가분의 관계를 지니고 있어 해신解信 혹은 신해信解로 표현되곤 한다. 지눌은 깨달음과 수행의 관계를 성적등지문惺寂等持門, 원돈신해문圓頓信解門, 경절문徑截門의 세 관문으로 설명한 바 있다. 그중 원돈신해문에서 말하는 '신해信解'는 불법의 가르침에 대한 정견과 그 가르침에 대한 믿음(信) 간에 상호 역동적 관계가 있으며 이를 통해 깨달음에로 나아간다는 것이다. 그래서 영명 선사도 "믿기만 하고 이해하지 않으면(信而不解) 무명이 점점 커지고, 이해하기만 하고 믿지 않으면(解而不信) 잘못된 생각이 더욱 자란다"고 말한 바 있다.

다, 확신하다'라는 뜻의 동사 어근 'śrat'에 '지지하다, 받치다, 간직하다' 라는 뜻의 어미 'dhā'가 결합하여 신념을 간직하고 한결같이 믿는 확고한 상태를 뜻합니다. 또한 프라사다prasāda는 전치사 'pra'와 '가라 앉다' 또는 '앉다'라는 뜻의 동사 어근 'sād'가 결합하여 '확고한 상태'를 의미하며 정신淨信이라 번역됩니다. 또 아디묵티adhimukti는 전치사 'adhi'에 '놓여나다', '해탈하다'라는 뜻의 동사 어근 'muc'이 결합하여 신뢰, 신념이라는 뜻으로 해신解信이라고 번역되지요. 이렇게 볼 때 불교의 믿음은 '확고한 신념을 갖고 깨끗하고 평온하며 자유로운 상태에 머묾'을 뜻함을 알 수 있습니다. 바로 이러한 믿음이 불교의 수행과 깨달음의 근저가 되어온 것입니다.

그리스의 '밀린다'라는 왕과 '나가세나'라는 불교 학승이 대화를 나눈 『밀린다 팡하』에서는 '믿음'에 대해 다음과 같이 말합니다. "믿음은 더럽혀진 물을 맑게 해주는 마니주와 같아 믿음을 내면 다섯 가지 장애(五蓋)인 탐욕, 성냄, 나태, 근심, 의심을 쳐부수어 마음을 맑고 깨끗하게 해준다." 또 공사상을 확립한 나가르주나도 『대지도론大智度論』에서 "불법의 큰 바다는 믿음을 가져야 들어갈 수 있다. 만약 사람이 마음 가운데 믿음이 있어 맑고 깨끗하면 이 사람은 능히 불법에 들어갈 수 있지만 믿음이 없다면 불법에 들어갈 수 없다"고 말한 바 있습니다.[107] 이와 같이 불교는 초기부터 믿음을 부처님의 가르침에 들어서는 첫 관문일 뿐 아니라 수행과 불가분의 관계를 지닌 것으로 여겨 왔습니다.

부파불교의 설일체유부나 대승불교의 유식유가행파의 교학에서도

---

107 박성배, 윤원철, 『깨침과 깨달음』, 예문서원, 2003, 63쪽 참조.

같은 맥락으로 믿음에 대해 말하고 있습니다. 『아비달마장현종론』·『대승아비달마집론』·『대승광오온론』에 나오는 내용을 종합할 때 믿음은 선업善業·과果·사성제와 삼보와 잘 계합하고 따르는 청정의 상태를 바라고 구하는 것으로 볼 수 있습니다. 그렇다면 불교에서 믿음의 상태란 선한 욕구나 즐거이 구하는 욕구가 더욱 지극해지는 상태라 할 수 있습니다. 여기서 우리는 왜 불교 수행에서 그렇게 믿음이 강조되는지 이해할 수 있습니다. 그것은 곧 자기 마음의 청정성을 믿고 그 청정성을 지키거나 더욱 투명하게 하는 것이 수행의 시작이요 마침이기 때문입니다. 부파불교나 유식에서 말하는 믿음에 관한 가르침을 보면 믿음은 모든 선善한 마음과 항상 함께 일어나는 마음을 맑고 깨끗하게 하는 마음작용(心所法)이며, 불법佛法의 대해大海로 들어가는 첫걸음인 마음작용이라 할 수 있습니다. 이러한 부파불교와 대승의 유식에서의 믿음관이 대승불교에 와서 어떻게 정착되어 왔는지 살펴보겠습니다.

2. 대승불교에서의 믿음

1) 『화엄경』과 선불교에서의 믿음

대승불교에서 믿음의 문제를 다룬 중요한 논서로 『대승기신론大乘起信論』을 들 수 있습니다.[108] 『기신론』은 그 제목이 시사하듯이 '완전한 깨달음에 이르기까지 여러 수행 과정에서 어떻게 이 믿음을 완성시킬 것인지'를 말하고 있습니다. 『기신론』의 저자로 알려진 마명馬明은

---
108 이후로는 『대승기신론』을 『기신론』으로 줄여 사용함.

글 첫머리에 이 글을 짓게 된 이유를 다음과 같이 밝혔습니다. "이는 중생들로 하여금 의혹을 없애고 그릇된 집착을 버려서 대승의 올바른 믿음을 일으키고, 그리하여 부처의 씨앗이 끊이지 않도록 하기 위함이다."[109] 『기신론』의 주석서 『기신론소疏』를 저술한 원효元曉는 『기신론』의 제명題名을 해석하는 글에서 '대승大乘'과 '기신起信'을 논론의 체용體用 관계로 설명하고 있습니다.[110] 즉 대승은 체體에, 기신은 용用에 해당된다는 것입니다. 『기신론』에서 대승大乘은 중생심이면서 동시에 일심一心이라고도 합니다. 일심은 더러운 것(染)과 깨끗한 것(淨) 등 모든 존재 현상을 통섭統攝하는 것으로 '모든 세간법世間法과 출세법出世法을 포괄한다'는 의미를 내포하고 있습니다. 이러한 일심이 사실은 중생심이라는 믿음을 불러일으키는 것(起信)이 중요하다는 것입니다.

중생심이 곧 일심이라는 믿음을 불러일으키는 것을 발심發心이라고 하는데, 『기신론』에서는 발심과 관련하여 부정취不定聚, 사정취邪定聚, 정정취正定聚라는 삼정취三定聚에 대해 말하고 있습니다. 부정취는 신심을 갖긴 했으나 의지 면에서 언제나 퇴행할 수 있기에 신심도 퇴행할 가능성을 안고 있는 무리를 말합니다. 이러한 부정취에 속하는 무리는 예수께서 말씀하신 씨 뿌리는 비유에서 돌밭에 뿌려지거나 길에 떨어지게 되어 열매 맺지 못하는 경우에 비길 수 있습니다. 이에 반해 정정취의 무리들은 한 번 발심하면 이를 끝까지 유지하는 무리입니다. 이같이 '불퇴신의 믿음'을 지닌 정정취는 반드시 성불할 수 있다고 봅니다. 따라서 깨닫고 못 깨닫고는 '믿음을 끝까지 지니는가, 아닌가'

---

[109] "爲欲令衆生 除疑捨邪執 起大乘正信 佛種不斷故."
[110] 대승은 『기신론』의 종체宗體라 하고, 기신은 『기신론』의 기능機能이라 함.

에 달려 있다고 봅니다. 이는 믿음이 깨달음의 과정에서 얼마나 소중한 것인지를 잘 보여줍니다.

『화엄경』에서는 믿음을 "도道의 근원이요, 공덕의 어머니이니 모든 좋은 일을 키워주고 모든 의혹을 끊어주며 최고의 도道를 일으키고 드러내 보여준다"고 합니다.[111] 이렇듯 믿음을 강조한『화엄경』에는 보살의 수행 과정을 52단계로 나누었는데 그중 처음 10단계가 믿음의 10단계인 십신十信입니다. 그 다음은 믿음을 확고히 다지는 10단계인 십주十住인데 이때 초주初住가 발심주입니다. 이렇듯 깨달음에 나아가기 위한 첫걸음인 보리심을 일으키는 발심은 믿음으로 인해 생겨난다는 것입니다. 이어서 10가지 닦음인 십행十行이 나옵니다. 여기까지는 자기 자신의 깨달음을 위한 것이고, 그 이후는 자리이타自利利他에서 이타利他 수행으로 자신이 쌓은 공덕을 중생에게 돌리는 10가지 단계인 십회향十回向입니다. 그 다음에는 보살의 경지를 10단계로 나눈 십지十地이고, 마지막 단계가 부처의 깨침과 거의 같은 단계인 등각等覺과 묘각妙覺입니다.

여기서 주목할 것은 초발심시방등정각初發心時方等正覺, 곧 수행 과정의 첫 단계인 '발심'했을 때가 곧 정각을 이루는 때라는 것입니다. 어떻게 처음 발심할 때가 궁극적인 깨달음인 정각正覺과 다르지 않다는 겁니까?『화엄경』에서는 초발심初發心을 '물러서지 않는 마음'인 불퇴심不退心이라고 합니다. 여기서 말하는 물러서지 않는 마음이란 자신이 본래 부처임을 믿는 마음입니다. 따라서 자신이 본래 부처임을 의심하

---

111 같은 책, 65쪽 참조.

는 마음은 퇴심退心이고, 의심을 버리고 자신의 본래성을 굳게 믿는 마음이 바로 불퇴심인 것입니다. 이렇게 본다면 결국 믿음 없이는 깨달음으로 나아가기는 어렵다는 의미가 되겠습니다.

『화엄경』「입법계품」은 발심한 선재동자가 깨달음을 향해 가는 구도의 길을 보여주고 있습니다. 그는 그 여정에서 53명의 선지식을 만나는데 그중에는 일반적으로 생각하는 스승상이 아닌 사람도 있습니다. 그러나 선재동자는 한 치의 의심도 없이 그 모든 이의 가르침을 따라 실천하여 성불하게 됩니다. 이와 같이 선재동자가 자신이 만난 모든 사람을 부처와 보살로 믿고 그 가르침을 따라 실천하여 깨달을 수 있었던 것은 그가 지녔던 '믿음' 때문입니다. 즉 그는 초발심을 끝까지 유지했기 때문에 정각을 이룰 수 있었던 것입니다.

지눌(知訥, 1158~1218) 역시 원돈신해문을 통해『화엄경』에서 말한 보살도 수행의 '초위初位'가 선불교의 궁극적 깨달음인 '정각正覺'의 자리임을 다시금 강조하고 있습니다. 이를 통해 지눌은『화엄경』과 선종의 가르침이 하나임을 알리고자 했습니다. 지눌이 이러한 자각을 하게 된 데에는 중국의 화엄학자인 이통현(李通玄, 646~740)의 영향이 컸습니다. 이통현은『신화엄경론新華嚴經論』에서 십신十信 가운데에 첫 단계인 초신初信, 곧 처음 믿음을 일으키는 단계에 관해 다음과 같이 말합니다.

십신의 단계에서 자기의 몸이 곧 부처의 몸과 똑같으며, 인因과 과果가 별개가 아니라는 믿음을 이루지 못한다면, 그런 사람은 결코 신해信解를 성취하지 못한다.[112]

이와 같이 믿음을 강조한 이통현은 처음 믿음을 일으킬 때 다음 세 가지를 깨달아야 한다고 말합니다. 첫째는 자기의 몸과 마음이 곧 법계法界와 다름없음을 깨달아야 하고, 둘째는 자기의 몸과 마음의 분별지성이 본래 주객의 구별 없는 부동지불不動之佛임을 알아야 하고, 셋째는 정正과 사邪를 분별하는 자기 마음의 묘한 지혜는 곧 문수사리文殊舍利의 지혜임을 깨달아야 한다는 것입니다. 즉 중생의 신심身心이 곧 부처이고 문수사리이며 법계法界임을 깨닫는 것을 믿음의 전제조건으로 본 이통현의 가르침을 통해, 지눌은 『화엄경』과 선종에서 말하는 믿음이 다르지 않음을 깨달았습니다. 당시 지눌이 살았던 고려시대 말기에는 교종과 선종 간의 알력이 있었는데, 지눌은 깨달음을 통해 이러한 알력을 풀 수 있는 해결책을 발견한 것입니다. 그것은 이통현을 통해 선종의 가르침과 교종(華嚴經)의 가르침이 다르지 않음을 자각했기 때문입니다.

선종의 초조初祖인 보리달마도 『이입사행론二入四行論』에서 믿음에 대해 언급하고 있습니다. 보리달마는 깨달음을 얻는 길을 크게 이입二入으로 설명했는데, 이입理入과 행입行入[113]이 그것입니다. 여기서 말하는 이입理入은 부처님의 진리로 들어감을 의미하는데 범부나 성인이나 모두 똑같은 자성을 지녔음을 믿는 데에서 출발합니다.

이입理入이란 경전의 가르침으로 불교의 대의를 깨닫는 것이다. 모든

---

112 이 구절은 『신화엄경론』을 요약한 지눌의 『화엄론절요』에서도 인용되고 있다.
113 행입行入은 네 가지 실천인 보원행報冤行, 수연행隨緣行 무소구행無所求行, 칭법행稱法行을 말한다.

중생이 범인이나 성인도 모두 똑같은 진성을 가지고 있다는 사실을 심신深信하라. 다만 범부는 객진에 뒤덮여져서 그러한 진성을 밝히지 못할 뿐이다.[114]

여기서 믿음이란 진성眞性, 곧 불성에 대한 믿음을 말하며 선 수행은 바로 이러한 믿음에 바탕을 두고 있습니다. 선종의 3대 조사인 승찬도 『신심명信心銘』에서 믿음에 대해 다음과 같이 말합니다. "믿는 마음은 둘이 아니며, 둘이 아닌 것이 곧 믿는 마음이다(信心不二 不二信心)."[115] 즉 믿는 것도 마음이요, 믿을 대상도 마음이라는 것입니다. 이는 성철 스님께서 하신 다음 말씀과도 깊은 상관관계가 있습니다.

진여법계를 신심으로 깨닫는다. 이 신심은 범부에서부터 부처가 될 때까지 모두 신심뿐이니 이는 신해행증信解悟證을 겸한 신심이다. 그러므로 신심은 불법진여의 근본으로서 둘이 아니며 '둘 아님이 신심' 이다.[116]

2) 정토불교의 믿음

지금까지 우리는 원시불교에서 선불교에 이르는 믿음에 대해 살펴보았습니다. 대승불교에는 선불교뿐 아니라 아미타불 신앙에 기초한 정토종도 있습니다. 선불교는 수행을 통한 깨달음을 지향한다는 점에서

---

[114] 정성본, 『선의 역사와 사상』, 불교시대사, 1999, 159쪽.
[115] "信心不二 不二信心 言語道斷 非去來今."
[116] 성철, 『백일법문(상)』(성철스님법어집), 장경각, 1992, 64쪽.

자력 신앙이라면, 정토불교는 아미타불에 대한 타력 신앙이라 할 수 있습니다. 그러기에 정토종 신앙을 자력으로 깨달음을 추구하기 어려운 근기가 낮은 이들의 신앙으로 보는 경향이 있습니다. 그것은 정토종이 염불을 중심으로 하고 있다고 보기 때문입니다. 그러나 사실 정토종에서 염불보다 더 중시되어온 것은 '아미타불 신앙'입니다. 정토종 안에서도 특히 신앙을 강조한 인물로 일본 정토진종의 창시자인 '신란(親鸞)'을 들 수 있습니다.[117] 그의 아미타불 신앙은 자신의 죄악성에 대한 철저한 자각에서 비롯되었는데, 이는 그가 86세 때 지었다고 하는 「우독비탄술회愚禿悲嘆述懷」에 가장 잘 나타나 있습니다.

(나는) 정토진종淨土眞宗에 귀의했건만
진실한 마음은 얻기 어렵고
허가부실虛假不實한 나에게는 청정淸淨한 마음이란 없구나.
겉으로는 현명하고 선하고 정진하는 것처럼 보이지만
탐욕과 노여움과 거짓이 많으니
간사함이 가득 찼도다.
악한 성품은 실로 그치기 어려워
마음이 뱀과 전갈과 같다.
선을 닦는 것도 독에 섞여 잡스러우니
허가虛假의 행행이로구나.
무참무괴無慙無愧의 몸으로서
진실한 마음이 없지만

---

117 신란의 사상은 불교 안에도 절대타력 신앙이 있음을 보여준다.

미타彌陀가 존귀한 이름을 회향廻向하신 즉
공덕功德이 시방十方에 가득하도다.[118]

이와 같이 자신의 죄악성을 깊이 자각한 신란은 신심 또한 자신이 직접 내기 어렵기에 신앙마저 아미타불께서 주신 선물로 보았습니다. 거짓되고 이기적인 욕망으로 가득 찬 우리는 참된 신심을 내기조차 어렵기에, 신심마저도 아미타불의 진실된 마음이 우리에게 회향되었다는 것입니다. 신란 이전에 활동했던 호넨(法然)도 아미타불의 본원에 대한 신심이 강했지만, 그는 염불행을 강조했으므로 자력적인 측면이 남아 있다고 볼 수 있습니다. 그러나 신란에 와서 염불은 물론 신심마저도 아미타불로부터 회향되었다고 봄으로써 자력적인 면이 완전히 사라지고 만 것입니다.[119]

여기서 정토종과 선종을 비교할 때 정토종 역시 선종과 마찬가지로 불퇴전의 믿음을 무엇보다 중시하고 있다는 것입니다.[120] 『아미타경』에

---

[118] 『正像末和讚』, 『全集』 II, 527쪽.
[119] 신란이 말한 것처럼 신심마저 그 주체가 아미타불이라면 과연 어느 누가 자기 구원에 대한 확신을 가질 수 있는지는 의문이다.
[120] 지눌의 저서로 알려진 『진심직설眞心直說』에 보면 믿음을 다음 두 가지로 설명하고 있다. 하나는 조신祖信이고, 다른 하나는 교신敎信이다. 조신祖信이란 조사祖師들이 지녔던 믿음이고, 교신敎信은 경전에 대한 믿음을 말한다. 교신이란 믿고, 이해하며, 실천하고, 확증하는 교행신증敎行信證의 과정을 따라 닦으면 부처가 될 수 있다는 가능성에 대한 믿음이라 할 수 있다. 즉 교신의 근저에는 '나는 아직 부처가 아니라'는 의미가 함축되어 있다. 지눌은 부처가 될 가능성에 대한 믿음만 가지고는 궁극적인 깨달음을 얻을 수 없다고 보았기에, 참된 믿음은 교신이 아니라 '내가 부처'임을 굳게 믿는 조신祖信이라고 보았다. 조신의 기준은 불퇴신이냐 퇴신이냐에 달려

서 정토왕생은 불퇴전의 믿음인 정정취를 지닐 때 가능하다고 봅니다. 신란에 의하면 아미타불의 서원에 대한 믿음을 일으키는 그 순간이 바로 불퇴전의 정정취가 된다고 말합니다.[121] 이와 같이 정토종에서도 불퇴전의 믿음을 통해 정정취의 상태를 이룬다고 본 것은 선종과 정토종이 믿음의 측면에서 일치하고 있음을 말해줍니다.

2. 그리스도교의 믿음

1) 성부 하느님

그리스도교 교회에서는 '삼위일체'라는 표현을 통해 신앙하는 믿음의 실재에 대해 말해 왔습니다. 삼위일체 교의는 오랜 교회 역사를 통해 그리스도교 교회 안에 정착된 것이라 할 수 있습니다. 이 교의는 한 분이신 하느님을 세 위격으로 표현한 것으로 창조주 하느님, 예수, 성령 모두 하느님의 다른 이름임을 교회가 공적으로 인정한 것입니다.

세상을 창조하신 창조자로서 표상되는 성부 하느님은 우주의 시작이요, 마침이며, 영원의 근원이고, 제1원인이며, 최종 목적인 실재이고, 만물의 근원이며, 목적 유일하신 분, 진리이신 분, 전능하신 분이라는 것입니다. 그러나 사실 이러한 수식어들은 하느님의 초월성에 기반을 둔 것들이기에 하느님은 근접하기 어려운 분이라는 인식을 갖게 만들 수 있습니다. 사실 교회가 채택한 이러한 언어적 표현은 당대의 사고

있다. 다시 말해 조신과 교신은 불퇴전의 믿음이냐 아니냐로 구분된다고 볼 수 있다.

[121] 같은 책, 188쪽 참조.

안에서 형성된 것들입니다.

　이렇게 볼 때 시대가 변천하면 그 시대에 맞게 표현도 바뀔 필요가 있습니다. 그러나 오늘날까지 대부분의 교회 언어는 화석처럼 굳어져 내려온 경우가 많습니다. 중세적 교회 언어가 오늘의 상황을 담지 못한다면 하느님은 결국 이 시대 이 땅과는 동떨어진 존재가 되어 버릴지도 모르겠습니다. 이런 점에서 예수께서 하신 다음 말씀은 시사해주는 바가 큽니다. "새 포도주를 헌 가죽 부대에 담지 않는다. 그렇게 하면 부대가 터져 포도주는 쏟아지고 부대도 버리게 된다. 새 포도주는 새 부대에 담아야 한다."(마태 9,17) 우리에게는 오늘 이 시대를 담을 수 있는 새로운 언어 부대가 필요합니다.

　성부 하느님과 관련하여 표현된 신앙 언어를 보면 대개 하느님을 초월적인 분으로 표현해 왔습니다. 이에 대해 본회퍼는 하느님의 초월성은 '저 위'나 '초자연적'이라는 의미가 아님을 주장한 바 있습니다. '저 위'라고 한다면 비참한 지옥과는 거리가 멀게 되고, '초자연'이라고 한다면 자연과는 거리가 먼 것이 되어 버립니다. 그러나 하느님은 저 위만이 아니라 저 밑에도 계시고 자연을 포함한 삼라만상 안에 계신다는 것입니다. 그래서 하느님을 초자연적인 존재로 생각하는 것은 이제 그만두어야 한다고 합니다.

　'저 위에 있는 신'이라는 이미지는 현대과학을 통해 이미 무너진 지 오래되었지만, 그럼에도 불구하고 여전히 많은 이들의 마음속에 남아 있습니다. 틸리히는 신의 초월성은 신이 하늘 저쪽에 존재하는가 그렇지 않는가의 문제가 아니라, 존재의 깊이가 실재인가 환상인가의 문제라고 봅니다. 즉 신의 초월성을 어떤 초월적인 세계에서가 아닌,

이 세상 안에서 보고자 한 틸리히는 '저 위'라는 개념을 '저 깊은 곳', 다시 말해 우리 삶의 중심으로 되돌려 놓아야 한다고 주장합니다. 다시 말해 신의 초월성은 '높이'가 아니라 '깊이'에 있다는 것입니다. 이러한 시각은 요한복음사가가 "하느님은 사랑"이라고 본 것과 맥을 같이 합니다. 이와 같이 성부 하느님을 저 하늘에서가 아니라 존재의 기반에서 찾고자 한다면 하느님의 초월성은 하느님의 내재성과 불가분의 관계를 지니고 있음을 알 수 있습니다. 틸리히는 하느님의 초월성을 우리 존재의 기반인 사랑과 연관 지어 설명하고자 하는데, 바로 이러한 해석이 하느님의 초월성을 하느님의 내재성의 관점에서 바라보는 관점이라고 봅니다.

2) 성자 예수

요한복음사가는 "외아들 외에 아무도 하느님을 알지 못한다"고 하는가 하면 "나를 본 사람은 곧 하느님을 본 사람이다"라고도 말합니다. 이 표현 속에는 인간으로서 범접하기 어려운 하느님께서 예수 그리스도를 통해 탈은폐되셨다는 의미를 내포하고 있습니다. 어떤 본질이 은폐되어 있을 때에 우리는 진실이 뭔지 알아내기가 쉽지 않습니다. 그리스도교에서는 감추어진 하느님께서 예수 그리스도를 통해 모습을 드러내셨다고 고백합니다. 즉 예수 그리스도야말로 하느님의 실재를 만날 수 있는 가장 분명한 통로라는 것입니다. 이와 같이 예수로 말미암아 '하느님께서 탈은폐되셨다'는 것은 구체적으로 무엇을 의미하는지 생각해 봅시다.

앞서 성부 하느님은 '사랑의 실재 자체'라고 했습니다. 따라서 예수로 말미암아 사랑 자체이신 하느님께서 탈은폐되셨다는 건 예수께서 바로 그 사랑의 실재임을 의미한다고 볼 수 있겠습니다. 다시 말해 예수의 실존 자체가 '사랑'이셨다는 것입니다. 그래서 그리스도교에서는 하느님께서 사랑 자체이심을 세상에 드러내기 위해 예수께서 이 세상에 오신 분으로 고백하는 것입니다. 예수께서는 죽기까지 하느님의 사랑을 보여주셨고, 하느님은 바로 그 예수를 부활시킴으로써 그분의 말씀과 행적 모두가 진리였음을 증명해주셨다고 그리스도교에서는 믿고 있습니다. 만일 부활 없이 예수의 생애가 죽음으로 끝났다면 그가 행한 모든 행적과 가르침은 하나의 해프닝으로 끝났을지 모르겠습니다. 그러나 그의 삶은 죽음으로 끝나지 않고 '부활'을 통해 새로운 생명으로 다시 살아났습니다. 그러기에 그리스도교 신앙은 예수 부활에서 시작됩니다.

성경은 부활이라는 엄청난 사건을 '빈 무덤과 그분의 발현 사건'을 열거하면서 전해주고 있습니다. 사실 성경이 제시한 예수 부활의 증거들은 부활 사건이 지닌 그 엄청난 무게감에 비해 얼마나 빈약하고 엉성한지요. 그러나 놀랍게도 부활한 예수를 만난 제자들은 그분이 정말 부활하셨다고 믿었고, 예수의 가르침과 행적 그 모두가 바로 하느님의 가르침이고 행적이었음을 깨닫게 되었다는 것입니다. 곧 그분의 존재와 실존 그 자체가 통째로 진리 자체였음을 부활 사건이 있고 나서야 깨닫게 된 것입니다. 이와 같이 예수를 통해 하느님이 누구이신지 그분의 실재를 체험케 된 제자들은 예수께 자신의 전존재를 걸었습니다. 부활한 예수를 만난 제자들은 모여 신앙 공동체를 이루었고 그것이 초기 그리스도교 공동체의 출발이 되었습니다. 이렇게 볼 때 예수 부활은 그리스도교 신앙의 핵심이 아닐 수 없습니다. 아니, 부활 사건은 그리스도교 교회가 하나의 신앙 공동체로 형성하게 된 계기요 그 출발점이라 할 수 있습니다. 그것은 예수 부활 사건을 중심으로 그리스도교는 예수와 연관된 모든 사건들-그분의 탄생, 가르침 고난과 죽음-을 새롭게 해석하게 되었고, 거기서 인간과 삼라만상의 생사의 의미를 해석하는 틀이 만들어졌기 때문입니다.

그런데 우리 중에 다음과 같은 물음을 던질 사람이 있을지 모르겠습니다. "예수의 생애를 통해 하느님이 누구이신지가 보다 분명해졌고, 또 하느님께서 죽기까지 당신께 순명하신 예수를 부활시키셨다고 합시다. 그런데 그것이 오늘을 사는 나와 도대체 무슨 상관이 있느냐"라고요. 이천 년 전에 일어난 일이 오늘을 사는 '나'에게 무슨 의미가 있느냐라는 이 질문은 우리로 하여금 '시간'의 의미에 대해 다시금 생각케 합니다. 그리스도교에서는 예수의 부활 사건을 종말에 이루어질 일이 앞당겨진 것으로 봅니다. 다시 말해 하느님의 종말론적 계시가 예수를 통해 '지금 여기'에서 구현되었다고 보는 것입니다. 이 표현은 많은 의미를 함축하고 있어 좀 더 설명이 필요하리라 생각합니다.

유대인들은 종말론적 의미로 '부활'을 기다리고 있었습니다. 그러한 하느님의 종말론적 계시가 예수 부활을 통해 현실 안에 구현된 것입니다. 다시 말해 이스라엘 백성의 희망이 예수를 통해 앞당겨진 것입니다. 이런 관점에서 그리스도교의 신앙을 갖고 산다는 것은 하느님께서 예수를 통해 미리 보여준 종말론적 부활에 동참함이라 할 수 있겠습니다. 이런 관점에서 그리스도인의 신앙은 현재성과 종말성을 함축하고 있다고 말씀드릴 수 있습니다.

3) 하느님의 영이신 성령

혹자들은 성령을 어떤 비밀스런 힘이나 초자연적인 능력인 양 여기는 경향을 띠고 있습니다. 그래서 성령의 은사를 받은 자는 마치 하느님의 특사인 양 생각하기도 했습니다. 사실 이러한 성령에 대한 견해는 그리스도교 전통을 무시하고 성경이나 하느님의 계시를 자기 식대로 해석하는 경향마저 낳았습니다.

구약성경에서는 하느님의 영을 모든 생명의 근원인 영으로 봅니다. 이런 점에서 성령은 창조의 영이라 할 수 있습니다. 창세기 1장 2절에서는 "어둠이 심연을 덮고 하느님의 영이 그 물 위를 감돌고 있었다"고 하는가 하면 창세기 2장 7절에는 "하느님께서 인간에게 생명의 숨(生氣)을 불어넣으시니 인간이 생명체가 되었다"고 합니다. 여기서 말하는 하느님의 영이나 생명의 숨이 바로 '성령'입니다. 하느님께서 흙으로 지음 받은 인간에게 당신의 영을 불어넣었다고 전하는 이 이야기를 통해 그리스도교는 인간 생명의 근원이 '하느님의 영'이라고 보고 있습니다.

창세기 1장에는 하느님께서 '말씀'으로 세상을 창조하셨다고 서술되어 있고, 2장에서는 인간에게 하느님의 숨, 곧 '생명의 영'을 불어넣으셔서 창조하셨다고 전합니다. 그렇다면 '하느님의 말씀'과 '생명의 영'은 어떤 관계인가요? 우리는 요한복음서 안에서 그 답을 발견할 수 있습니다. "한 처음에 말씀이 계셨다. 말씀은 하느님과 함께 계셨는데 말씀은 하느님이셨다."(요한 1,1) 이어서 "말씀이 사람이 되시어 우리 가운데 사셨다. 우리는 그분의 영광을 보았다. 은총과 진리가 충만하신 아버지의 외아드님으로서 지니신 영광을 보았다"(요한 1,14)고 말씀하십니다.

곧 창세기에 나오는 바로 그 하느님의 말씀이 육화되어 오신 예수 그리스도라는 것입니다. 이와 같이 요한복음사가는 예수 그리스도는 하느님의 말씀이 육신을 취한 분이기에 그분을 '하느님의 말씀'이라고 봅니다. 하느님의 말씀인 예수 그리스도께서는 태초부터 계신 분이라는 것입니다. 이것이 요한복음사가가 말한 예수의 '선재성'입니다. 즉 예수는 역사 속에 들어오셔서 사시고 죽으신 분이면서 동시에 역사를 초월한 존재라는 것입니다. 이러한 사실을 알게 된 건 인간의 지혜에 의해서가 아니라 하느님의 영인 성령께서 우리에게 알려주신 것이라고 요한복음사가는 말합니다. "진리의 영께서 오시면 너희를 모든 진리 안으로 이끌어주실 것이다."(요한 16,13) 즉 진리의 영인 성령께서 숨어 있던 진리를 우리에게 드러내 보여주심으로써 예수의 선재성을 깨달을 수 있게 되었다는 것입니다.

이와 같이 그리스도교인들은 성령을 통해서 예수께서 당신이 하느님과 하나임을 깨닫게 되었다고 말합니다. 즉 태초부터 존재한 하느님의 말씀이 몸을 취해 오셔서 우리 가운데 사셨다는 사실을 성령께서 알려주었다는 것입니다. 이렇게 본다면 세상을 창조하신 '창조의 영'과 하느님의 말씀이 사람이 되어 오심을 알려준 '지혜의 영'은 모두 한분 하느님이심을 알 수 있습니다. 다시 말해 이 세상을 창조하신 분도, 예수의 오심과 죽음, 그리고 부활의 의미를 깨닫게 해주신 분도, 그리고 지금도 우리와 함께 살아 계신 분 모두 성령이라는 것입니다.

서방 라틴교회의 신학 전통은 예로부터 성령을 두고 상호 연결(mutua connexo)이신 분으로 일컬어 왔습니다.[122] 아버지와 아들을 잇는 사랑 자체이신 성령께서는 하느님과 사람 사이를 이을 뿐 아니라 사람과 사람 사이를 잇는 분임을, 그리스도교에서는 삼위일체 믿음을 통해 신앙하고 있습니다. 이와 같이 세상을 창조하신 하느님의 영은 삼라만상 안에 살아 계시며 우리 안에서도 사랑의 행위를 통해 당신 자신을 드러내고 있습니다. 이런 관점에서 삼위일체 신앙은 창조의 영이며 지혜의 영이신 성령과 성부 하느님, 성자 예수께서 사랑의 일치를 통해 지금 여기 우리와 함께 살아 계심을 믿는 그리스도교 신앙의 핵심이라 할 수 있습니다.

3. 은총과 믿음의 역동성

이상에서 삼위일체 교의를 통한 그리스도교 신앙에 대해 살펴보았습니다. 선불교 학자인 히사마츠 신이치(久松眞一)는 그리스도교의 믿음을 다음 두 측면에서 비판한 바 있습니다. 하나는 그리스도교는 깨달음의 가능한 근거를 인간 외부에서 찾고 있다는 것이고, 다른 하나는 인간 예수만을 유일하고 절대적인 존재로 믿는다는 점입니다. 이러한 히사마츠의 비판에 대해 일본 개신교 신학자 타키자와 가츠미(瀧澤克己)는 한편으로는 긍정적인 면이 있다고 보았습니다.

그것은 종래 그리스도교에서 하느님의 초월성을 강조해 왔다는 점에서입니다. 그러나 앞서 살펴보았듯이 하느님의 초월성이 지닌 참된 의미는 '높이'에 있기보다 존재의 '깊이'에 근거하고 있다는 점에서, 타키자와는 하느님의 내재성에서 그리스도교 신앙의 의미를 찾고자 했습니다. 즉 그는 그리스도교 믿음의 근거를 '거저 주어진 객관적

---
122 이연학, 『성경은 읽는 이와 함께 자란다』, 성서와 함께, 2006, 57쪽 참조.

사실로서의 은총'으로 보았고 이를 '임마누엘 원사실'이라고 불렀습니다. 곧 하느님이 우리 안에 내재한다는 임마누엘 원사실이 우리에게 거저 주어져 있다는 것입니다. 그러나 객관적 구원의 사실이 실제 구원으로 다가오기 위해서는 그에 따른 인간의 응답이 필요한데, 바로 그 응답을 '믿음'으로 본 것입니다. 이런 점에서 그리스도교에서 신앙행위는 '주어진 은총과 능동적 믿음' 사이의 역동적 관계라 볼 수 있겠습니다.

예수께서 보여준 치유사화는 하느님의 은총과 믿음 간의 역동적 관계를 잘 보여주고 있습니다. 치유와 구마사화는 복음서에 20번 정도 나오는데, 여기서 예수께서 하신 행위는 상대방의 믿음에 따라 이루어졌음을 보여주고 있습니다. 그런데 예수께서는 당신 고향인 나자렛에서 이적행위를 보이지 않으셨습니다. 당시 사람들이 이를 의아하게 생각해서 그 이유를 물었을 때 예수께서는 고향 사람들의 불신 때문에 기적을 베풀 수 없다고 말씀하셨습니다. 이와 같이 예수께서 믿음이 없는 곳에서 치유를 보여주지 않은 것은 믿음과 은총 간의 역동적 관계가 있음을 보여줍니다. 루카복음에 나오는 12년간 하혈하는 여인도 예수님의 옷에 손을 대기만 해도 구원받으리라는 믿음을 지녔습니다. 그래서 그분의 옷에 손을 대자 여인은 곧 출혈이 멈추게 되었다고 전해주고 있습니다. 이에 예수께서는 "딸아, 네 '믿음'이 너를 구원하였다(마르 5,34)"는 말씀을 건네셨습니다. 눈 먼 바르티매오의 이야기에서도 그는 많은 군중 속에서 끊임없이 예수께 자비를 베풀어 달라고 외쳤고, 이에 예수께서는 그의 믿음을 보시고 치유해 주셨다고 전해져 옵니다.(마르 10,52) 이처럼 하느님의 구원행위는 하느님께 대한 신뢰와 믿음에 바탕을 두고 있음을 알 수 있습니다.

현대 심리학에서는 인간의 근원적 신뢰심을 매우 중요하게 봅니다. 신뢰심을 지니는 건 인간의 인격 형성보다 앞설 뿐 아니라 인간의 전 생애를 지배한다고 보기 때문입니다. 우리가 어린아이였을 때에는 근원적 신뢰심이 부모에게 집중되지만, 성장하면서 신뢰관계는 타인에게로 확장되어 갑니다. 그러나 관계가 확장되어도 그것은 근원적인 신뢰에 기반을 둔 관계라 할 수 있습니다. 그렇기에 어릴 때 지녔던 근원적 신뢰가 모든 관계에 영향을 미친다고 볼 수 있습니다. 우리가 어떤 위기에 처하게 되면 자신이 신뢰하고 믿는 것이 무엇인지가 드러납니다. 이때 그리스도인들의 경우 자신이 얼마나 하느님께 대한 신뢰심을 두고 있는지 확인하는 계기가 되기도 합니다. 예수께서는 십자가 위에서조차 하느님께 대한 신뢰를 놓지 않았습니다. 우리는 이를 그분의 다음 고백을 통해 알 수 있습니다. "아버지, 제 영을 아버지 손에 맡깁니다."(루카 23,46)

이와 같이 그리스도교인들의 믿음은 예수를 통해 드러난 하느님의 사랑에 대한 신뢰와 믿음에 바탕을 두고 있을 뿐 아니라 그 안에서 완성되리라는 희망을 지닌 것이라 할 수 있습니다. 토마스 머튼이 말한 다음 글에서 우리는 이를 확인할 수 있습니다. "그리스도교적 사랑의 근원은 사랑하려는 의지가 아니라 자신이 사랑받고 있다는 믿음입니다. 하느님의 사랑을 받고 있다는 믿음, 자격이 없음에도 불구하고 하느님의 사랑을 받고 있다는 믿음입니다."[123]

---

[123] 윌리엄 쉐논, 최대형, 『깨달음의 기도』, 은성출판사, 2010, 243쪽.

제8강 수행의 길

1. 팔정도 수행

수행을 빼고는 불교를 논하기 어려울 만큼 불교 전통 안에는 많은 수행 이론과 실천이 있어 왔습니다. 고타마 싯다르타는 힌두교의 선정을 통해서 고요히 될 수는 있으나 삶의 궁극적인 지혜를 얻을 수는 없음을 깨달았습니다. 그래서 독자적인 수행의 길에 올랐고 단좌端坐 명상을 통해 연기의 깨달음을 얻었습니다. 그 후 붓다께서는 자신의 수행과 깨달음에 바탕을 둔 가르침을 펼치셨는데 이것이 바로 팔정도八正道 수행입니다.

   부처님께서 입멸하실 당시, 제자 수바다(善賢, Subhadda)에게 다음과 같은 가르침을 주셨습니다. "수바다야, 무엇보다 중요한 건 네가 지금 해탈을 원하느냐 하는 것이다. 해탈을 원한다면 팔정도를 닦아라."[124] 이와 같이 부처님께서 죽음에 이르는 순간에까지 가르치신 팔정도는 구체적으로 어떤 수행인가? 일반적으로 팔정도는 계戒·정定·혜慧 삼학과 비견하여 언급되곤 합니다. 계戒는 자신의 행行을 제어하는 계율을 말하고, 정定은 명상 수행에 해당되며, 혜慧는 계와 정을 통해 얻어지는 지혜를 의미합니다. 팔정도 중 정어正語·정업正業·정명正命은 계戒에 해당되고, 정근正勤·정정正定·정념正念은 정定에, 정견正見·정사유正思惟는 혜慧에 해당됩니다.

먼저 '올바른 견해'를 의미하는 정견正見부터 살펴봅시다.[125] 우리는 의식을 통해 세계를 하나하나 규정하는 개념을 만들어 내고 그 개념들을 통해 서로 소통하며 살아갑니다. 그러나 의식이 만들어 낸 것들을 통해서는 사물의 본래 정체를 알기가 어렵습니다. 그래서 붓다는 제자인 수보리에게 "지각이 있는 곳에 기만이 있다"고 했습니다.[126] 다시 말해 하나의 사물도 각자가 처한 상태에 따라 또 그것을 인식하는 주체에 따라 달리 보일 수 있다는 것입니다. 불교 수행은 이러한 인간의 의식세계 안에 가려진 사물의 올바른 견해(正見)를 드러냄에 있다고 할 수 있겠습니다. 그러기 위해서는 먼저 같은 사물을 바라보더라도 서로 견해가 다를 수 있음을 인정하는 것이 필요합니다. 바른 견해를 지니기 위해선 바르게 사유하는(正思) 법을 배울 필요가 있습니다. 우리는 보통 어떤 생각을 할 때 현재 있는 그대로의 상황과 사람을

---

124 틱낫한, 진현종 옮김, 『아! 붓다』, 반디미디어, 2004, 73~74쪽.
125 '올바른(正)'이라는 의미는 산스크리스트어의 samma에 해당하는 것으로 '동조하다, 함께 가다, 함께 하다'라는 뜻이다. 즉 올바르다는 건 모든 것이 함께 공존하거나 통합되어 있는 존재 상태를 나타내고 있다.(다이닌 가타기리, 남기심 옮김, 『지금 여기 이 순간을 살아라』, 북스코프, 2012, 44쪽 참조)
126 틱낫한, 진현종 옮김, 『아! 붓다』, 반디미디어, 2004, 77쪽.

바라보기보다 과거의 축적된 경험과 기억에 비추어 보거나 미래에 마음을 두고 현재를 바라보기 때문에 지금 여기의 상황을 올바로 직시하지 못하는 경우가 많습니다. 올바른 사고를 하려면 지금 여기에 온전히 마음을 두는 수행이 필요한데 그것이 바로 정념正念이라 할 수 있습니다. 정념의 '념念'은 금今과 심心이 합쳐진 글자로 온 마음과 온몸으로 '지금 여기'에 머무는 것을 의미합니다. 몸과 마음이 '지금 여기'에 온전하게 머물지 못하는 자기 자신을 자각하고, 몸과 마음을 '지금 여기'에 머물 수 있도록 마음집중을 하는 수행이 정념 수행입니다. 바르게 마음을 집중하기 위해 한 가지 대상에 마음을 향하는 수행을 정정正定 수행이라고 합니다. 이를 위해 호흡을 집중의 대상으로 삼는 경우가 많습니다. 이와 같이 호흡을 마음집중의 대상으로 삼는 호흡 명상은 정념 수행이면서 동시에 정정 수행이라 할 수 있습니다. 정념 수행이 결실을 얻으려면 꾸준한 노력이 수반되어야 하겠지요. 이것이 바로 정근(正勤, 正精進)입니다. 이와 같이 정념과 정정, 정근 세 가지는 팔정도 중 명상 수행(定)에 해당된다고 봅니다. 이러한 수행을 통해 깨달음의 '지혜'를 얻게 되는 것입니다. 그런데 여기서 우리는 부처님께서는 수행과 깨달음만이 아니라 계율의 필요성도 강조하셨다는 점에 주목할 필요가 있습니다.

팔정도에서도 정어正語와 정업正業, 그리고 정명正明에 대한 가르침이 바로 계율에 해당됩니다. '정어正語'는 '바르게 말하기'인데, 말이란 자기 생각을 표방하는 수단이기에 올바르게 말을 하려면 올바른 생각(正思)을 해야겠지요. 곧 정견과 정사에서 올바른 의사 표명이 가능해진다고 볼 수 있겠습니다. '정업正業'은 바른 행위를 하며 사는 것이라 할 수 있습니다. 인간은 자연 없이는 한시도 살아갈 수 없다는 점에서 인간은 자연의 일부라고 할 수 있습니다. 그러기에 심각한 생태위기에 당면한 이 현실 안에서 자연을 파괴하는 건 결국 우리 자신을 파괴하는 행위가 아닐 수 없습니다. 이런 점에서 생태위기의 현실을 살아가는 지금 우리는 그 어느 때보다 자연과 인간의 관계에 대해 깊이 통찰해야 할 때가 아닌가 싶습니다. 마지막으로 '정명正命'은 바른 생계수단으로 내가 어떤 직업을 갖고 살아가는지를 살펴보도록 촉구합니다. 불교의 연기적 관점에서 볼 때 각자의 생계수단은 좁게는 내 가족과 주변 사회에 영향을 주지만 넓게는 세상 전체에 영향을 미칩니다. 그래서 어떤 직업을 갖고 살아가는지가 깨달음에로 나아가는 데 깊은 영향을 미친다고 할 수 있습니다.

이렇듯 팔정도는 서로가 서로에게 영향을 주고받는 상즉상입相卽相入 관계에 있기 때문에 각각이 나머지 7요소와 영향을 주고받습니다. 이러한 상관관계를 '팔정도의 상즉성相卽性'이라 합니다. 여기서 붓다의 가르침은 단지 수행을 통해 깨달음을 얻는 것에 머물지 않음을 다시금 강조하고자 합니다. 이는 고요함 중에 닦는 '정중공부靜中工夫'는 일상생활 속에서 닦는 '동중공부動中工夫'와 병행되어야 함을 의미합니다.

부처님께서 왜 명상(定)만을 가르치지 않고 계율(戒)을 포함한 계정혜戒定慧 삼학의 조화를 강조하셨는지 다시금 숙고해볼 필요가 있다고 봅니다. 한국불교는 정혜쌍수定慧雙修라 하여 정과 혜에 치우치는 경향이 없지 않았습니다. 사실 근대에 들어서면서 한국불교 승단에서 포살법회가 사라져가는 분위기였고 이를 바로 잡기 위해 조계종 총무원장이

셨던 지관 스님께서 자자와 포살법회를 정례화해서 지금은 포살법회가 의무화된 것으로 알고 있습니다. 삼보의 하나인 승가공동체가 청정성을 유지해감은 부처님의 가르침이 그 생명력을 유지해감에 있어 필수불가결한 요소가 아닌가 싶습니다. 그건, 법보法寶는 바로 승보僧寶를 통해 그 생명력을 이어갈 수 있기 때문입니다. 저는 여기서 다시금 부처님의 팔정도의 의미를 되새기고 싶습니다.

팔정도를 통해 부처님께서 계정혜 삼학의 균형 있는 닦음을 강조하신 건 정혜만으로 깨달음이 완성되는 것이 아님을 보여줍니다. 설령 정혜 쌍수를 통해 깨쳤다고 해도 그 깨침의 완성은 지속적인 닦음과 지계持戒를 통해 완성되어 갑니다. 보살의 육바라밀 역시 여섯 개의 닦음이 서로가 서로에게 영향을 주고받으며 완성되어 간다는 점에서 육바라밀 역시 상즉성의 관계에 있음을 알 수 있습니다.

그러기에 돈오를 통해 완전한 자유를 얻었다고 생각하는 것이 얼마나 위험천만한 일인지 깨닫게 됩니다. 참된 깨달음은 심리적인 자각만이 아니라 깨달은 바를 '몸'으로 사는 데 있음을 수행자들은 누구보다 잘 알고 있습니다. 계율을 지켜나감은 바로 그 깨달은 바를 몸으로 온전히 체득하도록 만들어줍니다. 팔정도 수행에서 보았듯이 부처님께서는 분명 계정혜 삼학의 균형 잡힌 닦음을 중시하셨습니다. 정과 혜만으로 깨달음이 완성된다면 굳이 왜 부처님께서 계율을 만드셨겠습니까. 부처님께서 계율을 만드신 건 승가교단의 질서를 잡고자 하는 데 머물지 않고 "모든 악을 짓지 말고 뭇 선을 받들어 행하며" 살아가는 삶 자체를 중시하셨기 때문입니다. 이런 면에서 계율 실천은 정혜의 닦음과 늘 병행되어야 함을 다시금 강조하고 싶습니다.

2. 위빠사나 수행

불교 수행은 크게 지止와 관觀으로 나눌 수 있습니다. 지止는 산스크리트어로 사마타śamatha이며, 관觀은 위빠사나vipassanā를 말합니다. 지止는 한 가지 대상에 집중하여 마음을 고요히 하는 수행으로, 부처님께서도 깨달음을 얻기 전에 사마타 수행을 하셨습니다. 그러나 사마타 수행만으로는 궁극적인 깨달음을 얻을 수 없음을 자각하셨습니다. 그건 이 수행을 통해서 마음은 고요해지나, 시간이 지나면 다시 마음의 번민에 빠지게 됨을 알았기 때문입니다. 이는 궁극적 깨침이란 사마타 수행에서 이루어지는 것이 아니라 지혜를 증득함에 있다는 것을 의미합니다. 이러한 지혜 증득의 관觀 수행법이 바로 위빠사나 수행입니다. 즉 위빠사나 수행은 단순히 마음을 고요히 하는 차원에 머무는 것이 아니라 탐진치, 곧 탐욕과 분노, 어리석음을 소멸시키는 지혜를 얻는 것을 궁극적 목표로 삼습니다.

위빠사나vipassanā는 'vi'와 'passanā'가 합쳐진 복합어입니다. 'vi'는 '꿰뚫다'는 의미이고 'passanā'는 'passati'(보다)의 명사형으로 '봄'을 뜻합니다. 따라서 위빠사나는 존재의 실상을 꿰뚫어본다는 의미를 함축하고 있습니다. 남방불교(上座部)에서 전수되어온 이 수행 방법은 부처님께서 하신 수행에 가장 가까운 것이라고 전해져 옵니다. 간화선 수행이 중심을 이루는 우리나라에서는 위빠사나 수행이 그리 성행하지 않으나, 최근 들어 그 관심도가 증가해 가는 추세입니다.

위빠사나 수행은 『대념처경(大念處經, Maha-satipatthana-Suttanta)』에 근거하고 있는데 Maha는 대大라는 뜻이고 satipatthana는 '염처念

處'를 뜻합니다. 여기서 '알아차린다'는 뜻을 지닌 sati는 위빠사나 수행의 핵심이라 할 수 있습니다. '알아차림'의 대상은 마음 안에서 생기는 모든 상태를 말합니다. 위빠사나 수행에서는 알아차림의 대상을 크게 네 가지로 구분하는데 사념처四念處가 그것입니다. 즉 몸에 집중하는 신념처身念處와 느낌에 집중하는 수념처受念處, 마음에 집중하는 심념처心念處, 법에 집중하는 법념처法念處가 그것입니다. 그럼 먼저 신념처 수행부터 살펴보겠습니다.

1) 신념처 수행

신념처身念處 수행은 우리 몸을 구성하는 지수화풍地水火風의 사대四大를 관觀하는 것을 의미합니다. 땅의 요소(地大)는 우리 몸 안에 뼈와 같은 단단한 성질을 말하며, 물의 요소(水大)는 우리 몸의 70%가 물로 이루어졌다는 사실에서 쉽게 생각할 수 있습니다. 불의 요소(火大)는 몸 안에서 생명을 유지하기 위한 에너지를 말하며, 바람의 요소(風大)는 호흡을 통해 외부로부터 내게 들어오는 공기와 바깥으로 내보내는 공기를 의미합니다.

신념처 수행은 그중 바람의 요소에 해당하는 호흡관법을 많이 사용하고 있습니다. 호흡관법 중 마하시[127] 위빠사나 수행은 국내에도 많이 알려져 있는 것으로, 배의 움직임을 통해 일차적 대상인 호흡을 알아차

---

127 마하시 사야도(1904~1982)는 『대념처경』을 공부한 뒤 스승을 찾아 나섰다. 그는 타톤 지방의 유 나라다 스님을 만나 위빠사나 수행을 배웠다. 그 후 마하시는 1938년부터 1982년간 마하시 수행을 가르쳤다. 그의 제자인 우 빤디따 사야도가 한국에 방문한 후 한국에도 이 수행법이 알려졌다. 마야시 수행법 외에도 고엔카 수행법이 있는데, 이는 마하시 위빠사나 수행과 달리 수념처受念處 수행법이다.

리는 수행입니다. 처음에는 배의 움직임을 알아차리기 위해 두 손을 배에 대고 그 움직임을 느껴봅니다. 숨을 들이쉴 때 배가 불러오고, 숨을 내쉴 때 배가 꺼지는 복식호흡을 하면서 배가 들어가고 나감을 알아차립니다. 이와 같이 마하시 위빠사나 수행은 배의 움직임에 대한 관찰을 통해 들숨과 날숨에 집중하는 수행이라 할 수 있습니다. 이때 배의 일어남과 사라짐은 머리로 인식하는 것이 아니라 실제로 배가 들어가고 나감을 감지하는 것이 중요합니다.

위빠사나 수행을 하면 자기 내면에서 여러 가지가 일어남을 느낄 수 있는데 그 모든 것이 알아차림의 대상입니다. 알아차림의 일차적 대상은 '배의 움직임'이지만 시간이 지나면 여러 생각과 몸의 변화가 일어남을 알아차리게 됩니다. 일어나는 현상을 있는 그대로 알아차린다는 것은 생각보다 쉽지 않습니다. 대개 우리들은 과거의 기억이나 선입견에 의존해서 현 상태를 보기가 일쑤입니다. 위빠사나 수행은 있는 그대로 보지 못하고 기억에 의존해서 사물이나 현상을 본다는 사실을 알아차리고 자각하게 합니다. 수행 중 자신이 생각에 빠져 있음을 알아차렸다면, 다시 일차적 관찰 대상인 배의 움직임으로 돌아갑니다. 이와 같이 자신이 망상에 빠져 있음을 알아차리고 배의 움직임으로 돌아간다면 그 생각은 사라지게 됩니다. 그러나 망상에 빠져 있음을 알아차리지 못한다면 우리는 계속 그 생각 속에 머물러 있을 뿐 아니라 생각은 꼬리에 꼬리를 물고 한없이 일어나게 됩니다. 망상뿐 아니라 수행 도중에 침이 많이 고였다면 그 사실과 함께 침을 삼켜야겠다는 의도도 알아차리고, 이를 행한 후 다시 배의 움직임으로 돌아가야 합니다. 실제로 위빠사나 수행을 할 때 자신이 수행 도중에 알아차린

것을 기록하도록 권고합니다. 처음에는 기록할 것이 별로 없지만 시간이 지날수록 점차 기록할 것도 많아지는 것을 발견하게 됩니다. 그것은 자신 안에서 일어난 것들에 대해 그만큼 예민하게 알아차리고 있음을 의미하기도 하지요.

다음은 몸의 느낌입니다. 한 자세로 오래 수행하면 피곤하고 뻣뻣해짐을 느끼게 됩니다. 이때 피곤함이나 뻣뻣함을 알아차립니다. 가려움이 생기면 가려움을 알아차리고, 긁고자 하는 마음이 생기면 그 마음을 알아차린 후에 긁습니다. 또 수행에 장애가 되는 마음이 일어날 수도 있는데, 예를 들어 게으름 피우고 싶은 생각이 일어나면 '게으름'을 알아차립니다. 또 이 수행법이 올바른지, 자신에게 도움이 되는지 회의적인 의심이 생길 때에는 '의심'을 알아차립니다. 수행에서 좋은 결실을 원한다면 '원함'이라고 알아차리고, 수행에 진전이 없고 후회에 빠지면 '후회'라고 알아차립니다. 수행이 향상되어 행복한 느낌을 맛볼 때는 '행복'이라고 알아차립니다. 그러한 감정들에 머물러 있으면 거기에 빠지는 것이지만, 내가 이를 알아차린다면 이 모든 감정은 단순히 알아차림의 대상일 뿐임을 알게 됩니다. 좋은 감정이든 나쁜 감정이든 모두가 알아차림의 대상일 뿐이며 결국 모두 사라지고 말 것들입니다.

이렇게 계속 수행하다 보면 그 대상이 무엇이 되었든 간에 나타났다가 사라져버림을 알아차릴 수 있습니다. 즉 모든 것은 짧은 순간 일어났다가 사라짐을 깨닫게 되는 것입니다. 이런 인식이 분명해지면 모든 것은 끝이 있고 영원한 것은 없음을 자각하게 되고 이를 통해 무상無常과 무아無我의 의미를 깨닫게 됩니다. 다시 말해 위빠사나 수행을 통해 존재의 실상을 꿰뚫어볼 수 있는 지혜가 열리게 되는 것입니다. 이와 같이 위빠사나 수행은 궁극적으로 지혜를 증득함에 있다는 점에서 사마타 수행과 차별화됩니다. 즉 사마타 수행이 마음의 평온을 얻는 수행법이라면, 위빠사나 수행은 존재의 실상을 꿰뚫어보는 지혜 증득을 목표로 삼기 때문입니다.

2) 신념처 외 위빠사나 수행

신념처는 위빠사나 수행에 입문하는 이들에게 권하는 수행 방법인데, 이보다 좀 더 깊이 들어가면 '느낌'을 알아차리는 수념처受念處 수행이 있습니다. 우리에게는 희열이나 기쁨 같은 긍정적인 느낌이나 그렇지 못한 부정적 느낌이 생겨납니다. 누구나 좋은 느낌이 오면 거기에 매달리고 싶은 욕구가 생기고 그렇지 않은 감정은 벗어나고 싶어 합니다. 수념처 수행에서는 그 느낌이 무엇이든 그것을 바라보고 관觀한 후 다시 일차적 관찰 대상인 호흡으로 돌아가라고 가르칩니다. 그러면 즐거운 느낌이나 즐겁지 못한 느낌은 결국 내 안에서 생겨났다가 사라짐을 깨닫게 된다는 것입니다. 우리는 보통 자신이 느끼는 많은 것을 알아차리지 못하거나 의식적으로 피하는 경우가 있습니다.

　수념처 수행을 통해 자신의 느낌을 알아차리게 된다면 우리는 그 느낌에 매이지 않고 자유로워질 수 있습니다. 우리 마음속에는 느낌들로 이루어진 강이 흐르는데 그것 하나하나가 서로 다른 느낌들입니다. 느낌을 관찰할 때 마치 강둑에 앉아 각 느낌이 생겨났다가 사라져가는 모습을 확인할 수 있습니다. 보통 즐거운 느낌이 생기면 매달리려는 경향이 생기고, 그렇지 않은 느낌이 들면 이를 쫓아버리려는 경향이 있는데 바로 이를 알아차리는 것입니다. 이렇듯 수념처 수행에서는 그 느낌이 무엇이든 그 느낌을 관찰한 후 다시 호흡으로 되돌아가라고 권고합니다. '숨을 들이마시면서 나는 즐겁거나 또는 즐겁지 못한 느낌이 든다는 것을 자각하고, 숨을 내쉬면서 나는 즐겁거나 또는 즐겁지 못한 느낌이 듦을 자각하는 것'입니다. 어떤 느낌이 올라올 때 거기에 즐거움이나 행복, 화 또는 슬픔이라는 이름으로 그 느낌을 불러주면 그것을 알아차리는 데 도움이 될 수 있습니다.

심념처心念處[128]는 마음을 관하는 수행입니다. 마음을 알아차린다는 건 마음의 형성(心行, citta saṅkhāra)을 알아차리는 것을 의미합니다. 마음의 형성이란 만들어지는 모든 것 곧 마음이나 물질 모두를 칭합니다. 꽃이나 마음에서 일어나는 '화'도 마음의 형성입니다. 심행心行 중 어떤 것은 정신을 고양시켜 고통을 바꾸는 데 도움을 주지만, 어떤 것은 정신을 무겁게 하는 불건전한 심행도 있습니다. 이렇듯 심념처 수행은 하나의 심행이 일어날 때 그것을 인지하는 수행으로 마음이 흔들릴 때 그것을 알아차리는 것입니다. 마음의 흔들림은 의식에 나타나기 전에 이미 씨앗의 형태로 무의식(藏識) 속에 잠재해 있습니다. 이와 같이 심행은 모두 씨앗의 형태로 장식藏識 속에 있는 것입니다. 예를 들어 내 안에 '흔들림'이라는 씨앗이 있는데 어떤 행동을 통해 이 씨앗에 물을 주면 흔들림은 의식 위로 떠오르게 됩니다. 이렇듯 무의식 속에 잠재되어 있는 심행의 씨앗이 건전한 것이면 정념 수행을 통해 강화하고, 불건전한 것이면 장식으로 되돌아가서 잠자코 있도록 해야 합니다.

---

[128] 틱낫한, 진현종 옮김,『아! 붓다』, 반디미디어, 2004, 101쪽.

마지막으로 법념처法念處 수행을 들 수 있습니다. 여기서 법이란 마음의 대상을 뜻합니다. 각각의 심행에는 대상이 있기 마련인데 법념처는 바로 그 심행의 대상을 알아차리는 수행이라 할 수 있습니다. 부파불교에서는 51가지 심소법心所法에 대해 말하는데 이는 심행이 51가지임을 뜻합니다. 따라서 마음의 대상 역시 51가지가 된다는 것입니다.[129] 법념처 수행은 각각의 심행에 대한 대상에 정념正念함으로써 그것으로부터 자유로워질 수 있는 지혜를 얻는 길입니다. 우리는 마음의 대상이 마음 밖에 존재한다고 생각하지만 그 대상은 마음 안에 있습니다. 이런 점에서 누군가를 싫어한다는 건, 자신이 싫어하는 상대가 지닌 같은 면을 자신도 지니고 있기 때문이기도 합니다. 이런 점에서 상대는 나의 내면을 비추어주는 거울이 되기도 합니다.

지금까지 살펴본 사념처 수행은 우주의 모든 것을 지각의 대상으로 삼을 수 있는 수행법이라 할 수 있습니다. 이 수행을 통해 무상, 무아에 기반한 연기법을 깨닫게 됩니다. 그러나 위빠사나 수행을 통한 깨달음은 다시금 '방편 수행'을 통해 완성되지 않으면 안 됩니다. 카말라실라는 방편 수행의 중요성에 대해 다음과 같이 말합니다. "최상의 수승함을 갖춘 일체지의 지혜, 그것은 보시 등의 방편에 의해 완성되는 것이다. 부처님께서는 일체지의 지혜는 방편에 의해 완결지어진다고 말씀하셨다. 그러므로 보살은 보시 등의 방편들도 닦아야 한다. 공성空性만을 닦아서는 안 된다."[130]

---

[129] 틱낫한, 진현종 옮김, 『아! 붓다』, 반디미디어, 2004, 104쪽.
[130] 달라이라마, 이종복 역, 『수행의 단계』, 들녘, 204쪽.

3. 선 수행

1) 초기 중국 선 수행

위빠사나 수행이 상좌불교의 핵심적 수행 방법이라면, 대승불교에 와서는 선禪 수행이 발달했습니다. 선은 인도에서 시작된 하나의 명상법이었는데 중국으로 건너와 선종이라는 독자적인 불교의 한 종파가 되었습니다. 이와 같이 인도의 선 명상법이 중국으로 건너와 선종이라는 한 종파를 형성하게 된 데에는 보리달마의 역할이 컸습니다.[131]

달마 이전 중국불교는 복잡한 교의와 경전 중심의 불교였습니다. 그러다가 인도에서 건너온 보리달마가 선 수행을 가르쳤는데, 중국인들에게 이는 신선하게 다가왔습니다. 따라서 중국불교는 달마를 계기로 경전 중심의 불교에서 선 수행 중심의 실천불교로 탈바꿈하게 되었습니다. 달마의 가르침으로 가장 신뢰할 수 있는 것은 담림曇林의 저술에 나온 '이입사행론二入四行論'이며, 그 내용은 다음과 같습니다.

도道에 들어가는 데에는 많은 길이 있지만 결국 이理로 들어가는 것(理入)과 행으로 들어가는 길(行入)이 있다. 이입理入은 '경전(敎)에 의해 그 근본정신을 파악하고 살아 있는 모든 것(含生凡聖)의 평등한 본성(同一眞性)을 믿고 벽과 같이 스스로의 마음을 관하여 자신과 상대가 둘이 아님을 깨닫고, 진실의 도리와 명합하여 차별없이 무위하

---

[131] 중국 선종의 초조初祖인 보리달마의 전기와 사상을 전하는 것 중 가장 신뢰할 수 있는 자료로는 달마의 직계 제자 담림曇林이 쓴 『약변대승입도사행론서略辯大乘入道四行論序』(T 51. 458b)를 들 수 있다. 이에 따르면 달마는 남천국 국왕의 셋째 아들이라 전해지고 있으나, 『낙양가람기』에 의하면 페르시아 인이라고 한다.

게 되는 것'을 말한다.¹³²

이와 같이 달마가 가르친 수행법은 이입사행론에 근거한 벽관壁觀으로 전해져 옵니다.¹³³ 벽관이란 단순히 '벽을 향해 좌선한다'는 의미라기보다 면벽관심面壁觀心이라 하여 몸은 벽을 바라보지만, 자기 마음을 꿰뚫어봄을 뜻합니다. 즉 마음을 담벼락과 같이 해서 어떤 것에도 흔들림이 없고 다른 것에 마음을 빼앗기지 않는 것을 말합니다. 또한 벽이 바깥바람을 차단하듯 바깥세계로부터 자신에게 오는 것을 막아준다는 의미도 함축하고 있습니다. 벽관 수행에서 무엇보다 중요한 것은 '진성眞性에 대한 믿음'입니다. 여기서 진성은 불성을 말하며 이에 대한 믿음이 본래 부처에 대한 믿음을 낳았습니다. 따라서 선종에서는 무엇보다도 본래 부처에 대한 믿음을 중시하게 되었고 결국 깨침이란 이 믿음을 확고히 함에 있습니다. 실천불교로서 중국 땅에 정착한 선종은 초조인 보리달마에 이어 제2대 조사인 혜가慧可, 3조 승찬僧璨, 4조 도신道信, 5조 홍인弘忍을 지나 6조 혜능으로 이어집니다. 혜능에 와서 선종은 또 한 번의 큰 변혁을 맞이합니다.

혜능의 가르침의 핵심은 '돈오頓悟'라고 하는데, 돈오는 '단박에 깨친다'는 의미로 자성自性이 본래 청정함을 몰록(순식간에) 깨달음을 의미합니다. 이와 같이 자성의 청정성을 깨닫는 것을 견성見性이라 하며 이를 돈오와 묶어 돈오견성으로 전수되어 왔습니다. 4조 도신 당시 기주蘄州 동산東山의 수행자가 500명에 다다랐고, 육조혜능의 법맥을 이은 마조도일馬祖道一의 문하는 800여 명이 되었다고 전해지는 걸

---

132 야나기다 세이잔, 안영길 역, 『선의 사상과 역사』, 민족사, 165쪽.
133 전해져 오는 바에 따르면 달마는 소림사에서 9년간 면벽 수행을 했다고 한다.

보면 당시 선 수행이 중국인들에게 먹혀들어갔다는 의미가 되겠습니다. 어쨌거나 선종 교단은 중국 땅에 정착하여 점차 증대되었습니다. 그 요인은 말할 것도 없이 종전의 교학 중심에서 벗어나 수행실천을 중심으로 한 데 있었다고 봅니다. 선 수행은 마조도일에 와서 평상심平常心이나 즉심즉불卽心卽佛의 정신과 함께 일상생활의 실천을 강조해 왔습니다. 마조의 제자인 백장회해(百丈懷海, 749~814)가 "하루 일하지 않으면 하루 먹지 않는다"고 한 것은 중국 선종이 지닌 엄격한 계율정신을 잘 보여줍니다. 한국을 포함하여 오늘날 동아시아 불교에는 과연 이런 엄격한 계율정신이 살아있는지 다시금 묻게 됩니다. 바로 이 철저한 수행과 지계의 힘으로 당대 중국불교는 당말唐末에 가서 회창폐불 사건(845~847)이 일어나 결정적인 타격을 받았음에도 불구하고 선종만은 크게 번성하여 오가칠종五家七宗을 형성하게 되었던 것입니다. 오가는 임제종臨濟宗, 위앙종潙仰宗, 법안종法眼宗, 운문종雲門宗, 조동종曹洞宗을 말합니다. 그중 임제종은 다시 황룡파黃龍派와 양기파楊岐派로 나뉘어, 결국 중국 선종은 오가칠종으로 나누어지게 되었습니다.

그러나 당대唐代를 지나 송대宋代로 들어서면서 선종 내부에서는 문자선文字禪이 성행하기 시작했습니다. 본래 선종은 견성성불見性成佛, 직지인심直指人心, 교외별전敎外別傳, 이심전심以心傳心을 슬로건으로 내걺으로써 마음에서 마음으로 전수되는 수행법을 핵심으로 삼아왔습니다. 그러다가 남송兩宋 시대에 접어들면서 문자선이 발전하게 되었습니다. 문자선에서는 화두를 참구하기보다 화두를 연구하는 쪽으로 나아갔고, 당대 말기에는 화두를 연구하고 거기에 주석을 단

선어록이 등장했는데 『벽암록碧巖錄』, 『무문관無門關』이 그 대표적인 것들입니다. 이로 인해 유행하게 된 문자선과 무사선無事禪은 초기 선종의 정신이 사라질 위험이 다분히 있었고, 따라서 그 폐단을 막기 위해 나온 것이 대혜종고(大慧宗杲, 1089~1163)의 간화선看話禪입니다. 대혜는 임제종 양기파의 원오극근圜悟克勤의 제자로서 스승인 원오의 『벽암록』을 소각해버린 유명한 일화는 그가 문자선에 대해 얼마나 비판적인지를 잘 보여줍니다.

2) 간화선 수행

① 화두의 의미와 간화선의 3요체

간화선看話禪의 '간看'은 꿰뚫어본다는 뜻이며 '화話'는 화두話頭를 의미합니다. 따라서 간화선이란 화두참구를 통해 단박에 깨달음을 얻고자 하는 선이라 할 수 있습니다. 화두는 다른 말로 공안公案이라고도 하는데 공안은 본래 관공서의 공문서, 법칙의 조문을 의미합니다. 공문서에는 사적인 감정이 개입될 수 없고 반드시 준수해야 할 절대성을 지니고 있듯이 공안도 깨침을 추구하는 이들에게 절대성을 부여한다는 것입니다. 이는 화두란 지성이나 이성, 곧 분별지分別智로 풀 수 있는 것이 아님을 뜻합니다. 다시 말해 화두참구에는 어떤 분별도 들어설 자리가 없다는 것입니다. 따라서 화두를 든다는 것은 대상세계와 접촉하는 6근(눈, 귀, 코, 혀, 몸, 의식)의 경계를 차단하는 것을 말합니다. 6근이 밖으로 뻗어나가지 못하도록 화두에 집중함으로써 더 이상 미혹된 것에 흔들리지 않게 되면 궁극적으로 자신의 본래성을 드러내게 된다는 것입니다. 고봉원묘(高峰原妙, 1238~1295)는 『선요禪要』에서 화두를 공부할 때 다음 세 가지 요소를 갖춰야 함을 강조한 바 있습니다.

선정에 세 요체가 있다. 첫째는 크게 믿는 마음(大信根, 확고한 믿음)이 있어야 하니, 이 일은 수미산을 의지한 것과 같이 흔들림이 없어야 함을 알아야 한다. 둘째는 크게 분한 생각(大憤志)이 있어야 하니, 마치 자기 아버지를 죽인 원수를 만나면 당장 덤벼들어 한칼에 결단내야 하듯 크게 분해하는 의지이다. 셋째는 커다란 의심인 대의정大疑情이 있어야 되니, 마치 어두운 곳에서 한 가지 중요한 일을 하고 곧 드러내고자 하나 드러나지 않은 때와 같이 하는 것이다. 이 세 요소를 갖추면 공부는 바로 성취된다.[134]

그 첫째가 대신심大信心입니다. 강한 믿음이 없다면 수행하다가 도중하차하기 쉽습니다. 그러기에 수미산 같은 흔들림 없는 큰 믿음을 지니는 것이 무엇보다 중요합니다. 여기서 믿음이란 '일체 중생이 본래 부처'임을 믿는 것을 의미합니다. 현재의 모습은 각기 차이가 있어도 일체 중생이 불성에 있어서 다르지 않음을 신앙하는 것입니다.

둘째로 대분심大憤心을 들 수 있습니다. 이는 자신의 부족함에 대해 성찰하는 마음을 말합니다. 과거의 조사들은 모두 자신의 본분을 자각하여 대자유인이 되었는데 자신은 아직 깨닫지 못했음에 대해 분하게 여기는 것입니다.[135] 이와 같이 대분심大憤心을 일으켜 더욱 분발하여

---

134 高峰原妙, 『法語(高峰原妙禪要)』, 속장경 122, 714a~b쪽.
135 신심과 의심은 대혜 이래 많이 강조되어 왔으나 고봉 선사는 대분심大憤心를 첨가하여 수행에 전념하는 정신을 강조한 것이다.

자신도 욕망의 굴레에서 벗어나 큰 깨달음을 얻겠다는 마음을 갖도록 스스로 촉구하는 것입니다.

셋째는 대의심大疑心입니다. 이는 간화선에만 있는 독특한 수행 원리로, 화두를 끊임없이 의심함으로써 망념妄念이 달라붙지 않도록 하는 것입니다. 하나의 화두에 사로잡히게 되면 마음에서 일어나는 천만 가지 사고를 멈추게 할 수 있다고 보기 때문입니다. 이와 같이 대의심은 어떤 문제를 해결하는 논리적 과정을 내포하는 일반적인 의심과는 달리, 논리적 대답을 요구하는 질문이 아닙니다. 이는 화두를 간절히 의심하는 것인데, 그렇게 의심을 계속하다 보면 어느 순간 의심이 끊어지지 않는 상태에 이르게 되는데 이를 의정疑情이라 합니다. 의정을 일으키는 것이 간화선의 핵심이라 할 수 있습니다. 의정이 깊어지면 자신이 의심과 한 덩어리가 되어 버립니다. 이를 의단疑團이라 합니다. 이와 같이 대의단大疑團이란 자신이 화두와 하나가 되어 서로 나누어지지 않게 됨을 의미합니다.

② 화두참구와 깨침

화두참구에는 활구참구活句參究와 사구참구死句參究의 두 가지가 있습니다. 활구참구는 선지식으로부터 공안을 받아 이를 끊임없이 참구해 가는 것인 반면, 사구참구는 문자선처럼 죽어 있는 글귀를 이론적으로 분석·종합·비교·적용해 보는 참구 방법을 말합니다. 따라서 간화선에서는 사구참구가 아닌 활구참구를 통해 가장 빠른 경절문徑截門으로 들어감을 목표로 삼습니다. 화두참구를 할 때 일생 동안 '하나의 화두'를 참구하는 방법이 있는가 하면, 하나의 화두를 타파한 후 스승으로부터 또 다른 화두를 받아 타파하는 단계적인 방법도 있습니다. 한국 선종에서는 주로 전자의 방법을 쓰지만 일본 선종에서는 후자의 방법으로 화두참구를 합니다. 한국에서도 후자의 방법을 받아들이는 분들이 있긴 하지만 정통 쪽에서는 이러한 방법을 수용하지 않습니다.

대표적인 화두라 할 수 있는 '이뭣고'란 '이것이 무엇이냐'는 뜻으로 우리 존재의 실상을 묻는 것입니다. 지금 여기에 앉아 깨달음을 추구하는 너 자신이 누구인지 계속 물음을 던짐으로써 화두를 참구합니다. '무無'자 화두는 조주趙州 스님의 제자가 "개에게도 불성이 있습니까?" 하고 묻자 "무無"라고 답한 데에서 나온 것입니다. 『열반경』에서는 "일체중생 실유불성이라 했는데 어째서 '개에게는 불성이 없다'고 하는가?"를 계속 참구해가는 것이지요.

화두참구를 할 때는 끊어짐 없이 화두와 자신이 하나가 되어야 합니다. 끊어짐이 있다는 것은 화두를 놓쳤다는 것이고 망상분별이 생겼음을 뜻합니다. 이처럼 활구참구는 하나의 화두를 놓치지 않고 계속 참구한다는 점에서 호흡을 놓치지 않고 계속 호흡에 집중하는 호흡관법과 유사한 점이 있다고 볼 수 있겠습니다. 대혜大慧는 『서장書狀』에서 다음과 같이 말합니다.

차 마시거나 밥 먹는 동안, 기쁠 때나 노여울 때, 벗과 대화를 나눌 때, 처자식들과 모여 있을 때, 가거나 머물거나 앉거나 누워 있을 때, 경계와 접촉하고 대상과 마주치며 좋은 느낌이나 불쾌한 느낌을 받을 때, 혼자 어두운 방에 있을 때 등 어느 경우나 잠시도 빈틈이나 끊어짐이 있어선 안 됩니다. 다만 하루 어느 시각, 어떤 행위 방식에서건

'항상 개에게도 불성이 있는가?'라는 화두를 놓치지 말고 들며 어느 때나 의식하고 있어야 합니다. 일상생활을 벗어나지 않고 이와 같이 공부해 보시기 바랍니다.

화두를 공부할 때 고요한 장소에서 화두를 들고 간절히 의심해 들어가는 것을 '정중靜中공부'라 합니다. 그러나 화두를 든다는 것은 아무 일도 하지 않는 무사無事의 경계에 자신을 폐쇄해놓고 번잡한 일상과 단절되어 수행함을 의미하는 것만이 아니라 일상생활 중에도 화두를 놓지 말아야 하는 '동중動中공부'가 병행되어야 합니다. 이렇듯 정중공부와 동중공부가 함께 이루어질 때 비로소 의정疑情과 의단疑團 상태에 들어갈 수 있습니다. 그래서 대혜 선사는 "가고 머물며 앉고 눕는(行住坐臥) 일상에서 화두를 들어야 한다"고 강조했던 것입니다.

이상에서 간화선의 화두참구에 대해 살펴보았는데, 그럼 역대 선사들은 어떻게 깨달음의 세계로 들어갔는지 살펴봅시다. 서산대사는 마을을 지나가다가 닭이 우는 소리에 깨달음을 얻었다고 합니다. 또 중국의 마조도일은 남악회양南岳懷讓의 "집착이 없고 취하고 버릴 것 없는 것이 선이다"라는 말에 깨쳤다고 합니다. 또한 백장회해百丈懷海는 마조의 "할" 소리에, 동산양개洞山良价는 물에 비친 자신의 그림자를 보고 깨달음을 얻었다고 전해집니다. 그리고 임제臨濟는 황벽黃檗의 몽둥이세례만 받다가 대우 스님이 "허, 황벽이 그처럼 자네를 위해 애썼는데 허물을 찾고 있단 말인가?"라는 말에 깨쳤다고 전합니다.

이와 같이 깨달음은 어떤 특별한 상황에서 일어난다기보다 일상에서 일어나며 또 '단박에 깨침이 이루어짐(頓悟)'을 알 수 있습니다. 그것은 그들이 화두참구를 통해 의단疑團 상태에 있었기에 가능했고 그 상태에 이르기까지 열심히 수행해 왔음을 알 수 있습니다. 이런 관점에서 볼 때 깨달음이란 일상에서 체험되지 않는 황홀경(엑스타시)이나 신비 체험이 아니라는 것입니다. 즉 깨달음은 어떤 인식 차원에서의 초탈을 통한 신비 체험이 아니라 존재의 실상을 꿰뚫어 알아차림을 의미합니다. 따라서 깨달음을 하나의 체험으로 보고 수행한다면 그는 처음부터 수행의 의미를 오해한 것이라 할 수 있습니다. 깨달음은 일상 속에, 수행 바로 거기에 있기 때문입니다. 일상을 떠나고, 수행을 떠나 깨달음을 찾고자 한다면 그는 자신이 깨달음의 세계에 있어도 거기가 얻고자 하는 깨달음인지를 알아차리지 못할 것입니다. 이렇듯 수행과 깨침은 동전의 앞뒷면처럼 별개의 것이 아닙니다. 자칫 간화선에서처럼 깨달음을 지나치게 강조하다 보면 수행은 깨달음을 얻기 위한 수단으로 전락해버릴 위험이 있습니다. 이러한 관점에서 묵조선默照禪은 수행의 자리를 깨달음의 자리로 보는 수증일여修證一如로서의 수행을 강조하면서 간화선과 함께 발전되어 왔습니다.

3) 묵조선 수행

묵조선默照禪에서의 묵默은 몸의 고요함을 말하고, 조照는 마음이 깨어 있어 고요해진 상태를 의미합니다. 그러기에 묵조 안에는 몸과 마음의 깨침 상태가 모두 표현되어 있다고 볼 수 있습니다. 간화선이 임제종의 선풍에서 나온 것이라면, 묵조선은 조동종의 수행법으로 간화선의 공안공부와 달리 화두를 참구하지 않는 대신 현성공안現成公案을 강조합니다. 묵조선에서는 화두참구와는 달리 지관타좌只管打坐, 올올좌兀

兀坐의 비사량非思量을 통해 지금 여기에 몸과 마음을 둠을 강조해 오고 있습니다. 그럼 구체적으로 묵조선의 수행에 대해 살펴봅시다.

① 지관타좌

지관타좌只管打坐에서 지관只管이란 '다만 오로지'라는 뜻이고, 타打는 강조의 의미로 쓰인 것입니다. 따라서 지관타좌란 '그저 다만 앉는 수행'이라는 의미를 함축하고 있습니다. 간화선에서는 깨달음을 얻기 위해 화두를 참구하는 데 반해, 묵조선에서는 화두를 들지 않고 '다만 오로지 앉을 뿐'이라는 것입니다. 깨달음을 지향하는 간화선에서 좌선은 깨달음에 이르기 위한 '수단'으로 여겨집니다. 마치 산의 정상을 올라가듯 깨달음이라는 정상에 도달하기 위해 좌선한다고 생각하지요. 그러나 지관타좌 수행에서의 좌선은 수단이 아니라 그 자체가 목적이 됩니다. 다시 말해 좌선을 통해 깨달음을 얻으려는 것이 아니라 지금 여기에 몸과 마음이 현존함 자체를 지향하는 것입니다. 이와 같이 지관타좌는 목적의식에 의해 오염되지 않는다는 의미에서 불염오수不染汚修라 불립니다. 좌선과 성불과 관련하여 남악회양과 마조도일의 일화가 전해져 오고 있습니다.

남악: 그대는 좌선을 해서 무엇 하려 하시오.
마조: 부처가 되려 합니다.
(남악은 하나의 기와를 가져다가 돌 위에 문지른다.)
마조: 스님 무얼 하시렵니까?
남악: 거울을 만들려 하오.

마조: 벽돌을 간다고 어찌 거울이 되겠습니까?
남악: 좌선을 한들 어찌 부처를 이루겠는가?[136]

마조는 열심히 좌선해서 부처가 되고자 했는데, 이를 안 남악 선사는 마조에게 성불이란 좌선해서 이뤄지는 것이 아님을 깨우쳐주고 있습니다. 다시 말해 좌선은 '성불하기 위함이 아니라 그 자체로 부처행'이라는 것입니다. 따라서 거울을 만들기 위해 기와를 닦을 것이 아니라, '그저 기와를 닦을 뿐'이라는 거지요. 이와 같이 좌선을 깨달음의 수단으로 삼지 않고 지금 여기 앉아 있음 자체에 마음을 다할 수 있다면 깨달음은 멀리 있는 것이 아니라 바로 지금 여기에 있다는 것입니다. 즉 깨달음을 얻고자 하는 마음을 내려놓고 다만 온 마음과 온몸으로 '지금 여기'에 앉아 있을 수 있다면 그것이 바로 수증불이修證不二의 상태라는 것입니다. 우리가 목적의식에서 자유로워질 때 우리네 삶은 달라집니다. '백척간두 진일보百尺竿頭進一步'라는 말이 있습니다. 100척이나 되는 장대 끝에 있더라도 한 걸음 더 나아가면 시방세계와 한 몸이 되어 현現하리라는 의미를 담고 있습니다. 무언가를 얻기 위해서 애쓰고 어떤 목적을 성취하기 위해 미래지향적으로 살아갈 때 우리는 현재를 제대로 살아갈 수 없습니다. 우리가 미래지향적 목적의식을 내려놓을 수 있다면 그때 비로소 '지금 여기'를 살 수 있게 될 것입니다.

---

[136] 『景德傳燈錄』卷5(T 51, p.240c) "大德坐禪圖什麼 一日 圖作佛 師乃取一塼 於彼庵前石上磨 一日 師作什麼 師曰 磨作鏡 一日磨塼豈得成鏡耶 坐禪豈得成佛耶."

② 좌선과 불성

지관타좌 수행을 중심으로 한 묵조선에서는 좌선하는 자세가 중시됩니다. 그것은 바른 '몸'의 자세에서 바른 '마음'이 나올 수 있다고 보기 때문입니다. 마치 우뚝 선 산처럼 앉아 있을 수 있다면(兀兀坐), 마음도 그렇게 흔들리지 않는 상태가 될 수 있다는 것이지요. 이렇듯 지관타좌 수행은 근본적으로 몸과 마음이 하나인 신심일여身心一如의 상태를 지향합니다. 보통 일상 속에서 우리의 몸과 마음은 하나가 아니라 따로국밥인 경우가 많습니다. 몸은 앉아 있지만 마음은 자신도 모르게 과거나 미래로 가버린 경우가 얼마나 많은지요. 이렇듯 몸과 마음이 따로따로 살아가는 우리네 삶에서 몸과 마음이 하나 되는 닦음이 바로 올올좌兀兀坐의 자세를 통한 지관타좌 수행이라 할 수 있습니다. 그 시작은 먼저 바른 좌선의 자세를 갖는 데에서 출발합니다. 좌선할 때는 보통 가부좌나 반가부좌를 하는데 이 자세야말로 오랫동안 앉아서 좌선할 수 있는 유일한 자세라고 합니다. 부처님께서도 이 자세로 단좌 명상을 해서 깨달음을 얻으셨습니다. 이 자세에서 중요한 것은 척추를 곧게 펴고 귀와 어깨가 일직선이 되게 하는 것입니다. 어깨에 힘을 빼고 머리 뒷부분을 천정을 향해 밀어올리고 턱은 끌어당깁니다. 손은 법계정인法界定印이라 하여 왼손을 오른손 위에 올려놓고 엄지끼리 살짝 닿도록 하여 타원형으로 만듭니다. 그리고 이 손을 복부 아래에 두고 자세를 바르게 합니다.

묵조선에서는 온전한 마음은 온전한 몸의 자세에서 나옴을 강조합니다. 따라서 내가 어떤 몸가짐을 하느냐에 따라 어떤 마음 상태를 지니는가가 드러납니다. 중요한 건 '지금 여기'입니다. 지금 내가 올올좌의 자세로 앉아 있는 그 자체입니다. 그런데 보통 우리는 이 자세로 앉아 있어도 사유하곤 합니다. 이와 같이 사유가 들어오면 이를 알아차리고 다시 처음 명상을 시작한 비사량非思量의 상태로 돌아가는 것입니다. 그래서 몸만이 아니라 마음까지도 지금 여기에 있도록 해야 합니다. 몸과 마음을 지금 여기에 두는 수행, 이것이 바로 지관타좌의 비결입니다.

앞서 "일체중생 실유불성"에 대한 도겐 선사의 독특한 해석에 대해 살펴보았습니다. 도겐 선사께서 이를 '일체 중생은 불성이 있다'고 해석하지 않고 "일체는 중생이요, 실유는 불성"이라고 풀이한 것은 모든 것이 불성의 현현顯現이라는 의미를 담고 있습니다. 종전의 불성론에서는 불성이 마치 씨앗처럼 우리 안에 내재하고 있어 수행을 통해 이를 완성시켜 가는 것으로 해왔습니다. 이러한 불성내재론적 관점은 수행을 통해 불성을 완성해간다는 견해가 숨어 있습니다.

그러나 도겐은 수행을 불성을 완성해가는 수단으로 여기기보다, 수행의 자리가 곧 불성이 현현하는 자리라고 봅니다. 즉 내가 수행함으로써 마치 씨앗이 성장해가듯 불성이 자라는 것이 아니라, 수행하는 그 자리가 불성이 현현하는 자리라는 것입니다. 따라서 '지금 여기' 온전한 마음으로 앉아 있다면 거기가 바로 불성이 현현하는 자리라 할 수 있습니다. 이와 같이 불성을 수증修證에 즉해서 보는 것이야말로 이원론이 극복된 깨침의 시각이 아닌가 싶습니다. 깨닫기 위해서 앉는 것이 아니라 앉는 것 자체를 깨달음과 불가분의 관계에 있다고 보는 수행에 대해 스즈끼 순류(鈴木俊隆, 1904~1971) 선사는 다음과 같이 가르칩니다.

마음을 쉬라는 것은 마음의 활동을 멈추라는 뜻이 아닙니다. 그것은 마음이 몸 전체 구석구석까지 스며들어 몸의 모든 활동을 하나도 놓치지 말고, 동시에 몸의 활동이 하려는 바 없는 움직임이 되게 하라는 뜻입니다. 마음이 호흡을 놓치면 안 됩니다. 여러분은 온 마음으로 손으로 인印을 지어야 합니다.

이렇게 본다면 신심일여身心一如의 상태로 온 마음 온몸으로 온전히 지금 이곳에 존재하는 것, 그것이 바로 불교에서 수행을 통해 궁극적으로 지향하는 바라 할 수 있습니다.

4. 나오면서

지금까지 원시불교에서 대승불교에 이르기까지 불교 수행법에 대해 간략히 살펴보았습니다. 각 수행에는 방법상 차이가 있으나 근본적으로 부처님의 깨침인 연기와 무상, 무아에 기반을 두고 있다는 점에서 그 바탕은 같습니다. 원시불교에서는 연기법을 관觀하여 무아임을 깨닫는 것을 수행의 핵심으로 삼습니다. 그래서 무아를 깨닫는 것이 무엇보다 중요합니다. 고苦의 원인은 바로 '자아가 있다'는 생각에서 비롯된다고 보기 때문이지요. 보통 무상이나 무아론 때문에 불교를 허무주의로 보는 이들이 있습니다. 그러나 '무아'이기에 허무한 게 아니라 무아이기에 오히려 '본래 부처'라는 절대긍정의 인간관이 나올 수 있다는 점은 위와 같은 견해가 얼마나 왜곡된 것인지를 잘 말해주고 있습니다. 무아는 연기의 다른 표현이라 할 수 있습니다. 이 세상 어떤 것도 단일하게 독립되어 존재하는 건 없고 모두 인연에 의해 이루어졌음을 깨달으면 모든 존재가 연기법 안에서 살아가고 있음을 깨닫게 됩니다.

　이와 같이 연기법을 깨달아 존재의 실상을 보는 자는 곧 법을 보는 자이며, 법을 보는 자는 여래를 보게 됩니다. 부처님께서도 말씀하셨듯이 모든 중생이 부처의 지혜와 덕상德相을 갖추었건만 망상에 집착되어 스스로 체득하지 못하고 있음을 자각하게 되는 것입니다. 다시 말해 자신의 자리가 곧 본래 부처의 자리임을 자각하게 되는 거지요. 이것이 바로 부처님께서 말씀하신 정견正見이라 할 수 있습니다. 그런데 정견은 신심과 조화를 이루어야 균형 잡힌 수행이 가능합니다. 자칫 정견만을 지나치게 강조하다 보면 지식불교에 빠지기 쉽고 신심만 강조하면 지혜의 측면이 약화될 우려가 있기 때문이지요. 믿음을 갖고 수행하다 보면 정견이 생기고, 정견은 믿음을 더욱 굳건히 해준다는 점에서 양자는 불가분의 관계를 지니고 있습니다. 이렇듯 불교 수행은 믿음과 정견의 역동적 관계 속에서 깊어진다고 볼 수 있겠습니다.

제9강 그리스도교의 기도 명상

1. 예수의 기도

1) 예수의 기도와 그 가르침

그리스도교 기도에 관해 언급하려면 먼저 예수께서 어떻게 기도하셨고, 기도에 대해 어떤 가르침을 남기셨는지부터 살펴볼 필요가 있습니다. 신약성경은 예수께서 기도하는 모습을 종종 전해줍니다. 예수께서 많은 군중 속에서 병을 고치거나 가르침을 펼친 후에 외딴 곳으로 가셔서 기도하신 모습(루카 5,16), 제자 열둘을 뽑기 전 산에서 밤새 기도하시는 모습(루카 6,12-13 참조), 세례를 받으실 때(루카 3,21), 거룩한 변모 때(루카 9,29), 그리고 당신의 죽음을 앞두고 겟세마니 동산에서 피땀을 흘리면서 기도하시는 등 복음사가들은 예수의 주요 행적을 전할 때마다 그 전후에 기도하시는 예수의 모습을 등장시키곤 합니다. 이를 통해 복음사가들은 예수의 행적들이 하느님과의 일치 안에서 이루어진 것임을 말하고자 합니다. 그건 예수께서 하신 기도는 하느님의 뜻대로 이루어지고자 하는 지향을 지녔기 때문입니다.

사람은 죽음을 앞두고 있을 때 자신의 깊은 속내를 드러내곤 합니다. 우리는 예수께서 당신의 죽음을 감지하면서 하신 기도 안에서 그분이 일생 동안 어떤 마음으로 사셨는지 느낄 수 있습니다. 예수께서는 십자가상에서 마지막으로 다음과 같이 기도하셨습니다. "아버지, 제 영을 당신 손에 맡깁니다."(루카 23,46) 이렇듯 하느님께 온전히 자신을 의탁한다는 건 자신을 비울 때 비로소 가능합니다. 이러한 예수의 기도를 통해 그리스도교 기도는 다름 아닌 하느님 아버지의 뜻을 전적으로 신뢰하며 그 뜻에 자신을 합치시킴에 있음을 알 수 있습니다.

예수께서는 기도하실 때 주로 외딴 곳이나 산과 같이 조용한 장소로 피신해서 기도하셨습니다. 또한 그분은 제자들에게도 골방에 들어가 문을 닫고 숨어 계시는 아버지께 기도하라고 가르치셨습니다.(마태 6,5-7; 마르 1,35; 루카 6,12) 우리는 대개 외부에서 오는 자극이나 환경에 이끌려 일상을 살아갑니다. 『피크 위크의 기록』이라는 소설에서 말하듯이 우리는 마치 바퀴에 기름칠을 잘해 놓은 마차를 끄는 말처럼 살아가고 있는지 모르겠습니다. 마차를 끄는 말은 자기 생명을 구하기 위해 마차에서 달아납니다. 우리도 그런 말처럼 수많은 자극에 이끌려 하루하루 살아가고 있지는 않은지 모르겠습니다. 이렇듯 외부의 자극에 이끌려 살아가는 우리에게 예수께서는 고요한 곳을 찾아 머무르라고 말씀하십니다. 마음을 고요히 하기 위해선 주변 소음들로부터 벗어나야 하고 그러기 위해서 고요한 곳을 찾을 필요가 있습니다. 마음이 고요해져야 비로소 내면에서 들려오는 소리를 들을 수 있기 때문이지요.

예언자 엘리야는 여왕 이세벨로부터 분노를 샀을 때 죽음의 위협 속에서 광야로 도망쳤습니다. 그는 싸리나무 덤불이 있는 곳에 이르러 야훼께 죽여 달라고 기도했고, 그곳에 그대로 누워 잠을 잤습니다. 주님의 천사는 그가 주님을 만나 이야기를 나누도록 그를 호렙산으로 인도합니다. 그는 산 위에서 야훼 하느님을 기다리며 서 있었습니다. 야훼께서 강한 바람 속에서 오려나 기다렸으나 강한 바람 가운데는 계시지 않았습니다. 그리고 지진 속에도, 불 속에도 계시지 않았습니다. 불길이 지나간 다음에야 조용하고 여린 소리가 들려왔습니다.(1열왕 19,11-13 참조) 이렇듯 엘리야는 조용하고 여린 목소리 속에서 주님의 말씀을 들을 수 있었던 것입니다.[137] "너희는 멈추고 하느님 나를 알라"(시편 46,10)라고 노래한 시편 작가도 엘리야처럼 자신을 멈추고 내면에서 들려오는 소리에 귀 기울일 때 비로소 그분의 소리를 들을 수 있다고 말하고 있습니다. 우리의 의식 활동이 고요해지기 위해 한적하고 고요한 장소에 머무를 필요가 있습니다. 물론 고요한 곳에 머물러도 마음이 가라앉기가 쉽지는 않습니다. 그래서 우리는 기도의 방법을 배울 필요가 있습니다. 예수의 제자들도 그분께 구체적으로 기도에 대해 가르쳐 달라고 청했습니다.(루카 11,1) 그때 예수께서 가르쳐주신 것이 바로 '주의 기도'입니다.[138]

'주의 기도'에서 주목할 것은 예수께서 하느님과의 관계를 부자 관계

---

[137] T.H. 그린, 이정숙 역, 『마음을 열어 하느님께로』, 성바오로출판사, 1994, 60쪽.
[138] 많은 성경 주석가들은 루카가 최초 버전으로 된 주님의 기도를 보존했다고 본다.(안셀름 그륀 저, 이성우 역, 『예수, 인간의 이미지』, 분도출판사, 2006, 107쪽 참조)

로 전제하고 있다는 사실입니다. 주의 기도는 "하늘에 계신 우리 아버지"로 시작합니다. 여기서 '하늘'이 하느님의 초월성을 드러내는 표현이라면, 하느님을 '압바', 곧 아버지라 부르는 것은 하느님과 믿는 이들이 부자 관계임을 말해줍니다. 이렇듯 이 세상을 창조하신 하느님을 나의 아버지라고 부르는 것이 곧 그리스도인의 자기 정체성이라 할 수 있습니다. 따라서 그리스도인은 아버지이신 분께 절대적 신뢰를 갖고 살아가는 존재입니다. 이런 점에서 주의 기도의 서두에 나온 이 한 마디가 그리스도교 기도의 핵심을 드러내주고 있다고 할 수 있습니다.

신약성경을 탐구해온 학자들 중에는 진짜 예수의 말이라고 확신할 수 있는 것은 '아멘과 압바' 두 개뿐이라고 주장하는 이들이 있습니다.[139] 사실 '그대로 이루어지소서'라는 의미를 담고 있는 아멘과 '아빠'의 의미를 담은 압바는 예수의 가르침의 핵심입니다. '주의 기도'도 이 두 단어로 축약할 수 있습니다. 이것은 '주의 기도'야말로 압바 하느님께 대한 신뢰 안에서 하느님의 뜻이 이루어지기를 바라는 기도라 할 수 있기 때문입니다.

2) 기도의 주체인 성령

기도하기 위해 고요히 머물러 있다 보면 참나가 아닌 거짓 자아가 내 안에 있음을 발견하게 됩니다. 여기서 말하는 거짓 자아란 윤리적으로 부도덕하다는 의미라기보다 '존재의 불완전함', 다시 말해 피상적이고 망상적인 현실의 표면에 머무는 자아를 뜻합니다. 그런데 문제는 거짓 자아에서 자유로워지는 것이 쉽지 않다는 것입니다. 기도하며

---

[139] 돈더즈, 『예수, 그 낯선 분』, 분도출판사, 1984, 40~41쪽 참조.

하느님께 청해 보지만 그래도 여전히 거짓 자아 속에서 살아가고 있는 자신을 발견하곤 합니다. 이즈음에 드는 유혹은 기도해도 별 소용이 없다는 생각과 함께 더 이상 자기 내면을 바라보는 일도 그만두고 싶어진다는 것입니다. 그러나 바로 그때야말로 진정 기도해야 할 시기라고 그리스도교 영성가들은 말합니다. 그것은 바로 이 시기야말로 자신의 힘을 빼고 하느님께 전적으로 의존토록 마련된 때라고 보기 때문입니다.

십자가의 성 요한은 이를 통나무가 불속에서 타는 유명한 비유로 설명한 바 있습니다.[140] 통나무인 우리는 태워지는 과정 동안 숨겨져 있던 자기 모습을 드러냅니다. 곧 태워지는 동안 자기 욕망의 뿌리를 더 깊이 보게 된다는 것입니다. 십자가의 성 요한은 이를 토도(todo, 全部)와 나다(nada, 無)라는 두 단어로 설명하고 있습니다. 토도는 존재의 근원이요 전부이신 분이라는 뜻입니다. 즉 이는 존재하는 모든 것이 하느님에게서 나왔고 그분께로 돌아간다는 의미를 내포하고 있습니다. 이와 같이 존재의 근원이신 하느님께 시선을 둘 때 하느님 아닌 모든 것은 아무 것도 아님을 깨닫게 된다는 거지요. 이런 점에서 피조물은 '나다nada'라는 것입니다. 그는 하느님과의 일치에로 나아가면 나아갈수록 하느님 아닌 것에 대한 가치는 점점 상대화되어 간다고 말합니다. 이는 마음의 구심점을 자신에게서 하느님께 전향시킴으로써 세속적 집착으로부터 자유로워지기 때문이라는 거지요.

이와 같이 십자가의 성 요한은 자신의 욕망을 억제하고 극기하는

---

[140] 안토니 블룸, 김승혜 역, 『기도의 체험』, 가톨릭출판사, 1992, 80쪽.

차원에서가 아니라 하느님께 대한 갈망을 키움으로써 다른 모든 것을 상대화시키고, 따라서 욕망에 대한 집착에서 벗어나게 된다고 봅니다. 다시 말해 진정한 자유는 하느님께 전적으로 의탁함에서 시작됨을 깨닫게 된다는 것이지요. 이러한 정화의 길을 통해 하느님이 자기 존재의 근원임을 자각할 때 스스로 짊어지고 있는 짐들을 내려놓게 된다고 그리스도교 영성가들은 말합니다. 이렇듯 하느님을 구심점으로 삼는다는 것은 하느님이 자신 안에서 활동하시도록 자기 자신을 비움에서 출발합니다. 그러나 자기중심성에서 자유로워진다는 것은 사실 우리 힘으로는 불가능한 일일 수도 있습니다. 사도 바오로의 다음 고백은 이러한 자기 한계를 느낀 데에서 나온 것이 아닌가 싶습니다.

"나는 내가 하는 일을 도무지 알 수 없습니다. 내가 해야겠다고 생각하는 일은 하지 않고 도리어 해서는 안 되겠다고 생각하는 일을 하고 있으니 말입니다. 마음으로는 선을 행하려고 하면서도 나에게는 그것을 실천할 힘이 없습니다. 나는 내가 해야 하겠다고 생각하는 선은 행하지 않고 해서는 안 되겠다고 생각하는 악을 행하고 있습니다. 나는 과연 비참한 인간입니다. 누가 이 죽음의 육체에서 나를 구해줄 것입니까?"(로마서 7장 참조)

사도 바오로뿐 아니라 루카복음에 나오는 '예리고의 소경'도 자기 한계를 느낀 대표적인 사람으로 등장합니다. 그는 '새 예언자'가 나타나 기적을 행한다는 말을 전해 들었습니다. 그러던 어느 날 바로 그 새 예언자인 예수께서 자기 가까이에 온다는 것입니다. 이 소식에 그는 간절한 소망과 함께 혹시라도 자기를 그냥 스쳐 가면 어쩌나 하는 두려움도 느꼈을 것입니다. 그래서 그는 있는 힘껏 외쳤습니다. "다윗의 자손 예수님, 저를 불쌍히 여겨주십시오!" 주변 사람들은 그에게 조용히 하라고 꾸짖었지만 그는 더 절박하게 외쳤습니다. 크리스찬의 기도 과정 역시 마찬가지가 아닌가 싶습니다. 능동적 기도의 한계를 느낀 사람은 하느님께 전적으로 자신을 내어 맡기는 수동적 정화의 길로 자연스레 건너가게 됩니다. 그러한 수동적 정화의 길에서 궁극적으로 발견하는 것은 사도 바오로가 한 다음 고백이 아닐까 싶습니다. "이제는 내가 사는 것이 아니라 그리스도께서 내 안에 사시는 것입니다."(갈라 2,20)

기도를 시작한 사람들은 자기가 주체가 되어 기도하려는 경향을 띱니다. 그러나 기도의 참된 주체는 우리 자신이 아니라 성령이심을 예수께서 가르쳐주셨습니다. "내가 아버지께 청하면 아버지께서 다른 보호자를 너희에게 보내시어 영원히 너희와 함께 있도록 하실 것이다. 그분은 곧 진리의 영이시다"(요한 14,16-17)라고요. 사도 바오로 역시 "성령께서도 나약한 우리를 도와주십니다. 우리는 올바른 방식으로 기도할 줄 모르지만 성령께서 몸소 말로 다할 수 없이 탄식하시며 우리를 대신하여 간구해 주십니다"(로마 8,26-29)라고 고백한 바 있습니다. 이렇듯 기도의 주체가 우리 자신이 아니라 성령이시기에, 자기 시간과 마음을 성령께 내어놓는 것이야말로 기도의 핵심이라 할 수 있습니다. 이렇듯 성령께서 우리 안에서 활동하시려면 무엇보다 마음을 고요히 하는 법을 배워야 합니다. 그건 자신 안에서 일어나는 온갖 의식 활동들을 멈추는 데에서 비로소 기도가 시작되기 때문입니다.

2. 기도의 방법

1) 묵상기도

묵상기도의 대표적인 것으로 '거룩한 독서'로 번역되는 렉시오 디비나 Lectio Divida를 들 수 있습니다. 렉시오lectio는 라틴어로 가르침 혹은 수업을 의미합니다. 그래서 처음에 렉시오 디비나는 성경의 가르침 자체요 그리스도인의 삶 자체를 알아듣는 것으로 이해되어 왔습니다. 그러던 것이 후에 다른 모든 독서행위와 구분되는 성경봉독을 뜻하는 기도 방법이 된 것입니다.

사도행전에 보면 "그들은 사도들의 가르침을 듣고…… 기도하는 일에 전념했다"(사도 2,42 참조)고 전해지고 있습니다. 여기서 '사도들의 가르침'이란 구약성경과 예수에 관한 증언(나중에 신약성경의 근간이 됨)을 말합니다. 이와 같이 초대교회 신자들은 성경을 탐구하고 함께 기도하는 일에 익숙했음을 알 수 있습니다. 이러한 초대교회 공동체에서 행해 오던 기도 관습이 오늘날 렉시오 디비나로 전수되어 오고 있는 것입니다. 이렇게 본다면 거룩한 독서는 하나의 기도 형태이기 전에 하느님 말씀을 중심으로 인생과 교회를 바라보는 하나의 근본 태도라 할 수 있습니다. 이런 점에서 거룩한 독서는 단순한 성경 읽기가 아니라 '성경 살기'라고 할 수 있습니다.

렉시오 디비나는 5세기 베네딕도 수도원에서 구체적인 기도 방법으로 체계화되었고, 제2차 바티칸 공의회에서 재조명되어 오늘날까지 이어져 오고 있습니다. 이 기도는 크게 다음 네 단계로 나눌 수 있는데, 첫째가 성서를 천천히 읽는(lectio) 단계입니다. 이때 어떤 구절이나 문장 또는 단어가 마음에 와 닿으면 이를 되풀이하여 가슴에 새깁니다. 그 내용에 대해 자신이 알고 있다고 생각하면 우리는 본문에 숨겨져 있는 말씀에 귀 기울이지 않고 스스로의 말에 귀 기울이게 됩니다. 성경 구절과 구절 사이의 숨겨진 의미를 깨달으려면 마음을 비우고 귀 기울여 듣는 마음으로 주의 깊게 천천히 여러 번 읽는 것이 필요합니다.

둘째는 성경 말씀을 깊이 숙고하고 음미해 보는 묵상(Meditatio) 단계입니다. 마치 소가 여물을 씹고 또 씹어 되새김질하듯, 읽은 성서 말씀을 반복해서 다시 읽음으로써 마음속에서 그것들이 울려 퍼지게 하는 단계라 할 수 있습니다. 한 번 들은 말씀을 내 몸의 일부로 만들기라도 할 것처럼 마음 깊이 각인하는 것입니다. 우리는 중요하다고 느끼는 어떤 말을 들으면 자기도 모르게 그것을 되뇌곤 합니다. 이렇듯 거룩한 독서에서도 되새김은 자연발생적으로 생겨납니다.

셋째는 묵상한 것을 내 마음 안에 스며들도록 기도하는 정감적 기도(Oratio)로, 한 구절이나 문장을 계속 경청하면서 응답하는 단계입니다. 이때 사색과 의지 활동이 통합되면서 하느님 현존 안에 머무는 상태가 되는데, 바로 이 단계가 렉시오 디비나의 마지막 과정인 관상기도(contemplatio)의 단계입니다. 이 단계에 들어서면 사유를 멈추게 되고 하느님 안에 깊이 침잠해 들어가게 됩니다. 이상의 4단계에서 '독서'는 단단한 음식을 입으로 가져가는 것이라면, '묵상'은 그것을 잘게 씹어 가루로 만드는 것이며, '기도'는 그 맛을 보는 것이고, '관상'은 기쁨과 새 힘을 주는 감미로움 그 자체라 할 수 있습니다.[141]

---

[141] 이연학, 『성경은 읽는 이와 함께 자란다』, 성서와 함께, 2006, 37쪽 참조.

선불교에서는 불립문자不立文字라 하여 경전조차도 읽지 말라고 하지만, 이는 자칫 오해를 불러일으킬 수 있습니다. 불교가 불교일 수 있는 건 부처님의 가르침을 문자로 남긴 경전이 있기 때문이고 이 경전을 통해 부처님의 가르침을 깊이 이해하게 되었기 때문입니다. 이런 점에서 선불교 역시 불교 경전에 기반을 두고 있다고 할 수 있습니다. 그리스도교 기도에서 성경을 읽고 묵상하고 되새김하는 것이 중요하듯이, 선불교 역시 부처님의 가르침인 경전에 바탕을 두고 있음을 간과해선 안 될 것입니다. 만일 선종이 이를 무시한다면 자칫 하나의 독단으로 흐를 위험이 있다고 봅니다.

예수회 창시자인 로욜라의 성 이냐시오도 그의 『영신수련』에서 묵상기도를 권장해 왔습니다. 그리스도교 신비 전통을 볼 때 많은 위대한 성인들이 이러한 묵상기도를 통해 하느님과 깊이 일치되었다고 전해지고 있습니다. 그러나 다른 한편, 기도생활에 깊이 들어간 사람들은 묵상기도를 더 이상 하기 어렵다고 여겨지는 때가 옵니다. 아빌라의 대 데레사도 묵상기도가 마치 애써 우물에 가서 물을 길어 올리는 것처럼 힘겹게 여겨질 때가 있다고 말한 적이 있습니다. 그것은 묵상기도가 상상이나 지성을 사용하고 감각을 모아야 한다는 점에서 인간의 능동성을 요구하기 때문입니다. 이와 같이 묵상기도가 능동적인 기도라면, 상상이나 지성을 사용치 않고 하느님 안에 침잠할 수 있는 기도로 교회 전통 안에서 내려오는 기도 방법이 바로 관상기도입니다.

2) 관상기도로서의 향심기도

관상기도인 'contemplation'에서 'con'은 '함께'라는 뜻이고, 'temple'은

'성전, 집, 궁전'이라는 의미입니다. 따라서 관상기도는 하느님과 함께 궁전에 머무는 것, 혹은 하느님의 현존에 머무는 기도라는 뜻으로 쓰여 왔습니다. 16세기말 그레고리오 성인은 관상기도를 사랑으로 충만한 하느님에 대한 지식 또는 '하느님 안에서의 쉼'이라고 정의한 바 있습니다. 하느님 안에 쉰다는 것은 정신과 마음으로 하느님을 탐구하는 것이 아니라 하느님 안에 머무는 것을 뜻합니다. 이러한 관상기도는 교회 안에서 영적으로 특별한 관상가들이나 할 수 있는 기도라고 여겨져 왔습니다. 그런데 현대에 와서 일반 평신도들도 관상기도를 배울 수 있도록 구체적인 수련 방법이 소개되었는데 향심向心기도(Centering Prayer)가 바로 그것입니다.[142] 향심기도는 1975년 윌리엄 메닝거 신부와 바실 페닝톤 신부가 14세기의 고전인 『무지의 구름』이라는 책을 기반으로 하여 체계화시킨 후, 토마스 키딩Thomas Keating 신부에 의해 현대인들의 심성에 맞게 구체화한 기도 방법으로 관상기도의 입문이라 할 수 있습니다.

① 거룩한 단어와 사고를 떠나보냄

향심기도는 우선 하느님께서 마음 안에 현존하심에 대한 믿음을 전제하고 있습니다. 이 믿음 아래 마음 깊은 곳에서 하느님의 활동에 동의하는 지향을 갖고, 침묵 안에서 하느님 현존에 머무는 것을 지향합니다. 그러나 우리가 아무리 하느님 현존 안에 머무르려고 의지적으로 노력해도 자신도 모르는 사이에 마음과 생각이 하느님을 떠나 이리저리 돌아다

---

[142] 이 기도는 예수께서 산상설교에서 '숨어서 드리는 기도'라고 명명한 그 수련에 대한 현대적 명칭이라 할 수 있다.

니곤 합니다. 이렇게 의식이 방황할 때 하느님의 현존에로 마음을 되돌리기 위해 키딩 신부는 '거룩한 단어'를 들라고 제안합니다.[143] 즉 거룩한 단어는 분심이 왔을 때 이를 알아차리고 처음의 지향으로 돌아가기 위한 방향키와 같은 것입니다. 거룩한 단어는 자기 스스로 자유롭게 선택할 수 있는데, 예를 들어 주님, 예수님, 하느님, 예수 그리스도, 평화, 사랑, 자비 등이 있습니다. 사실 향심기도를 할 때 우리가 능동적으로 해야 할 것이 있다면 그건 바로 분심이 들 때 거룩한 단어를 드는 일입니다. 이런 점에서 거룩한 단어는 자신이 처음 지향한 하느님의 현존에로 되돌아간다는 의미에서 그 지향하는 바를 가리키는 표지나 화살표라고 할 수 있습니다. 이와 같이 사고가 일어났을 때 하느님께서 우리 안에서 활동하심을 동의하는 지향의 상징으로써 거룩한 단어를 사용하는 것뿐이지 이를 계속 '생각'하는 것은 아닙니다. 키딩 신부는 사고에 대처하는 방법에 대해 다음과 같이 말합니다.

"어떤 생각에도 저항하지 말고 어떤 생각도 붙잡아두지 마라. 어떤 생각에도 감정적으로 반응하지 말고 생각에 빠져들면 거룩한 단어로 아주 부드럽게 되돌아가라."

사실 관상기도에 들어선 사람이면 누구나 사고의 문제에 맞닥뜨릴 수밖에 없습니다. 아침에 눈을 떠서부터 밤에 잠자리에 들기까지 끊임없이 의식 활동을 하며 살아가는 우리들이기에 고요한 중에 머물러 있어도 의식 활동이 멈추지 않습니다. 사고란 단순히 자기 안에 떠오르는 생각이나 기억뿐 아니라 앞으로의 계획들과 관련된 상상들로부터

---

[143] 거룩한 단어에서 '거룩함'이란 단어 자체가 거룩하다는 의미가 아니라 하느님을 향한 '동의'의 표현이기에 붙여진 것이다.

무의식적 사고에까지 다양한 종류가 있습니다.[144] 영적 여정에 대한 밝은 아이디어 혹은 과거의 삶에 대한 심리적 반성, 기막힌 영감, 자신의 사고와 감정들, 깊은 평화 갈구, 하느님의 위로에 해당되는 영적 체험들도 모두 사고에 지나지 않는다고 볼 수 있습니다. 영적 체험에 굶주린 사람일수록 어떤 멋진 영적 체험이 일어나면 거기에 머물러 있고 싶어지기도 합니다. 그러나 그 체험이 아무리 거룩하다 해도 그것 역시 사고일 뿐입니다. 사실 사고 중에도 시시한 사고보다 그럴듯한 사고들이 더 문제가 됩니다. 우리는 자신이 갈구하던 깊은 평화의 상태나 하느님과 하나 되는 영적 체험을 한다면, 그것이 자신이 추구해온 정점이라고 생각하고 거기에 계속 집착하기 쉽습니다. 그러나 그것 또한 사고의 영역이라는 것입니다.

『무지의 구름』에는 "너희가 참된 자신이 되고자 한다면…… 악한 생각은 물론 선한 생각마저 버려라"는 대목이 나옵니다. 이는 내적 에너지가 존재의 깊이에서 약동하기 위해 산만한 생각을 끊어버려야 하기 때문입니다. 마이스터 엑카르트도 "하느님의 뜻을 행하고자 하는 욕구까지도 끊으라"고 말한 바 있습니다. 그러한 욕구조차도 갈애渴愛이기 때문입니다. 존재의 깊이에서 사랑의 설렘이 약동하기 위해서는 이 모든 것을 끊고 벌거벗은 상태가 되어야 한다는 것이지요. 이렇듯 '사고를 떠나보내라'는 향심기도의 지침은 불교 명상에서 말하는 것과도 일맥상통하는 면이 없지 않습니다. 불가에서는 "좋은 생각도 붙들지 말고 나쁜 생각도 없애려 하지 말라. 이 모두는 다만 마음챙김의 대상일

---

[144] 토머스 키팅, 엄무광 역, 『마음을 열고 가슴을 열고』, 가톨릭출판사, 1997, 119-128쪽.

뿐"이라고 가르칩니다. 곧 좋은 생각이든 나쁜 생각이든 이 모두가 사유일 뿐이니 '생각'에서 자유로워지라는 것이지요. 이처럼 불교나 그리스도교에서 사고로부터의 해방을 중시하는 것은, 사고로부터 자유로워져야만 비로소 궁극적 실재의 세계를 만날 수 있다고 보기 때문입니다.

② 감각의 밤과 영의 밤을 통한 변형적 일치

기도생활을 하다 보면 적극적이고 능동적인 기도를 더 이상 하기 어려운 때가 찾아옵니다. 영성가들은 이러한 때를 '어두움의 시기'라고 부르고 이 시기가 수동적 기도로 건너가는 때라고 봅니다. 십자가의 성 요한은 이 시기를 '어둠의 밤'이라고 표현했고, 키팅 신부는 이를 감각의 밤과 영의 밤으로 나눠서 설명하고 있습니다. 감각의 밤이란 마지막까지 무의식 속에 남아 있는 자신의 가치관들을 정화하는 시기로서 이때에는 감각과 이성에 의존해 왔던 하느님과의 관계를 끝내고 영적 위안에서도 젖을 떼는 시기라 할 수 있습니다. 그러나 감각의 밤에서도 자신이 하느님으로부터 특별한 소명을 받은 자라는 은밀한 만족감 같은 것들이 남아 있을 수 있습니다. 이러한 미세한 영적 차원에 대한 정화가 일어나는 시기를 '영의 밤'이라고 부릅니다. 이때에는 감각의 밤에서 교정되지 않는 마음의 습관적 산만, 문화적 조건화의 잔재(유교적 배경 등), 영적 교만과 자부심, 무의식에 있는 거짓 자아의 잔재로부터 해방되어 변형하는 일치를 준비하는 시기라 할 수 있습니다.

이와 같이 감각의 밤과 영의 밤을 통해 우리는 무의식에 있는 하느님의 상이나 하느님에 대한 이미지를 버림으로써 거짓 자아로부터 자유로워지게 됩니다. 거짓 자아로부터 벗어난다는 것은 '본래의 나'로 변형됨을 뜻한다고 볼 수 있습니다. 여기서 변형된다는 건 우리의 본래성이 회복됨을 의미합니다. 키팅 신부는 이를 '변형적 일치'라고 표현했습니다. 다시 말해 이는 하느님께서 객체로서가 아니라 보다 깊은 주체로서 자각되는 것입니다. 하느님이야말로 내 존재의 근거이기에 내가 애써 하느님 계신 곳을 찾아가 거기서 하느님을 만나는 것이 아니라 내가 지금 하느님의 현존 안에 있음을 깨닫는 것을 의미합니다. 하느님을 찾아 헤매던 그 모든 시간들에 하느님은 나와 함께 계셨고 사랑의 근거로서 만유 안에 존재하고 계심을 깨닫는 것입니다. 이와 같이 하느님의 사랑을 자각하면 하느님의 의지를 자신의 행동의 유일한 동기로 삼아 하느님 영대로 살아가고자 노력합니다. 자신의 의지를 하느님의 의지에 일치시킨 변형적 일치 안에서 살아간다는 것은 예수가 보여준 사랑을 사는 것이라 할 수 있겠습니다. 이것이 바로 향심기도가 궁극적으로 지향하는 것이라 할 수 있습니다. 그럼 지금까지 살펴본 향심기도를 불교 명상과 비교해 보도록 합시다.

불교 명상의 경우에는 마음챙김을 중시해 오고 있습니다. 위빠사나 수행에서는 '끊어짐 없이 마음을 챙길 것'을 강조합니다. 마하시 위빠사나 수행은 호흡챙김에 있어 배 움직임을 알아차림(sati)의 일차적 대상으로 삼습니다. 곧 배 움직임을 통해 호흡을 챙깁니다. 그 외의 위빠사나 수행에서도 몸, 느낌, 마음, 법을 알아차림의 대상으로 챙겨 관찰해야 합니다. 한편 간화선에서는 '화두를 챙기라'고 가르칩니다. 간화선에서는 화두에 의정疑情을 일으키는 것이 그 핵심이라 할 수 있습니다. 의정은 다른 생각들이 전혀 나지 않는 짧은 순간에 일어나는 의심이기 때문에 '깨어 있음과 같이 가는 것'이라 할 수 있습니다. 의정을 일으키려면 화두에 마음을 챙겨야 합니다. 마음을 다해 화두를 챙길 때 의정이 생기고, 이미 생긴 의정을 더욱 강하게 만들 수 있습니다. 이런 점에서 화두챙김이야말로 간화선 수행의 핵심이라 할 수 있습니다.[145] 이렇듯 의정은 화두를 간단없이 챙기는 사띠(念)와 화두에 대해 조급한 마음을 내지 않고 고요하면서도 면밀히 대하는 마음 상태(定), 그리고 일체 상대적인 분별을 뛰어넘으려는 지혜(慧)가 함께 어우러져 일어나는 것이라 할 수 있습니다.

이에 반해 향심기도는 자신을 하느님께 맡기는 '지향'을 중시합니다. 즉 향심기도에서는 성령께서 우리 안에 활동하도록 자기를 내어맡기면서 어떤 분심이 생기면 이를 알아차리고 거룩한 단어로 돌아가라고 합니다. 이때 거룩한 단어를 든다는 것은 그 단어에 '집중'하는 것이 아니라 다만 자신을 성령께 의탁하여 하느님의 현존에 머무는 것에 동의하고 '지향'하기 위함입니다. 『무지의 구름』의 저자도 그리스도교의 기도를 '적나라한 의지의 지향'이라고 말한 바 있습니다. 여기서 '적나라한 의지'라 함은 생각과 상상과 욕망마저 벗어던진 사랑의 상태를 가리킵니다. 이와 같이 향심기도에서는 자신 안에 살아 계시고

---

[145] 대혜 스님이 간화선을 주창하게 된 근본 이유 중의 하나는 화두를 참구하는 것이 혼침昏沈과 도거(산란함)를 제거하는 가장 강력한 수단이라고 보았기 때문이다. 혼침은 거듭거듭 화두를 제기함으로 극복되며 이런 화두의 제기는 바로 지혜(慧)의 기능이다. 도거는 적정처에서 면밀하게 화두를 듦에 의해서 극복되는데 이런 주도면밀함은 다름 아닌 고요함(定)을 말한다. 이와 같이 화두를 면밀하게 제기하는 것을 우리는 화두를 챙긴다고 한다. 여기서 챙긴다는 것은 화두를 물샐틈없이 들고 있는 것을 말한다.

활동하시는 하느님의 현존에 동의하며, 그분께 마음의 지향(intention)을 두는 것이 무엇보다 중요합니다. 이와 같이 불교 명상에서는 알아차림을 중시하는 데 반해, 그리스도교 기도에서는 하느님 현존 안에 머물기 위해 마음의 지향을 중시한다고 볼 수 있겠습니다.

③ 관상과 활동

이상에서 살펴본 그리스도교 기도인 렉시오 디비나, 이냐시오식 묵상기도, 관상기도로서의 향심기도는 구체적인 삶과 불가분의 관계를 지니고 있습니다. 이는 그리스도교 기도에 있어 무엇보다 중요한 건 세상 안에서 기도가 사랑의 실천으로 구체화되는 것입니다. 결국 형제자매들을 사랑하지 못할 때 나는 온전히 하느님과 일치하고 있는 것이 아니기 때문입니다. 이런 관점에서 그리스도교에서 기도와 활동은 불가분의 관계를 지니고 있습니다.

루카복음에 나오는 마르타와 마리아의 이야기(루카 10,38-42)는 기도와 활동의 관계를 잘 보여주고 있습니다. 이 이야기는 예수께서 두 자매의 집을 방문했을 때의 대화를 중심으로 전개되고 있습니다. 보통 이 이야기에서 예수께서는 열심히 일했던 언니 마르타보다 예수님 발치에 앉아 그분의 말씀을 경청한 동생 마리아를 높이 평가했다고 해석되어 왔습니다. 마치 이 이야기가 관상과 활동을 양분하여 그중 관상생활의 우위성을 강조한 것처럼 해석되어 온 것입니다. 그러나 과연 이 얘기를 서술한 루카복음사가가 활동 위에 '관상'을 두었을까요? 아니, 그보다 예수의 가르침이 관상을 활동 위에 두었는지 우리는 의문을 가져볼 필요가 있습니다. 그건 예수의 가르침에서 무엇보다 중요한 건 '사랑을 실천함'에 있기 때문입니다. 다시 말해 예수의 가르침 안에서 무엇보다 우선순위는 자비행에 있다는 것입니다. 이런 맥락에서 볼 때 이 이야기 역시 (관상) 기도를 (사랑의) 활동 위에 두었다기보다 양자를 역동적 관계에 초점을 맞추어 봄이 더 타당한 것 같습니다.

여기에 나오는 마르타는 마리아처럼 예수님 발치에만 앉아 있고 싶어도 현실 속에서 바삐 살아갈 수밖에 없는 보통사람, 아니 섬김을 소명으로 받은 예수 제자로서의 삶을 보여주는 게 아닌가 싶습니다. '갖가지 시중드는 일에 분주'했던 마르타는 예수께 '저를 도우라고 동생에게 일러 주십시오'라고 청합니다.(루카 10,40 참조) 이에 예수께서는 마르타에게 '너무 많은 일을 염려하고 걱정한다'고 하시면서 '실상 필요한 것은 한 가지뿐'이라고 말씀하십니다.(루카 10,42 참조) 여기서 예수께서 마르타에게 건넨 "실상 필요한 건 한 가지뿐"의 의미에 대해 생각해 봅시다. 그건 바로 그분의 말씀에 머물러 깨어 살아감을 의미합니다. 그래서 예수께서는 당신 발치에 앉아 듣고 있던 마리아의 자세에 대해 긍정적으로 보신 것입니다.

우리는 살아가면서 기도와 활동 간에 긴장 관계가 있음을 체험케 됩니다. 특히 바쁜 현대인들에게는 더더욱 그렇습니다. 그런데 복음서를 보면 예수께서는 "항상 깨어 있어라", "유혹에 빠지지 않도록 깨어 기도하시오"(마태 6,41), "늘 깨어서 간구하시오"(루카 21,36) 등 '끊임없이' 기도하기를 촉구합니다. 사도 바오로도 서간에서 "끊임없이 기도하시오"(데살1 5,17-18), "쉬지 말고 기도하라"(데살전 5,17)고 하여 '항구한 기도'를 강조하고 있습니다. 이런 얘기를 접하면 흔히 이 바쁜 현실에서 '항상' 깨어 기도하는 것이 어떻게 가능한지 의문이 들 수 있습니다. 그러나 이런 의문은 기도와 활동을 별개로 보고 하느님과 나 자신을 이원론적으로 생각함에서 비롯된 것입니다. 토마스 머튼은 쉬지 않고 기도한다는 건 하느님에 대해서 지속적인 마음의 개방, 주의 기울임, 귀 기울임이라고 말합니다.[146] 즉 그분의 현존 안에서 살아가는 것이라고 할 수 있겠습니다. 이런 맥락에서 동방 정교회 전통을 통해 전해온 '예수기도' 방법에 귀기울여 볼 필요가 있습니다.

3) 동방의 예수기도[147]

'끊임없이 기도하라'는 말씀이 '항상 생각하라'는 의미가 아님은 말할 필요도 없을 것입니다. 또한 이는 어떤 개념이나 대상 느낌에 계속 집중하는 것도 아닙니다. 만일 그렇다면 쉬지 말고 기도하는 건 거의 불가능한 일이 될 테니까요. '끊임없이 기도하라'는 건 하느님의 현존 안에 침잠하고 있음을 의미합니다. 토마스 머튼은 이를 '하느님께 대한 연속적인 개방, 주의 기울임, 혹은 귀 기울임으로 여기는 것' 등으로 말한 바 있습니다.

  늘 깨어 기도하며 살고픈 열망을 지닌 러시아의 한 '이름 없는 순례자'는 끊임없이 기도할 수 있는 방법을 가르쳐 줄 영성 지도자들을 찾아 다녔습니다. 마침내 그는 한 스승을 만났고 '주 예수 그리스도님, 저를 불쌍히 여기소서'라는 기도를 매일 천 번씩 하라는 가르침을 주었습니다.[148] 순례자는 그 가르침대로 하루에 3,000번에서 6,000번으로, 다시

---

146 윌리엄 쉐논, 최대형, 『깨달음의 기도』, 은성출판사, 2010, 97쪽.
147 이는 동유럽이나 러시아에 퍼진 동방정교에서 하시캐즘(Hesychasm, 헤시카즘)이라는 중요한 전통으로 내려오는 기도 방법이다.

12,000번으로 늘려가면서 예수의 호칭기도를 했습니다. 그는 러시아 전 지역을 순례하면서 이 기도를 바쳤고, 마침내 더 이상 의식하지 않아도 심장이 뛸 때마다 박자에 맞추듯 저절로 예수의 기도를 하는 경지에 이르게 되었다고 합니다.[149] 이러한 기도 방법은 동방 정교회의 신비 전통(하시캐즘)에 전해져 내려오는 것으로, 『필로카리아 Philokalia』에 상세히 나와 있습니다.[150] 동방 정교회 전통의 신비가들은 이 기도문 안에 복음 전체가 집약되어 있다고 말합니다. 그것은 '주 예수 그리스도'라는 이름 안에 구약과 신약의 성취가 모두 담겨 있다고 보기 때문입니다. 그리고 이 기도 뒷부분인 "우리를 불쌍히 여기소서"는 그리스어로 eleison을 뜻하는데 이는 올리브 나무와 거기서 나오는 기름을 의미하는 elaion과 같은 뜻입니다.

창세기에 보면 노아가 홍수가 끝났는지 확인하기 위해 비둘기를 밖으로 보내는 장면이 나옵니다. 이때 비둘기는 작은 올리브 나뭇가지를 가져오는데 여기서 올리브 가지는 하느님께서 다시 인간에게 새로운 기회를 주신다는 메시지를 담고 있습니다. 그 밖에 올리브유는 구약시대에 왕과 사제의 도유식에 사용되기도 했고, 착한 사마리아인의 우화

---

[148] '주 예수 그리스도, 하느님의 아드님, 죄인인 제게 자비를 베푸소서'라고 하기도 하고, 짧게는 그냥 '예수'라고 이름만 되풀이하기도 한다.

[149] 오강남, 『기도』, 대한기독교서회, 2004, 57쪽.

[150] '필로카리아'란 '아름다움에 대한 사랑'이라는 의미로, 만물의 근원인 신의 아름다움을 그린 것이다. 『필로카리아』에 따르면 먼저 상상력을 사용하여 심장에 모든 주의를 집중하고 생각을 머리로부터 끌어내려 심장에 들어가도록 하면서 "주 예수 그리스도, 하느님의 아들이시여, 죄인인 우리를 불쌍히 여기소서"를 반복하라고 가르친다.

에 나오듯이 병을 낫는 데에도 쓰였습니다. 이렇게 볼 때 올리브유는 하느님의 자비와 은총을 통해 그분과 관계를 회복함을 드러내주고 있습니다. 예수기도 안에는 신구약의 성취와 하느님의 자비와 은총이 함축되어 있다고 볼 수 있습니다. '이름 없는 순례자'는 '예수기도'를 반복함으로써 생각과 사고에서 자유로워질 뿐 아니라, 하느님의 현존을 더욱 깊이 느끼게 되었다고 전해지고 있습니다.

흥미롭게도 예수기도와 유사한 기도 방법을 우리는 이웃 종교 전통에서도 찾아볼 수 있는데 불교의 염불念佛도 그중 하나입니다. 정토종에서는 '나무아미타불'이라는 아미타불 신앙에 입각한 '칭명염불稱名念佛'을 중심 수행으로 삼고 있습니다. 특히 일본 가마꾸라 시대의 호넨(法然, 1132~1212)은 염불을 모든 수행 위에 두는 전수염불專修念佛을 주장했습니다.[151] 전수염불이란 '오로지 염불만' 하는 수행 방법을 말하는데, 호넨은 염불을 계속 반복하게 되면 아미타불과 하나 되는 체험을 할 뿐 아니라 이를 통해 정토왕생을 얻을 수 있게 된다고 주장했습니다.[152]

---

[151] 호넨은 중국 정토종 조사인 선도善導의 『관무량수령소』를 읽다가 염불에 대한 다음 가르침을 접하게 되었다. "오직 온 마음을 다해 아미타불의 이름을 읊되 한시도 쉬지 말라. 이것이 어김없이 해탈을 가져오는 업이니 부처님의 본원本願에 상응하기 때문이다." 그는 그 후 염불이야말로 중생을 향한 아미타불의 자비, 곧 아미타불의 본원에 의한 것이라는 사실을 깊이 자각함으로써 전수염불 사상을 펼쳤다.

[152] 호넨의 제자였던 신란(親鸞)은 호넨보다 한 걸음 더 나아가서 구원은 인간의 노력에 의해서가 아니라 거저 주어진다고 가르쳤다. 이러한 신란의 가르침은 마음 깊이 자리한 죄악성에 대한 깊은 통찰에서 나온 것이다. 신란은 염불행이나 신심까지도 우리의 힘으로 할 수 있는 것이 아니라고 보았다. 즉 염불행이나 신심도 아미타불로부터 회향廻向되었다는 것이다. 호넨의 염불 수행은 아직 자력적

호넨과 동시대 불교인 니치렌종(日蓮宗)의 법화창제(法華唱題, 묘법연화경이라는 다섯 글자를 계속 암송하는 수행)도 같은 맥락에서 이해할 수 있습니다. 니치렌은 『법화경』이야말로 우리가 귀의해야 할 바로 최고의 경전이라 믿었기에 '나무묘법연화경(南無妙法蓮華經, 나무묘호렌게교)'이라는, 경전 이름을 부르는 법화창제를 주장한 것입니다. 즉 부처님의 가르침이 『법화경』 안에 다 녹아 있기 때문에 비록 그 내용을 잘 이해하지 못하더라도 '묘법연화경'이라는 다섯 자를 읊기만 하면 부처님의 자비를 얻을 수 있다고 믿었던 것입니다. 니치렌의 가르침은 오늘날 창가학회創價學會를 비롯하여 일본 신종교의 기반이 되고 있습니다. 이 외에도 티베트 밀교에서도 '옴 마니 파드메 훔'(한국발음으로는 '옴마니반메훔')을 밤낮으로 외우기도 하고, 이 기도문을 기도바퀴에 써넣고 돌리면서 외우기도 합니다. 힌두교에서도 '하레 크리쉬나'라고 하여 신의 이름을 반복해서 부르는 것이나, 이슬람교에서 '라일라하 일랄라 무함마드 라술룰라'를 외우는 것도 같은 맥락에서 이해할 수 있습니다.[153]

이상에서 우리는 다음 사실을 발견하게 됩니다. 그건 각 종교나 종단에서 자신들이 신앙하는 핵심 교의가 담긴 단어나 구절의 암송을 중시한다는 건, 반복적인 기도가 우리 자신을 자기중심적인 자의식으로부터 자유로워지도록 해줄 뿐 아니라 궁극적으로 각 종교가 지향하는

인 면이 남아 있는 반면, 신란은 염불마저도 아미타불에 의해 중생에게 회향된 것으로 봄으로써 절대타력 수행을 주창했다고 할 수 있다.

[153] 이슬람신도들이 드리는 이 기도문은 '알라를 제외한 다른 신은 없으며 무함마드는 하느님의 사도이다'라는 뜻으로 이슬람교 신앙고백의 핵심이라 할 수 있다.(오강남, 『기도』, 대한기독교서회, 2004, 259쪽)

궁극적인 실재와 일치하게 해줌을 잘 보여주고 있다는 사실입니다. 다시 말해 어떤 기도든 그것을 끊임없이 반복하게 되면 마음뿐 아니라 몸 전체에까지 영향을 받게 된다는 것입니다. 이는 마음 기도만이 아니라 몸 기도가 얼마나 중요한지를 말해줍니다.

4) 몸 기도

사실 그리스도교 기도의 대부분은 마음 기도입니다. 이는 마음을 중시해온 그리스도교의 신학적 흐름과 무관하지 않습니다. 그리스도교 신학은 희랍 철학의 영향을 받으면서 영육 이원론적 사유를 양상시켜 왔고, 이는 그리스도교의 기도생활에도 영향을 미쳐 '영'(마음) 중심의 기도로 치우치는 결과를 낳았습니다. 기도를 깊이 해본 사람이라면 마음 기도만으로 우리 몸 깊숙이 자리 잡은 죄성의 뿌리를 없애기 어렵다는 사실을 깨달을 것입니다. 그것은 마음과 의식이 정화되었다 해도 몸에는 여전히 습기習氣가 남아 있기 때문이지요. 몸 구석구석까지 스며 있는 습기는 의식과 마음의 정화만으로 없앨 수 없습니다. 그래서 불교에서도 한 번의 견성見性으로 몸 전체의 악습을 깡그리 제거할 수는 없으며 무명의 뿌리를 뽑아낼 수도 없다고 하는 것입니다. 그것은 미망의 습성인 욕정과 업(karma)이 육체와 긴밀히 연계되어 있기 때문입니다. 그래서 몸 안에 남아 있는 습기로부터 자유로워지려면 온전히 깨어 있음이 필요합니다.

지금 이 순간 하느님께서 내게 전하려는 뜻에 집중하지 않은 채 어떻게 그분의 뜻을 알아차릴 수 있습니까? 마음만이 아니라 우리의 모든 감각과 오관을 활짝 열어두지 않는다면 어떻게 그분의 뜻에 집중할 수 있겠습니까? 시각, 청각 등의 오관을 통해서 말씀하시는 하느님의 뜻을 알아차리기 위해 마음의 기도만으로는 부족합니다. 이것이 우리가 몸 기도에도 관심을 두어야 하는 이유입니다. 고요한 곳에서 기도할 때에는 하느님 안에 머물러 있지만(그렇지 못할 경우도 많지만) 일상으로 돌아가면 쉽게 마음이 흐트러짐을 경험하게 됩니다. 우리의 오관으로 들어오는 감각이 과포화 상태가 되어 경계가 흐려지기 때문입니다. 즉 감정의 홍수 속에서 마음을 한곳으로 모으는 것이 참으로 쉽지 않습니다. 그러기에 마음 기도뿐 아니라 몸 기도가 필요한 것입니다.

몸 기도의 하나로 '호흡기도'를 들 수 있습니다. 호흡기도는 숨을 들이쉬고 내쉬는 호흡에 맞추어 우주에 가득한 하느님의 영 기운이 내 안에 임하도록 성령께 마음을 여는 기도입니다. 구체적으로 숨을 들이쉴 때 '예수', 내쉴 때 '나'를 내보내면서 그리스도로 충만해지기를 간구하는 기도 방법입니다. 이렇듯 마음 안에 성령이 활동할 수 있도록 자신을 비우는 호흡기도는 방법은 간단하고 쉬워 보여도 결코 쉬운 방법은 아닙니다. 처음에는 자신의 호흡을 쉽게 놓치고 사고에 빠져들기가 쉽기 때문입니다. 또 호흡 명상은 아무 것도 하지 않는 무위無爲로 느껴질 수도 있습니다. 그래서 호흡 명상 시에는 해야 할 일들이 떠오르고 그것들을 해야 한다는 조급함 때문에 견딜 수 없게 되기도 합니다. 특히 시간적 압박감을 지니고 살아가는 현대인들에게는 더욱 그렇습니다.

도겐 선사의 『정법안장』에 보면 '신심학도身心學道, 신심일여身心一如'라는 표현이 자주 등장합니다. 이는 몸과 마음이 하나이기에 신심을 함께 닦아야 함을 강조한 표현입니다. 자칫 깨달음을 지나치게 강조하면 마음 중심의 수행론이 되기 쉽습니다. 그러기에 "진정한 깨침은 마음의 깨달음에만 머물러서는 안 되며 신심일여身心一如의 깨침으로 나아가야 한다"는 것입니다. 이는 마음 닦는 수행뿐 아니라 몸 수행의 필요성을 역설한 것이라 하겠습니다. 앞으로 더 많은 몸 기도 방법이 개발되어 나오기를 기대해 봅니다.

3. 불자들의 기도와 그리스도교인의 기도

불자들 중에는 '기도'를 자력 수행의 길로 가기 힘든 사람들이 하는 타력 신앙 행위로 보는 이들이 있습니다. 흥미롭게도 틱낫한 스님은 몇 년 전 『기도』라는 책을 저술하셨습니다. 스님은 그 책에서 1996년에 자두 마을(Plum village)에 사는 비구니 제자 두 분을 프랑스에 있는 가톨릭 수녀원에 보낸 경험을 수록하고 있습니다. 그분의 제자들은 돌아와서 다음과 같이 자신의 느낌을 전했다고 합니다.

"태이(스승이라는 뜻), 수녀님들은 모든 일을 예수님께 의탁하는 것 같아요. 그분들이 예수님을 믿고 모든 것을 그분께 의탁하며 사는 것이 저희에게는 큰 충격이었습니다. 우리 불자들은 모든 것을 스스로 해결해야 하니까요. 우리는 참선해야 하고, 호흡을 관찰해야 하잖아요. 우리는 모든 것을 자력으로 해결해야 한다고 배웠는데 가끔 그것은 너무 피곤하게 느껴지기도 해요. 우리도 어딘가에 의탁하면 좋지 않을까 하는 생각을 해요."

또 틱낫한 스님은 플럼 빌리지를 찾아온 분들과 함께 걷기 명상(walking meditation)을 하곤 하는데, 어느 날 이런 질문을 받았다고 합니다. "기도에 대한 응답은 과연 있나요? 기도의 효과가 있기는 있는 겁니까?" 이러한 질문과 앞서 언급한 당신의 제자들이 지녔던 '불자들은 모든 것을 자력으로 해결해야 하는가'에 대한 문제의식에서 스님은 『기도』라는 책을 저술하게 되었다고 합니다. 틱낫한 스님께서도 언급했듯이, 방법적인 차이는 있을지라도 종교인이면 누구나 어떤 식으로든 기도를 합니다. 틱낫한 스님은 다음과 같이 말합니다.

"모든 기도의 공통점은 자신의 뜻을 어떤 위대한 힘에 연결시키려는 열망과 행복에 대한 깊은 소망에서 비롯된다. 그 위대한 힘이 우리 밖에 있든 안에 있든, 우리는 그 위대한 힘에 우리의 사랑과 자비와 믿음을 보내면서 기도하는 것이다."

즉 기도는 혼자서 자력으로 하는 것이 아니라 그 어떤 위대한 힘(부처님이나 하느님)과 연결되려는 열망이라고 하신 스님 말씀이 깊이 공감이 됩니다. 그래서 "기도는 신이 모든 것을 이미 다 결정해버린 상태에서가 아니라 우리의 기도를 통해 신과 내가 함께 나아가는 것"이 아닌가 싶습니다. 다시 말해 기도의 결과는 이미 결정되어 있는 것이 아니라 우리가 만들어간다는 것이지요. 오늘 내가 어떤 생각을 하고 행동하느냐에 따라 나의 미래가 결정되는 것이지, 내가 무엇을 하더라도 바뀌지 않는 게 아니라는 것입니다. 이 말은 '기도'를 통해 내 안에 새로운 에너지를 전환시켜 나가면, 그 전환된 에너지가 나를 변화시키고 나와 연결되어 있는 관계 속으로 들어가서 상대를 변화시키는 계기가 된다는 것입니다. 이렇듯 틱낫한 스님은 기도는 그 어떤 위대한 힘, 그리고 너와 나의 관계를 묶어주고 깊게 해줄 뿐 아니라 '좋은 변화를 이끌어주는 선순환의 도구'임을 강조하십니다.

그리스도인의 입장에서 볼 때에도 기도에 대한 이러한 틱낫한 스님의 견해에 깊이 공감합니다. 그런데 일면 기도에 대한 스님의 해석에 그리스도인들이 동의하기 어려운 대목도 있지 않나 생각합니다. '신과 인간 사이에 어떠한 분리도, 차이도 없다'는 스님의 해석이 그것입니다. 불교에서는 신과 인간, 부처와 인간의 관계를 가역적可逆的 관계로 보기 때문이지요. 종범 스님께서도 마이스터 엑카르트가 말한 '하느님을 여의도록 하느님께 기도하라'는 것에 대해 "그냥 떠나면 되지, 왜 떠나려고 하느님께 기도하는가"라고 말씀한 적이 있습니다.[154] 하느님을 끝까지 잡고 있으면 그것은 마치 연못에서 달을 찾는 것과 같다는 것이지요. 이러한 견해야말로 그리스도교의 기도와 불교 명상 간의 차이를 극명하게 잘 드러내 주지 않나 싶습니다.

선불교 학자인 히사마츠 신이치(久松眞一)는 그리스도교가 신과 인간 간에 '초월적 불가역성'을 견지하고 있는 점을 지적한 바 있습니다. 그리고 그 점이야말로 그리스도교가 극복해야 할 과제라고 보았습니다.[155] 다시 말해 그리스도교는 신과 인간 간에 초월적 불가역성을 넘어서 가역성으로 나아가야 한다는 것입니다. 이러한 주장은 그리스도교의 '신'을 대상화시킬 수 있는 존재로 보는 견해가 깔려 있습니다. 그러나 그리스도교의 하느님은 히사마츠가 말한 것처럼 그렇게 대상화시킬 수 있는 존재가 아닙니다.

마이스터 엑카르트는 하느님을 존재 자체(esse ipsum)라고 말한

---

[154] 2002년도 씨튼연구원 종교 대화 강좌인 마이스터 엑카르트의 영성을 주제로 한 종합토론에서 토론자로 참석해서 하신 말씀이다.
[155] 제7강 「믿음의 길」 중에서 '불교와 그리스도교의 믿음 비교'를 참조할 것.

바 있는데, 이는 그리스도교에서 하느님을 유일신이라고 칭하는 것과 관련이 있습니다. 다시 말해 하느님은 존재 자체이시기에 어떤 존재와도 비견할 수 없다는 점에서 하느님의 초월적인 의미를 내포하고 있다는 것입니다. 이런 점에서 '유일'의 의미는 둘, 셋 등에 대비되는 숫자적 개념으로서의 하나가 아니라, '모든 수의 원천이고 근원'으로서의 하나[156]라는 것입니다. 엑카르트는 신(Gott)과 신성(Gottheit)을 구분해서 말하고 있습니다.[157] 속성을 지닌 삼위의 하느님, 곧 성부 성자 성령은 '신'에 해당되며, 이는 존재 자체이자 모든 존재의 근원인 '신성'에서 나왔다는 것입니다.

그러나 많은 그리스도인들은 히사마츠가 비판했듯이 대상화된 신관神觀을 지니고 살아가는 것도 사실입니다. 이런 점에서 히사마츠의 비판은 그리스도인들에게 자신의 신관을 다시금 성찰해 보도록 촉구하는 측면이 있습니다. 타키자와 가츠미(瀧澤克己)가 히사마츠의 그리스도교 비판의 일면을 긍정적으로 평가한 것도 이런 이유에서입니다.[158] 그러면서도 타키자와는 불교 또한 궁극적 실재(Ultimate Reality)와 인간 사이에 불가역적 관계는 인정해야 하지 않느냐고 묻습니다. 그것은 불교에서 말하는 진여眞如의 세계 또한 인간의 어떤 행위나 자각 이전에 이미 객관적으로 실재하는 세계로 봐야 한다는 주장에서입니다.[159] 이런 점에서 실재와 인간의 깨달음 자체는 동일시되어선 안

---

[156] Lateinische Werke II, p.487.

[157] Quint, p.272.

[158] 瀧澤克己, 『佛敎とキイスト敎』(京都: 法藏館, 1979), 116쪽.

[159] 타키자와는 자신의 임마누엘 신학에서 이 실재를 '임마누엘의 원사실'이라고 표현하

되며 그러기에 양자 간에는 불가역적 관계가 있다고 봐야 한다는 것입니다. 진여의 세계, 곧 깨달음을 가능케 해준 존재론적 근거와 인간의 깨달음 간에 불가역성을 말한 타키자와의 주장과, 양자 간의 가역성을 말한 히사마츠의 주장은 분명 양 종교 간에 두드러진 차이점이 아닌가 생각합니다.

고 있다. 즉 그는 '임마누엘의 원사실'이 불교에서 말하는 진여眞如, 곧 깨달음을 가능케 해준 존재적 근거로 보는 것이다.

종합 토론

본고는 2006년 3월부터 11월까지 강좌를 마친 후 12월에 있었던 종합토론을 정리한 것입니다. 당시 저는 수술한 직후였으므로 이 토론에 직접 참석하지 못했고, 그 이후 종합토론에 참석하신 분들의 견해에 대한 저의 의견을 함께 첨부하여 정리했습니다.

김승혜_ 여러분 반갑습니다. 저는 최현민 수녀님과 함께 씨튼 종교 대화연구원에서 일해 왔고, 서강대학교 종교학과에서 25년 정도 강의해 왔습니다. 오늘 종합토론에 함께 해주신 두 분을 간단히 소개해 드리겠습니다. 종범 스님께서는 저희와 함께 15년 동안 종교 대화를 해오셨고, 저희 연구원에서 펴낸 책인 『선불교와 그리스도교』와 『불교와 그리스도교의 수행』의 공저자이십니다. 저는 항상 스님을 선사라고 생각하고 있는데, 총장을 하시는 것을 보고 조금 놀랐습니다.(토론에 참석할 당시에는 중앙승가대학 총장을 역임하고 계셨고 현재는 통도사 스님으로 계심.) 그것도 연임까지 하셨으니……. 우선 박수로 환영해 주십시오. 그리고 서명원 신부님께서는 예수회 소속이시고 프랑스어권 캐나다 출신이십니다. 제가 알기로는 한국에서 불교를 가장 잘 이해하시는 신부님이 아닌가 싶습니다. 한국에 오신 지가 한 20여 년 되셨나요?

서명원_ 처음 왔을 때가 1985년입니다.

김승혜_ 네, 85년인가요. 지금은 서강대학교 종교학과 불교 전공 교수로 재직하고 계시구요, 불교와 그리스도교 양쪽 수행을 하시기에 이 토론에 아주 적합한 분이 아닌가 싶습니다. 역시 감사의 박수를 부탁드립니다. 그럼 먼저 종범 스님께서 최현민 수녀님의 18시간 강의를 들으신 소감에 대해 말씀해주시면 감사하겠습니다.

서종범_ 아까 소개받은 종범입니다. 최현민 수녀님께서 요약하신 강의 초안과 테이프를 매달 함께 보내 주셨는데 매달 듣지는 못했고, 차곡차곡 쌓아놓았다가 한 달 전쯤부터 자동차에서 듣거나 시간 있을 때 쉬는 시간을 통해 듣고, 또 그것을 마음으로 생각도 해보고 헤아려 보기도 했습니다. 그 결과, 첫 번째는 최현민 수녀님께서 불교학에 관련된 학습 분야가 나름대로 상당히 넓다는 것을 느꼈습니다. 불교 공부를 한다는 것은 상당히 애로가 많습니다. 우선 학습해야 할 시기가 초기 불교에서부터 근현대 불교에 이르기까지 상당히 장구하구요. 또 지역을 중심으로 특성화된 불교가 발달되었고 한 지역에서도 종파 중심의 불교가 발달해서 불교에 몸담고 있는 사람이라도 불교학을 공부해야겠다고 마음을 내는 순간, 어디로 가야 할지 굉장히 고민하게 되고, 또 어느 방향으로 가는 것이 좋을까를 생각하게 됩니다. 또 이걸 하는 것이 올바른 방법인지, 더 좋은 방법은 없는지 하는 망설임을 갖는 것도 사실입니다. 그래서 불교를 공부한다는 건 어렵고 학습 과제도 많은데, 최 수녀님께서는 불교의 많은 분야를 학습하시고 연구도 하시고, 또 스스로의 관점으로 생각도 하셨음을 테이프 청취를 통해서 느낄 수 있었습니다. 이 정도 하시려면 얼마나 고생했을까 하는 것도 느낄 수 있었고요, 또 강의에 참여하신 분들을 위해 강의 준비도 열심히 하셔서 아주 의욕적으로 강의하신다는 것도 느꼈습니다. 그래서 강의하신 분의 노고와 학습에의 열정에 대해 존경하는 마음을 가질 수 있었습니다.

두 번째는 종교적 성향인 배타성, 포괄성, 다원성에 대해 말씀하시면서 종교인이 이웃 종교를 바라볼 때는 때로는 배타적이기도 하고, 때로는 포괄적이기도 하고, 때로는 다원적이기도 하다는 말씀을 하셨습니다. 즉 포괄적이면서 동시에 배타적일 수 있고 배타적이면서 동시에 다원적일 수 있다는 것입니다. 최현민 수녀님께서도 그리스도교 신앙인으로서 이웃 종교를 바라보기에 자연적으로 그런 입장을 갖게 된다고 말씀하시더군요. 그래서 불교를 강의하고 연구하면서도 본인이 그리스도교 신앙인이라는 것은 배타적 포괄주의, 포괄적 배타주의 입장이 동시에 있는 것이 아닐까라고도 하셨습니다. 바로 이런 점이 종교를 선택한 사람과 선택하지 않은 사람의 차이점인 것 같습니다. 그래서 상호 이해를 위해 이웃 종교에 대해서 학습도 하고, 학습은 아니라도 섭렵은 할 수 있다고 봐요. 섭렵이라는 말은 그냥 두루두루

관광하듯이 보는 거죠. 하지만 그런 태도가 신앙화될 수는 없기에, 이런 입장이 다원적 배타성이고 또는 포괄적 배타성이라는 생각이 들었습니다. 종교에 대한 서로의 경험도 나누고, 서로의 교리에 대해 토론하는 과정에서 자기 정체를 지키는 데에는 아주 좋은 방향을 제시했다고 느껴졌습니다. 또 당연히 그렇게 해야 할 것이라는 생각도 들었습니다.

그리고 그리스도교와 불교의 만남을 20세기 문명의 진행 과정에서 상당히 중요하게 평가할 수 있다는 말씀을 하셨습니다. 20세기에 일어난 공산주의나 자본주의의 만남보다도 불교와 그리스도교의 만남이 보다 더 중요한 의미가 있다는 토인비의 말을 예로 들어 설명하셨습니다. 그러면 불교와 그리스도교의 만남에서 어떤 점을 중대한 사건으로 들 수 있겠느냐 했을 때, 그리스도교 신앙인의 입장에서는 하느님의 신적 존재를 그동안에는 기도를 통해 바깥으로 찾아가는 지향적인 존재가 주류를 이루었다면, 불교와의 만남을 통해 외재적인 하느님에서 내재적 하느님에 더 관심을 두게 되었다는 점입니다. 또 앞으로 그런 관점에서 영성신학이 발달할 수 있다면 그리스도교와 불교와의 만남은 하나의 의미가 있다고 보신 것 같습니다.

그리고 최현민 수녀님이 지향하는 바는 학문적으로나 신앙적으로 존재론적 관심보다는 실존론적인 관심이라고 말씀하셨습니다. 그래서 창조론만 하더라도 창조를 존재론적으로 이해하는 것이 아니고 실존론적으로 이해한다는 것입니다. 예를 들어 '하루하루 무엇을 하며 살아갔는지 바로 그 순간순간 이루어지는 창조지, 한 번 이루어진 것을 그대로 버려두는 그런 건 아니다. 그래서 본인도 일상생활 속에서 내 기도가 어떻게 나타나고 내 생활이 어떻게 펼쳐지는지를 중시한다'고 말이죠. 또한 앞에서 말했듯이 최 수녀님은 불교와의 만남을 통해 외재적 하느님에서 내재적인 하느님 쪽으로 더 지향하게 되었다고 보시는 것 같습니다. 그런데 이 점에 대해서는 약간 확인할 부분이 있고, 의문 나는 부분이 있습니다.

확인할 점은, 내재적 하느님이라고 할 때 '내재'의 의미가 뭐냐는 것입니다. 내면이란 말은 틱낫한 스님의 번역된 책에도 많이 나옵니다. 그렇다면 이 내면의 의미가 뭔가 하는 것입니다. 내면이 자기 가슴속인지 머릿속인지, 몸을 경계로 해서 몸 안을 내면이라 하고 몸 밖을 외면이라고 하는 것인가요? 외면은 장소적 개념인지, 아니면 사유적 개념인지요? 내가 생각하면 내면이 되고, 생각하지 않으면 외면이 되는 것인지요? 이건 개념상으로나 언어상으로나 확인해야 될 부분이 분명히 있다는 생각이 들었습니다.

불교에는 내면이라는 말이 없습니다. 이건 교육론적으로 홍보적인 용어는 될 수 있을지언정 경전 상에서 내면이라는 말은 쓸 수 없거든요. 왜냐하면 불교에서 말하는 불성, 부처가 될 수 있는 씨앗, 또 동아시아에서 말하는 도道가 과연 어디에 있는가? 불성이 어디 있는가? 내 몸 안에만 불성이 있는가? 그러나 몸 안을 찾아보아도 불성은 없어요. 『능엄경』에서는 마음을 찾습니다. 그런데 몸을 다 조사해 봐도 마음은 없거든요. 그럼 마음이 몸을 떠나 있는가 하면 떠난 데도 없어요. 허공에도 없고, 어떤 곳에도 마음이 존재하는 데는 없어요. 몸 안에도 없고 몸 밖에도 없고요. 그럼 마음이 없는 거냐 하면 없는 건 아니거든요. 그래서 도무방소道無方所, 곧 도는 있는 곳이 없다고 하지요. 또 심부재내

부재외심不在內不在外라 하여 마음은 안에도 밖에도 없다는 것입니다. 이와 같이 도나 마음, 아마 신도 여기에 포함되는지 모르겠습니다만, 신이 몸 밖에 있다면 몸은 신이 없는 장소가 되겠죠. 몸 안에 있다면 몸 밖은 신이 없는 장소가 되겠고요. 그럼 유일신도 아닐 것이고 온전한 신도 아닐 것입니다. 적어도 온전한 신이라면, 이 세상에 하나밖에 없는 신이라면 내면이나 외면이라는 말은 어울리지 않습니다. 또 마음이나 불성이 온전한 마음이고 온전한 불성이라면 내면, 외면이라는 말은 어울리지 않지요. 다만 이것이 교육적 용어라면 가능할 것입니다. 그래서 불교에서는 '접인지사接引之詞'라는 말을 씁니다. 접인지사란 사람을 이끌어주기 위한 말이라는 것입니다. 사람을 이끌어줄 때는 틱낫한 스님의 말씀처럼 내면적이다 외면적이다 할 수 있지만, 실천하고 인식할 때는 내면이나 외면이라는 말은 적절치 않다고 생각합니다. 그래서 내재적 하느님이라고 할 때 그 '내재적 하느님'의 구체성은 과연 뭘까, 이건 더 확인되어야 할 사항이 아닌가 하는 생각이 들었습니다.

불교에서 '내면적'이라는 말은 실천적인 체험으로 들어갈 때 자기 생각을 맑게 하는 것입니다. 그래서 도나 불성은 어디서 만나려고 애쓰면 더 못 만나고, 자기 생각을 맑게 할 때 저절로 만나지는 것이지요. 그래서 이것을 쉴 휴休자를 써서 '쉬어라'라고 하거나, 그칠 지止자를 써서 '그쳐라'라고 하지요. 곧 그치면 보이고 쉬면 보인다는 것입니다. 망상을 그치고 보는 것을 지관止觀이라고 합니다. 수녀님 강의 중에도 '벽관'이라는 말이 나왔는데, 이는 자기가 허망한 생각을 일으켜서 밖으로 향하는 모든 관심을 벽처럼 차단시키면, 곧 얽혀 있는 마음을 벽처럼 차단시켜서 생각을 가라앉히면 보인다는 것입니다. 다시 말해 생각이 고요해지면 보인다는 것입니다. 따라서 불교에서 '내면'이라는 말은 그칠 지止자의 의미고 고요할 적寂자의 의미로 해석할 수 있습니다. 적조寂照라는 말이 있는데 이는 고요하면(寂) 밝히 드러난다(照)는 뜻입니다. 그치면 보이고(止觀), 또 밖으로부터 여러 가지 번민이 우리에게 들어오지 못하도록 벽을 쳐서 막으면 보인다(壁觀)는 것입니다. 이것을 평범한 사람들에게 얘기하면 이해하기 쉽지 않기에, 틱낫한 스님처럼 쓰는 것이 상당히 보편적이고 타당하다고 생각합니다. 막상 들어가 보면 '내면은 없다, 내면을 생각하면 그것 또한 하나의 번뇌'라는 것이 제 견해인데, 최현민 수녀님께서는 내면의 의미를 어떤 개념으로 쓰셨는지는 확인할 필요가 있다는 생각이 들었습니다.

그 다음은 실존론에 관한 것인데요. 실존론은 행동이고 실천인데, 강의를 하다 보면 공부를 해야 되고, 공부를 하다 보면 공부하고자 하는 동기와 충동, 곧 뭘 알아내고자 하는 욕구가 생기고, 알아내고자 하면 존재론에 빠질 수 있거든요. 그러니까 보통 실천적인 성향을 지닌 분은 연구하고 학습하는 데 좀 소홀하게 되고, 공부하는 데 열성을 바치는 분은 실천하는 데 좀 소홀하게 됩니다. 그러면 실존론적인 것과 현실생활에서의 과정적 실천을 중시할 때, 학자로서 존재론적으로 알고 싶은 욕구와 공부하고 싶은 존재론적 관심은 어떻게 해결하시는지요? 쉽게 말해 학문을 하다 보면 학문적 욕심이 생길 텐데, 그러다 보면 존재론적 호기심도 생기게 되면서 결국 실천적 노력은 소홀하게 될 텐데, 최현민 수녀님은 학문의 존재론적 관심은 어떻게 해결하시는지 궁금합니다.

최현민_ 그리스도교에서는 하느님의 초월성과 내재성에 대해 말하는데요, 종범 스님께서 '외재적 하느님' 혹은 '내재적 하느님'으로 표현하신 것은 '하느님의 초월성'과 '내재성'을 그렇게 이해하신 것으로 생각됩니다. 곧 초월적 하느님을 외재적 하느님으로 보시면서 저의 신관이 불교를 통해 외재적 신관에서 내재적 신관으로 바뀌게 되었다고 이해하신 것 같습니다. 그러나 그리스도교에서 말하는 하느님의 초월성은 하느님을 밖에서 찾는 것이고, 하느님의 내재성은 하느님을 안에서 찾는다는 안팎의 논리로 설명할 수 있는 것이 아닙니다. 내재적 하느님이나 초월적 하느님이라는 표현이 그런 오해를 낳을 소지가 있는 것은 사실이지만, 초월과 내재라는 표현 역시 언어적 한계를 지닌 인간의 방편적인 표현이라 할 수 있습니다.

하느님의 초월성이 의미하는 바는 하느님께서 안팎이라는 분별성을 뛰어넘어 계심을 뜻합니다. 즉 하느님은 인간의 사유로써 감지될 수 없는 분이라는 의미를 함축하고 있지요. 하느님의 '유일성'이라고 할 때 그 '유일'의 의미 역시 하느님은 '한 분'이라는 숫자적 '하나'를 의미하기보다 삼라만상을 초월해 계신다는 의미를 함축하고 있습니다. 하느님을 창조주로 보는 그리스도교의 창조론 역시 이러한 하느님의 초월성에 근거한 것이라 볼 수 있습니다. 이와 같이 그리스도교 전통에서는 초월적 신관을 지니고 있으면서 동시에 내재적 신관 또한 중시해 왔습니다. 그리스도교 신비주의 전통이 바로 그것이지요. 내재적 하느님이란 하느님께서 내 '안'에 계신다는 분별적 관점에서의 '안'을 의미한다기보다 우리 '가운데' 계신다는 의미로 보는 것이 더 타당하리라 생각합니다. 그리스도교에서는 예수님을 임마누엘Immanuel이라고 하여 '하느님께서 우리 가운데 머무시는 분'으로 보지요. 우리네 삶의 자리에 현존하시는 하느님, 바로 지금 너와 내가 호흡하는 이곳에 계신다는 의미를 함축하고 있습니다.

하느님의 내재성에 대해서는 그리스도교 신비주의 전통에서 강조해 왔습니다. 저는 그리스도교 전통 안에 면면히 이어져온 하느님의 내재성에 대한 가르침을 불교를 통해 더 깊이 깨닫게 되었습니다. 다시 말해 불교를 통해 그리스도교에 없었던 새로운 신관을 발견했다기보다 이미 그리스도교 전통 안에 전수되어온 하느님의 내재성이 지닌 의미를 불교를 통해 더 깊이 자각하게 된 것입니다.

또 종범 스님께서는 실존론적 관심을 갖고 살아갈 때 존재론에 대한 학문적 궁금증은 어떻게 해소하며 살아가는지 물으셨습니다. 사실 저는 수도자가 되기 전에 생화학을 공부해 오다가 제 자신의 실존적인 문제를 접하게 되면서 수도자의 길을 걷기로 마음먹었습니다. 수도자가 되어서도 다시 학문을 하게 되리라고는 생각하지 못했지요. 한때는 수도자라는 제 자신의 정체성과 학문하는 것 사이에 상당한 갈등을 느꼈던 것도 사실입니다. 제가 불교에 관심을 갖게 된 것도 제 실존의 근원적인 물음을 계속 지니고 살아왔기 때문인지도 모르겠습니다. 곧 불교가 제가 품어온 근원적인 물음과 맞닿아 있다고 느꼈기 때문이 아닌가 싶습니다. 마치 『화엄경』에 나오는 선재동자처럼 저도 살아오면서 많은 선지식들을 만났고 그분들께 묻고 답을 찾아 왔다고 할 수 있습니다. 제가 만난 선지식 중에는 그리스도인뿐만 아니라 불자들을 비롯한 이웃 종교인들도 있었습니다.

저는 제가 만난 분들에게서 배우고 깨달은 바를, 또 제가 만나는 이들과 함께 나누며 살고자 하는 원의를 갖고 있습니다. 이런 면에서 제게 학문의 길은 그 자체가 저의 실존적 삶이라 할 수 있습니다. 이 강좌를 통해서도 그동안 제가 배우고 생각하고 느껴온 것들을 나누고자 했습니다. 사실 지금보다 젊었을 때에는 존재론에 대한 궁금증도 컸습니다만, 나이가 들어가면서 에너지도 점점 줄어들고해서 전보다 존재론 쪽에 마음이 덜 가는 것 같습니다. 여전히 실천과 학문의 길 안에 긴장이 있는 건 사실이지만, 저는 이것을 '건강한 긴장'이라고 말하고 싶습니다.

김승혜_ 감사합니다. 서명원 신부께서는 따로 말씀하지 않고 질문에 대한 답변으로 견해를 말씀하시겠답니다. 그럼 바로 첫 번째 질문을 드리도록 하겠습니다.

◉ 질문 1_ 최현민 수녀님은 20세기 후반에 종교 대화 이론을 제시한 종교 학자들이 중시해온, 정상이라는 '목표'보다도 삶의 여정, 곧 목표에 도달하기 위해 각 사람, 혹은 각 종교공동체가 택한 삶의 길이 중요하다는 견해를 표명했습니다. 그래서 '내가 아무리 불교를 좋아해도 나는 불자일 수는 없다'는 그리스도인으로서의 정체성을 분명히 했습니다.
3월 강좌 때에 표명된 이런 정체성은 11월 강좌에서도 다시 확인되어 우리의 삶은 하느님과 우리가 함께 만들어 간다는 과정신학을 긍정적으로 평가하면서도 신의 인격성을 버리면 그리스도교가 아니라는 결론을 내렸습니다. 보편적이라고 간주되는 정상보다도 독특한 삶의 길, 곧 여정을 더 중시하고, 그리스도교 신관의 인격성을 그리스도교의 특성으로 유지하고자 하는 시각에 대해 말씀해 주십시오.

김승혜_ 아까 종범 스님께서는 "내가 아무리 불교를 좋아해도 자신이 불자일 수는 없다"는 최 수녀님의 그리스도교인으로서의 정체성에 대한 답을 이미 해주셨기 때문에 다시 반복 안 하셔도 되겠습니다. 다만 신의 인격성 문제, 신은 초월성을 가지면서도 인격성을 지닌다는 점에서 하느님과 인간의 관계를 계속 중시하는 최 수녀님의 기본적인 시각과 삶의 여정이 목표보다 더 중요하다는 점에 대해 어떻게 느끼시는지 말씀해 주시고, 그 다음에 서명원 신부님께서도 또 신부님의 시각에서 말씀을 보태주셨으면 감사하겠습니다.

서종범_ 아주 중요하다고 봅니다. 최현민 수녀님처럼 그렇게 하셔야 된다고 봅니다.

김승혜_ 혹시 뭐 인격성에 대해서 더 얘기하실 말씀 없으실까요?

서종범_ 예, 없습니다.

서명원_ 저는 최현민 수녀님과 똑같이 말씀드리기가 어려울 것 같습니다. 왜냐하면 신앙적 차원에서 배타적이면서 포괄적일 수밖에 없다는 말이 제게는 편안하게 느껴지지 않기 때문입니다. 최 수녀님께서 불교를 이해하려는 노력을 아낌없이 하고 계심이 틀림없습니다. 종범 스님께서 그 사실을 이미 잘 지적해 주셨고요. 그리고 제가 개인적으로 알고 있는 최현민 수녀님께서는 불교와 함께 살다시피 하시는데 이것을 배타적이면서 포괄적이라고 이야기하기는 어려운 것 같습니다. 그리스도교인이라고 하면서도 불교 없이는 못 살겠다는 점에서는 저도 수녀님과 입장이 같습니다. 설령 이게 혹을 달고 사는 것이라고 해도 저는 그 혹 없이는 못 살아요. 종범 스님, 혹이라고 이야기했다고 해서 나쁘게 받아들이지는 마시기 바랍니다. 저는 오히려 제가 그리스도인으로서 사는 것은 계속 불교를 만나는 과정이라고 표현하는 것이 어떨까 싶습니다. 왜 그런지, 어떤 인연 때문에 제가 이렇게 살기 시작했는지 말씀드리지도 못합니다. 불교에서는 이것을 전생이나 죄업이라고 이야기할지도 모릅니다만, 어떤 사람들이 보기에는 불교와 함께 붙어서 살아야 하는 이유는 죄업일지 모르지만(웃음), 그리스도교인의 입장에서는 하느님의 섭리라고 말할 수 있겠지요.

또 저의 종교적인 입장을 더 명확하게 설명해 드리기 위해서 제가 한국에 오게 된 외국인으로서의 체험에 대해 말씀드리고 싶은 것이 몇 가지가 있습니다. 한 가지의 예로 저의 모국어는 불어입니다. 그런데 한국에서 불어를 사용하는 일은 거의 없습니다. 자문자답할 때나 혼자 있을 때 사용하구요, 가르치기 위해서는 서투른 한국말을 사용해야 합니다. 한문도 엄청나게 많이 접해야 합니다. 그리고 영어도 많이 사용해야 하지요. 영어는 제1외국어이지, 저의 모국어가 아니에요. 따라서 모국어가 아닌 다양한 언어를 사용해야 하는 저는 인간으로서 저의 정체성이 무엇일까 궁금할 때가 상당히 많습니다. 다른 예로 저는 여권이 두 개 있습니다. 캐나다에서 20년 동안 살았고, 유럽에서

20년, 나머지 인생은 한국에서 보냈습니다. 단순하게 법적으로 저는 캐나다 사람이라고 할 수 있고, 아니라면 뭐 프랑스 사람이라고 할 수 있겠지요. 한국에서 살기 위해서 외국인 등록증도 있어야 합니다. 그 외국인 등록증은 프랑스 사람으로서 프랑스 여권을 보여주면서 신청했습니다. 그래서 저 자신을 정의할 때 저는 그냥 캐나다 사람이라고 말씀드릴 수가 없어요. 프랑스 사람이라고만 말씀드릴 수도 없고 한국 사람이라고만 말씀드리지도 못합니다.

  이러한 저의 인생의 여정을 돌이켜 볼 때 제가 어느 지점에 있느냐 하는 질문을 던지게 되면, 쉽게 제 자신을 규정할 수 없을 뿐만 아니라 더 이상 규정하지 말아야겠다고 생각합니다. 종교적으로 저는 그리스도인이라고 말씀드리되, 이건 그냥 모국어가 불어라고 말씀드리는 것과 같습니다. 고향이 캐나다이고 모국어는 불어라고 해서 제가 누군지 여러분께 밝혀드렸다고 할 수 없을 것입니다. 마찬가지로 저의 종교적인 뿌리는 가톨릭 모태신앙임에 틀림없지만, 저 자신을 단순하게 가톨릭 신자로 생각하지는 못합니다. 그 이유 중의 하나는 위에서 말씀드린 대로 불교와 함께 살다시피 하기 때문입니다. 저는 불교와 함께 사는 그리스도인으로서 불교에 대한 배타성이 전혀 없을 뿐만 아니라, 불교를 저의 신앙 체계의 기준으로부터 해석하려고 하기보다는 있는 그대로 존경하고 싶을 뿐입니다. 그래서 이웃 종교를 본격적으로 만나는 우리는 단순하게 그리스도인이라고 하기가 힘들어지기 시작하는 세계에서 살고 있지 않나 생각합니다. 이것이 저의 개인적, 종교적 체험을 바탕으로 한 답변입니다.

김승혜_ 네. 아까 신부님과 함께 오면서 신부님께 뭐 느끼시는 게 있으신가요? 했더니, 자기도 그렇고 최 수녀님도 그렇고, '우리는 계속 불교와 대화하고 있는 그리스도인이다. 그래서 불교와의 대화를 빼놓고는 우리의 정체성을 말할 수 없다'고 하시더군요. 혹시 지금 듣고 계신 여러분 중 여기에 대해 질문이 있으신 분 없으십니까?

◉ 질문자 A_ 불교와 그리스도교 영성에 관심을 갖고 살아오면서 이런 의문을 갖게 되었는데요. 불교에서는 무생법인無生法忍을 얻고 일념불생一念不生한, 곧 모든 망념에서 벗어난 경지를 구경각究竟覺이라고 합니다. 그런데 용수가 태어나기 이전부터 이미 인도에서 유통되던 경전인 『화엄경』「십지품」에서는 제7지에서 무생법인無生法忍을 얻고 구경무심究竟無心으로 구경각究竟覺하고, 그 이후의 8·9·10지는 보살지를 무제한적으로 확대하는 단계로 되어 있습니다. 즉「십지품」은 무념무심無念無心이 마지막 단계가 아니라 무념무심의 경지가 되어, 비로자나 법신불과의 파트너십이 최대한으로 될 수 있는 경지가 되어 거기서 완성에 이르는 것으로 되어 있습니다. 그러나 선불교에서 보살행은 보살법지菩薩法智로 이것은 구경무심보다 약간 하위 단계로 봅니다.

이런 점에서 그리스도교 신비주의는 선불교보다 화엄의 보살십지와 비슷한 것 같습니다. 그리스도교 신비주의에도 무념무심이 모티브지만, 그게 종국이 아니라 하느님과의 파트너십이 최대한 이루어지는 조건이 된다는 식의 해석이 많습니다. 만일 한국불교가 화엄불교 중심이었다면 그리스도교 신비주의와 세부적인 면에서는 차이가 있더라도 상당히 호흡이 잘 맞지 않았을까 생각합니다. 하지만 한국불교가 선불교 중심이다 보니 궁극적인 경지를 무념무상의 경지로 볼 지, 『화엄경』의 보살십지로 볼 지에 대한 갈등이 있지 않나 싶은데, 이에 대해 종범 스님께서는 어떻게 보고 계신지 궁금합니다.

서종범_ 질문이 매우 전문적이고 구체적이십니다. 갈등은 전혀 없습니다. 선불교의 십우도는 『화엄경』「십지품」에서 영향을 받아 선불교의 개괄적인 범주를 도상화한 것이지요. 이런 점에서 십우도와 『화엄경』은 같은 맥락에서 이해할 수 있어요. 완전히 텅 빈 무심의 경계가 마지막이 아니고, 반본환원返本還源이라고 해서 자연으로 돌아간 상태, 거기서 더 나아가 인간을 만나러 출발한 것에서 십우도는 끝납니다. 또 『화엄경』에도 무생법인 전에 수순隨順이라고 해서, 따르고 순종하는 수순 과정을 거치면 그야말로 탄생한 것 하나하나가 독자성이 없기 때문에 탄생한 것이 아닌 무생無生의 경지에 들어간다는 말입니다. 이것을 부동지不動地라고 하는데 여기서 자기 구제가 된 거지요. 그 다음에는 선혜지善慧地와 법운지法雲地가 있는데 그건 회향廻向이에요. 자기 구제된 그 여력을 다른 데로 베푸는 것으로 끝나기 때문에 십우도와 『화엄경』은 동일하다고 보고요, 그리고 번민이 사라진 상태에 들어가야 깨달음이지 번민을 그대로 가진 상태로는 깨달은 경지에 못 가거든요. 그게 무심이에요. 그럼 깨닫고 난 선사가 뭘 했는가. 『화엄경』식으로, 그리고 십우도식으로 다 했습니다.

그러니까 무심은 신체적으로 고정불변한 마음이 아니라, 무심 후에 그 무심의 희열과 아름다운 법열을 다 베풀었다는 거예요. 따라서 유념불생有念不生의 무심을 최고정점으로 해서 무심을 지키는 것처럼 얘기하는 것 같지만, 무심을 지킨다면 그건 이미 무심도 아니거든요. 그래서 그 도를 실행하는 면에서 볼 때 전혀 충돌이 없고, 자연스럽게 생활 속으로 모두 용해된다고 말씀드릴 수 있습니다.

김승혜_ 예, 감사합니다. 자, 그러면 두 번째 질문으로…….

서명원_ 저도 간단히 말씀드리겠습니다. 한국불교를 선종 중심이라고 하셨지만 제 생각으로는 한국불교에서 화엄교학의 비중을 과소평가해서는 안 될 것 같습니다. 보조국사 지눌에게 있어 그의 선적인 입장은 화엄교학을 바탕으로 이루어졌음을 잊어서는 안 됩니다. 저도 처음에는 현대 한국불교를 선종이라고 생각했었지만, 화엄교학을 엄청나게 중시하는 학자들뿐만 아니라 수행자들도 많다는 사실을 서서히 알았습니다. 성철 스님께서는 화엄 사상으로 말미암은 한국 선의 그러한 교학적인 경향을 불식하기 위해서 매우 극단적인 돈오돈수頓悟頓修 수증론修證論으로 나가셨지요. 그런데 엄밀하게 보면 성철 스님의 돈오돈수 사상까지도 사실상 한국 선종의 밑거름인 화엄교학과 전혀 무관한 것이 아님을 인정해야 하지 않을까 싶습니다.

김승혜_ 예, 그러면 두 번째 문제로 들어가겠습니다.

◉질문 2_ 최현민 수녀님은 예수님의 자기 정체성 자각을 12살 때의 성전 체험, 요르단 강에서 받으신 세례 체험, 십자가 사건을 준비하는 시점에서 체험하신 타볼산(변화산)의 변모 세 가지 면에서 찾았습니다.

12세 소년 예수의 체험은 아버지와의 관계 안에서 자신의 정체성을 인식한 것으로, 세례 때에 예수님이 경험한 성령 체험은 부처님이 보리수 아래서 한 깨달음의 체험과 유사한 돈오적인 완전한 깨침으로, 변모 체험은 자신을 온전히 비워서 무아가 된 자의 모습, 곧 공의 경지에 들어선 자의 모습이라고 묘사했습니다. 불교적 언어로 예수님의 정체성 자각을 설명한 이런 시도가 그리스도교에 대한 깊이를 더할 수 있다고 생각하십니까? 그리고 신약성서에 기록된 예수님의 체험에 대해 이러한 불교적 조명을 하는 것 자체에 대해 불교 쪽에서는 어떻게 느끼십니까?

김승혜_ 먼저 서명원 신부님께서 대답해 주시면 감사하겠습니다.

서명원_ 최 수녀님이 예수 그리스도께서 세 번에 걸쳐서 깨달음을 얻으셨다는 것은 아마 제가 예전에 언급했던 내용을 참고하신 것이라고 봅니다. 그리고 저는 사실 그리스도께 네 번째 깨달음도 있었다고 생각하는데요. 그런데 그것까지 언급하면 이야기가 길어질 것 같습니다.

우리가 깨달음을 예수 그리스도의 체험에 적용시키지만, 그 내용면에 있어 불교와 똑같지 않습니다. 체험의 구조가 유사하다고 해서 내용이 같다고 말하기는 어렵습니다. 예수님께서 12살이 되셨을 때 하느님 아버님과의 관계를 발견하셨다는 것은 불교적인 표현 방법이 전혀 아닙니다. 세례를 받으셨을 때 하늘이 열려 성령이 비둘기 모양으로 내려오셨다고 하는데, 이것에 대해 불자들과 이야기를 나누어 보니까 그분들께서 상당히 헷갈렸어요. 왜냐하면 그분들은 모든 상相들을 벗어나야 한다고 믿기 때문입니다. 그들은 저에게 "너는 그 이상한 상들을 벗어나기 위해서 선원에 가서 3년 동안 두문불출하면서 살아야 되겠다"고 했습니다. 그 다음에 저에게 깨달음을 말하면서 왜 그렇게 망상妄想을 일으키느냐고 나무라기 시작했어요. 이렇듯이 깨달음의 표현 방법에 있어서는 양 종교가 아주 다릅니다. 또한 예수님의 세 번째 깨달음이라고 볼 수 있는 '거룩한 변모' 때의 모습을 공의 경지에 들어선 자의 모습이라고 묘사하셨습니다. 영광스러운 변모를 볼 때 무엇보다도 예수님께서 모세와 타볼산 꼭대기에 올라가서 기도하시다가 모세와 엘리야를 만나셨다는 점에 주목할 필요가 있습니다. 그리고 바로 그 체험을 통해서 당신께서 예루살렘에 가서 어떻게 구약을 완결해야 하는지에 대한 깨달음을 얻으셨을 뿐만 아니라 완결하기 위한 힘도 얻으셨습니다. 루카복음에서는 예수님께서 그 체험을 하신 후에 그 체험의 내용을 어떻게 실천하셔야 했는지를 구체적으로 보여줍니다. 루카복음에서는 이 체험 뒤에 예수께서 예루살렘의 길을 가기로 결단을 내리셨다고 봅니다. 이것을 최 수녀님께서 공의 경지에 들어선 자의 모습이라고 묘사하셨습니다. 그러나 이것만 얘기하면 상당한 오해가 생길 수밖에 없다고 생각합니다. 다시 말해 여기에서 하나의 연결고리나 두세 개의 연결고리가 빠진 것 같습니다. 그렇지 않고 이것만 본다면 그리스도교를 불교식으로 해석하기 시작할 것입니다. 예수님께서는 무無의 경지로 들어가셨다고 생각할 수 있되, 그것은 의심의 여지없이 무엇보다도 십자가의 체험을 통한 것입니다. 그 체험은 불교의 무의 경지와 여러 모로 유사하다고 볼 수 있겠지만, 똑같다고는 말할 수 없습니다.

서종범_ 깨달음이라는 것은 언어와 사고가 아니에요. 이걸 혼동하면 안 됩니다. 언어와 사고는 어디까지나 언어이고 사고지요. 그래서 깨달음이 큰 불덩어리, 일단화一團火라는 말을 쓰는데, 하나의 덩어리로 된 불덩어리라면 생각은 파리와 같다는 것입니다. 파리가 다른 곳에는 다 앉을 수가 있어도 불덩어리 위에는 못 앉습니다. 앉으면 타 죽지요. 그래서 예수님의 깨달음이 어떤 거냐? 불교와 같으냐, 다르냐? 여기에는 답이 없어요. 다만 그 알고자 하는 생각을 돌이켜볼 때 거기에서 답이 나옵니다. 그래서 깨달음이라는 문제는 다른 사람에게 가서 답을 구한다든지, 언어로써 답을 구한다든지, 생각으로써 답을 찾는 것은 적절치 않은 방법이고요, 생각 자체로 돌아갔을 때 거기에 길이 있습니다. 그게 불교적인 방법입니다.

최현민_ 서명원 신부님 말씀대로 예수님의 깨달음을 불교에서 말하는 그것과 같다고 볼 수 없는 건 당연합니다. 예수님께서는 부처님처럼 연기緣起를 깨달았던 것이 아니라 사랑 자체이신 하느님의 '압바Abba 성'을 자각하셨다고 봐야 하기 때문이지요. 물론 예수님의 생애에서 몇 차례 중요한 체험들이 있으나 이 모두는 압바로서의 하느님에 대한 깨달음에 기반을 둔 것이라고 봅니다. 십자가상에서의 체험까지 포함해서요. 불교의 승가가 부처님의 깨달음인 '연기'를 중심으로 모인 공동체라면, 그리스도교 교회는 '압바 하느님'이라는 예수의 깨달음 위에 세워진 신앙 공동체라 할 수 있습니다. 이런 점에서 그리스도교는 하느님과의 인격적 관계를 떠나선 성립될 수 없다고 봅니다.

김승혜_ 혹시 지금 주제에 대해서 더 나아가는 질문이 있으십니까?

◉ 질문자 B_ 깨달음은 생각하는 것, 언어가 아니라고 하시면서 또 생각 자체로 간다고 말씀하셨는데요. 그런데 데카르트의 경우에는 '나는 존재한다, 고로 생각한다'고 했거든요. 물론 그 사람은 불교를 공부한 사람이 아닌 건 확실하구요. 그런데 생각 자체로 가는 것이 깨달음이라는 것에 대한 좀 더 구체적으로 말씀해 주셨으면 합니다. 깨달음은 구체적이지는 않겠지만요.

서종범_ 아뇨, 깨달음은 구체적입니다. 그래서 생각이 없어지는 거예요. 깨달음은 생각이 없어지는 것입니다. 제 경험을 하나 말씀드리자면요. 60년대 후반, 지금부터 40년 전쯤 됐는데, 66년인가, 제가 경상남도 양산 통도사 출신이거든요. 그래서 통도사에서 한문 불전을 공부했는데, 그때 『선요禪要』라는 책이 있어요. 최현민 수녀님도 그걸 말씀하시더라고요. 거기 보면 안신입명安身立命이라는 게 나와요. 안신安身은 몸을 편안히 한다는 건데, 몸을 편안히 한다는 건 『맹자』에서 인간의 수명이 길건 짧건, 장수하건 요절하건 상관없이 해야 할 일만 열심히 하는 게 입명立命이거든요. 그래서 굉장히 감명을 받았지요. 안신입명이라. 아, 오래 살든 짧게 살든, 아들은 아들 노릇하면 되고, 아버지는 아버지 노릇하면 되고. 입명. 야, 이게 불교식으로는 어떻게 해야 되는 건가. 그래서 당시 도인, 불교에서는 도인을 다른 말로 생불生佛이라고 해요. 살아 있는 부처로 존경받으시던 경봉 노스님께 올라갔습니다. 그때가 오후 1시쯤 됐는데, 더울 때였어요. 뒷마루에 앉아 계시더라고요. 절을 하고 질문이 있어 왔다고 하니까, 뭐냐고 하시기에, 『선요』에 안심입명이라는 말이 나오는데, 안심입명이 뭡니까?라고 물었어요. 그러니까 딱 말씀이, 안심입명이라고 묻는 고놈이 뭐냐? 이렇게 대답하셨어요. 이게 선禪입니다. 답이 거기에 있어요. 이걸 누구한테 물어서 해결하려면 천만년 해도 해결이 안 됩니다. 배워서 해결하려고 해도 안 돼요.

그런데 그 말은 그 노스님이 안 가르쳐줘도 많이 들었거든요, 듣던 얘기예요. 그래서 그렇게 소중한 줄 몰랐고, 그 가르침에 불만이 굉장히 컸습니다. 그래서 가만히 있으니까, 부채를 가지고 이쪽 오른쪽을 확 치더라고요. 그러면서 하시는 말씀이, 생각하면 "십만팔천 리다" 이러셔요. 십만팔천 리가 먼 거리라는 얘기죠.

"예수님의 깨달음이 뭔가" 하고 생각하는 순간, 예수님의 깨달음은 십만팔천 리가 아니라 삼십만육천 리도 더 넘을 거예요. 그때는 노스님의 가르침이 중요한 줄 모르고 불만을 잔뜩 갖고 그냥 세월이 지나갔는데, 한 30년 지나서야 아차, 내가 그 가르침을 고기가 낚시 물듯이 물어서 걸려들었다면 그 많은 세월을 겪지 않고도 더 깊은 도의 세계에 들었을 텐데, 그때 그냥 스쳐간 것이 무척 억울하고 한탄스러웠습니다. 저는 이런 아주 뼈저린 경험을 가지고 있어요. 정말로 영성을 생각하고 마음에 신비 체험을 하고 싶으면 그 생각을 돌아보는 방법이 가장 중요합니다. 밖에서 대답을 구하는 대신 알고자 하는 생각이 어디서 나오는가, 묻고자 하는 욕구가 어디서 나오는가, 그 생각을 돌아볼 때 거기에 해답이 나오는 거지, 이걸 말이나 글로 해답을 찾고자 하는 것은 마치 연못에 가서 달을 찾는 거와 똑같기 때문에 해결책이 없다고 말씀드리고 싶습니다.

김승혜_ 네, 감사합니다. 자, 그러면 세 번째 문제로 가겠습니다.

◉ **질문 3_** 최현민 수녀님은 그리스도교와 불교 수행을 타력과 자력으로 나누는 것은 왜곡된 의미 부여를 할 수 있다고 부정적으로 봅니다. 깨달음은 믿음과 불가분의 관계가 있고 올바른 믿음을 중시하는 것은 선종과 정토종에서 다르지 않다고 확신합니다. 여기서 원효의 『대승기신론소』에서 읽은 믿음(信)에 대한 정의가 생각납니다. "이치가 실제로 있다는 것을 믿고, 닦아서 그렇게 될 수 있음을 믿고, 닦아서 그렇게 되었을 때 무궁무진한 공덕이 있음을 믿는 것이다." 믿음에 대한 이러한 다차원적인 해석을 바라보면서, 최현민 수녀님은 그리스도인의 믿음 역시 예수의 행적과 가르침에 하느님이 드러나심을 믿고 그것을 내 삶의 척도로 삼고 살겠다고 결단을 내리는 것이라고 풀이했습니다. 그래서 깨침의 차원에까지 들어가야 올바른 그리스도교 믿음을 가질 수 있고 예수의 제자가 될 수 있다고 합니다. 수행에 있어 타력과 자력으로 구분하는 것이 실제로 도움이 되지 않는다는 견해에 동의하십니까? 그리고 그리스도교에 못지않게 불교 전통에서도 믿음이 큰 위치를 차지한다는 것이 사실입니까? 불교와 그리스도교 사이에 '믿음'의 차이가 있다면 그것은 무엇일까요?

김승혜_ 이 질문은 제가 종범 스님께 여쭤보는 것입니다. 서명원 신부님께서는 불교와 그리스도교 간에 믿음의 차이가 있다면 무엇인지 답해

주셨으면 합니다. 그럼 종범 스님께서 먼저 말씀해 주시면 감사하겠습니다.

서종범_ 자력이나 타력에 대해 불교에서도 이야기는 합니다. 하지만 실제로는 타력이란 없습니다. 완전한 타력은 없어요. 이런 비유를 많이 쓰는데요, 태양이 아무리 밝아도 내가 눈을 떠야 보인다. 그러면 밝은 빛을 보는 게 태양만의 힘이냐? 아니거든요. 자기 눈뜸의 힘이 있거든요. 그러면 눈만 뜨면 태양이 보이냐? 아니거든요. 그래서 자력적이거나 타력적이라는 표현은 교육적인 용어로는 쓸 수가 있어요. 이런 교육적인 용어를 불교에서는 방편方便이라고 합니다. 방편이란 접근이라는 뜻이거든요. 그렇지만 실제로 자력과 타력을 구분하는 것이 별 의미가 없다고 봅니다. 그래서 자력인 동시에 타력이고, 타력인 동시에 자력이지요. 햇빛을 보는 게 햇빛의 힘도 되지만 눈의 힘도 되고, 눈의 힘도 되지만 햇빛의 힘도 되는 거지, 그걸 어떻게 일방적으로 구분할 수 있겠습니까.

불교에서도 믿음을 굉장히 강조합니다. 제가 경봉 노스님의 가르침에 대해 큰 은혜를 얻지 못한 것은 그분의 가르침을 못 믿었기 때문에 그래요. 믿었으면 금방 해결이 됩니다. 아, 이 믿는 마음을 돌아보는 게 최고의 가르침입니다. 믿으면 바로 거기에 걸려들거든요. 안 믿으면 안 되는 거지요. 그러니까 믿음은 처음이면서 마지막이라고 생각해요. 그래서 어떤 종교를 막론하고 종교는 믿음을 떠나서 존재하는 건 없다고 봅니다.

과학, 철학, 종교가 있는데, 과학은 '뭐냐, 왜 그렇습니까?'라고 묻는 것이 과학인 것 같아요. 그 원리를 찾아내는 건 과학같고……. 철학은 '무엇입니까? 존재가 뭐냐, 가치가 뭐냐?'라는 존재에 대한 물음이나 가치에 대한 물음이지요. '사는 게 뭐냐, 죽는 게 뭐냐'라고 묻는 것이 철학이라고 봅니다. 종교는 뭐냐 하면 뭐니뭐니 해도 '주소서' 예요. 내가 오늘 한 모임에서 '주소서'라고 기도하지 말라고 했거든요. '주소서'만 빼고 기도하라고요. 그러니까 '주소서'를 훨씬 덜 쓰시더라고요. 그런데 마지막엔가 한 번 하기는 하더군요. 불교에는 '주소서'가 없느냐 하면, 많아요. 전부가 발원發願, 뭐 원한다, 해 달라……. 그러니 '주소서'를 빼놓고 종교가 성립이 되느냐 이 말입니다. 뭘 해주십시오, 주세요, 주소서, 주십시오, 이건 줄 수 있는 능력이 있다고 믿기 때문에 달라는 거지, 안 믿으면 달라고 하겠습니까. 그러니까 '주세요'는 종교고, '뭡니까'는 철학이고, '왜 그렇습니까'는 과학이지요.

그런데 요즘은 종교학이나 불교학을 하면서 과학적으로 접근하는 경우가 많습니다. 요즘 학문은 과학이거든요. 그래서 '주소서' 하는 사람이 '왜 그렇습니까'와 충돌할 수밖에 없다고 생각합니다. 믿음은 불교나 그리스도교나 똑같이 중요한 것이지, 중요하지 않으면 종교가 성립될 수 없다는 제 개인적인 견해까지 곁들여서 말씀드립니다.

서명원_ 불교와 그리스도교 간의 믿음의 차이에 대해서 말씀드리자면, 몇 년 전에 서강대학교 종교학과 대학원생들과 함께 『유심안락도遊心安樂道』를 읽었습니다. 이것은 원효의 저작이라고 주장하는 사람도 있지만, 또 다른 사람들은 원효의 정신을 이어받은 원효의 제자들 작품이라고 말하기도 합니다. 저는 여기서 완전히 새로운 불교관을 발견했다고 말씀드릴 수 있습니다. 한국불교를 알려면 『유심안락도』를 꼭 거쳐야 한다는 이야기를 듣기도 했고요. 이 경전에서 말하는 핵심은 '무조건적으로 믿으라'는 것입니다. 이 경전을 함께 강독한 학생들까지도 불경에도 그런 내용이 있다는 사실에 깜짝 놀랐습니다. 그리고 『유심안락도』에서 주장하는 그 믿음을 통해서 자신의 인생관이 달라지기 시작했다는 것입니다. 이론적인 차원에서 뿐만이 아니라 실제 삶에까지 말이죠. 믿어야 한다는 것을 더 깊이 터득하기 시작함으로써 상당한 도움을 얻었다는 것입니다. 종범 스님 주장의 연장선상에서 그리스도인으로서 말씀드리자면, 역시 가장 타력적인 것이 가장 자력적인 것이듯이, 가장 자력적인 것도 가장 타력적인 것이라고 말씀드려야 할 것 같습니다.

김승혜_ 그러면 네 번째 질문으로 가겠습니다.

◉질문 4_ 최현민 수녀님은 향심기도를 예로 들면서 집중(attention)과 지향(intention)이 불교와 그리스도교 수행의 차이를 드러낸다고 했습니다. 불교 수행은 온 몸과 마음을 집중할 것을 가르치는 데 비해, 그리스도교 전통에서는 하느님께서 내 안에 현존하시면서 활동하심에 동의한다는 지향이 중시된다는 것입니다. 이러한 차이가 불교와 그리스도교 영성의 근본적 성격을 드러낸다고 생각하십니까? 아니면 이보다도 더 근본적인 차이를 그리스도교에서 끝까지 가지고 있는 신과 인간의 불가역적 관계성에서 찾아야 할까요?

김승혜_ 2003년에 중앙승가대학에서 '불교와 그리스도교의 수행'이라는 주제로 씨튼연구원 10주년 세미나를 했었는데요. 그때 종범 스님께서 불교의 수행에는 신심 수행과 발심 수행, 그리고 무구행無垢行 이 세 가지가 있다고 말씀하신 것을 기억합니다. 혹시 발심 수행에서 집중(attention)이 중시되지 않나 하는 생각이 들었는데요. 그것을 포함해서 말씀해주시기 바랍니다.

서종범_ 불교의 수행이 집중이고 그리스도교의 수행이 지향이라는 비교는 동의가 안 됩니다. 그리스도교 수행을 지향이라고 보는 건 잘 모르겠는데요, 불교의 수행을 집중이라고 정의하는 데는 동의가 잘 안 되거든요. 왜냐하면 불교에는 상좌부와 대중부가 있는데요, 상좌부를 소승불교라고 하고, 대중부를 대승불교라고 합니다. 상좌부 불교는 주로 동남아시아에 분포되어 있기 때문에 남방불교라고 하고, 대승불교는 동북아시아에 있기 때문에 북방불교라고 합니다. 대승불교와 소승불교의 기본적인 차이점이라고 하면, 목적에 있어서도 차이가 있지만 수행이 다르다는 것입니다. 남방불교의 수행은 집중 수행이 주를 이루고 있어요. 이걸 선정 수행이라고 하는데, 반면 대승불교에서는 지혜, 곧 반야 수행이라 합니다.

그래서 아까 『화엄경』「십지품」 말씀도 했는데, 「십지품」이 바로 지지智地예요. 땅이라는 건 '지혜'를 비유한 것입니다. 그래서 대승불교는 기본적으로 지혜가 중심이에요. 그러면 대승불교에서는 선정을 닦지 않는가 하면, 닦습니다. 그런데 소승불교의 선정과는 차이가 있다는 거지요. 소승불교의 선정은 깊은 선정에 들어가면 오감이 열리질 않습니다. 눈으로 뭐 보지도 않고요, 귀로 듣지도 않고, 코로도 느끼질 않아요. 그게 멸진정滅盡定이라는 것인데 이는 감각이 다 없어졌다는 것입니다. 그래서 선정에 들어 있는 동안에는 자동차가 지나가는지 바람이 부는지 몰라요. 이게 소승의 선정이지요. 그런데 대승의 선정은 다 압니다. 이와 같이 '아는 선정'과 '모르는 선정'이 있는 건데요. '아는 선정'이란 보되 보는 대상에 물들지 아니하는 선정을 말합니다. 그래서 망념을 일으키지 않는 것(妄念不起)을 선정이라고 하지요. 사람을 보되 사람을 좋아한다거나 싫어하는 애증의 감정을 일으키는 것을 집착이라고 하거든요. 이런 애증의 집착을 일으키지 않고 보는 게 대승 선정이에요. 듣되 애증을 일으키지 않고 듣는 게 대승 선정이고, 그게 바로 반야의 선정입니다. 그래서 망념을 일으키지 않는 게 중요하지요. 집중해서 보지도 듣지도 못할 정도로 머물러 있는 게 중요한 게 아니라고 대승불교에서는 주장하는 것입니다. 그래서 불교의 수행을 집중 수행으로 보는 것은, 남방불교로 보면 딱 맞아요. 그러나 적어도 화엄교학으로 오면 아니라는 거죠. 그래서 대승불교를 집중 수행으로 정의한다는 것은 좀 무리가 있지 않나 생각합니다.

김승혜_ 지향을 두는 것은 어떻습니까?

서종범_ 지향요?

김승혜_ 예, 아까 그 스님이 얘기하신 발심 수행으로……

서종범_ 아, 발심 수행이 대승불교 수행인데요, 원력願力에 속하는 것입니다. 그래서 대승불교에 가면 '무엇을 하고자 합니다, 부처님께서 다 증명해 주십시오!'라고 합니다. 이런 점에서 대승불교는 그리스도교와 일맥, 비교되는 점이 상당히 있을 것 같습니다. 그러나 저는, 불교는 불교대로 쭉 실천하고, 그리스도교는 그리스도교대로 실천하면 되지, 같으냐 다르냐, 이런 동일성이나 차이점을 구분하는 건 학술적인 관심은 될지언정 실천적인 관심은 아니지 않은가, 이런 생각을 기본적으로 가지고 있습니다.

서명원_ 아까 말씀드린 바와 같이 양 종교의 만남 그 자체가 '실천'이라고 봅니다. 학문적인 것일 뿐이라고 생각하기가 어렵지요. 그리스도교 전통에서는 하느님께서 내 안에 현존하시면서 활동하심에 동의한다는 '지향'이 중시된다고 말씀하셨는데요. 저는 성서의 한 가지 말씀만 인용하면서 마치겠습니다. 예수님께서 최후 만찬 이후에 당신의 제자들에게 가르치면서 "내가 떠나는 것이 너희에게 이롭다"(요한 16,4-15)라고 말씀하셨습니다. 이것으로 미루어 보아 최현민 수녀님이 말씀하신 것과는 달리 그리스도교 전통에서도 하느님께서 내 안에 현존하시면서 활동하심에 동의한다는 생각까지도 버려야 한다고 해석할 수 있습니다. 그 생각이나 다른 온갖 생각들을 하기 시작한다면 주님 안에서 완전히 자유로워지기가 불가능해집니다. 그리스도교의 신비가들이 말하는 부정의 길(via negativa)을 끝까지 걸으려면 전부 다 내놓아야 합니다. 만일 그렇게 한다면 결국은 주님의 합일에까지 도달할 수밖에 없습니다. 이건 제가 불교를 접하면서 발견한 가장 핵심적인 것이라고 해도 과언이 아닐 것입니다. 그리고 막상 보니까 십자가의 성 요한이 『가르멜의 산길』에서 가르치시는 영적 사상과 전혀 다름이 없습니다.

김승혜_ 지금 서명원 신부님께서 하신 말씀은 사실 그리스도교 신비주의의 끝 부분을 잘 드러내주셨다고 봅니다. 부정신학으로 가게 되면 우리가 잘 아는 아빌라의 데레사 성녀도 그러셨고, 『무지의 구름』에서도 마찬가지이고, 마이스터 엑카르트의 경우엔 말할 것도 없고요. 그래서 '지향'이 기도의 시작에는 분명히 있는데, 끝에 가게 되면 그것 역시 버리는 것이라고 할까요, 쉰다고 할까요, 가게 한다고 할까요, 아무튼 이 부분에서 선禪과 가장 잘 만나지 않나 싶습니다.

최현민_ 제가 그리스도교의 기도와 불교 명상을 '지향과 깨어 있음(집중)'의 관점에서 차이가 있다고 한 것은 궁극적인 깨달음의 차원에서라기보다 수행의 방법론적인 차원에서 말씀드린 것입니다. 두 분께서 언급하셨듯이 궁극적 차원에서는 그리스도교의 기도나 불교 수행에 있어 만남의 가능성이 크다고 봅니다. 그러나 깨달음에로 나아가는 길에 있어서는 상당한 차이를 보이는 것 또한 사실입니다. 불교 수행에서는 망상으로부터 어떻게 자유로워질 수 있느냐 하는 것이 관건인데, 이를 위해 위빠사나 수행이나 간화선 수행 모두 '깨어 있음'을 중시하고 있습니다. 호흡에 깨어 있고, 화두를 놓치지 않기 위해 깨어 있음으로써 신심일여의 상태에 머무르고자 합니다. 제가 불교 수행을 집중(attention)이라고 표현한 것은 바로 이 '깨어 있음'을 말하고자 한 것입니다. 그러나 더 정확히 깨어 있음에는 집중만이 아니라 통찰도 함축하고 있습니다. 집중이 하나의 대상에 마음을 모으는 것이라면, 통찰은 바로 그 존재의 실상을 깨닫는 것이라 할 수 있습니다.

 이에 비해 그리스도교는 향심기도에서도 말하듯이 관상기도를 시작하려는 사람에게 '지향'을 갖도록 가르칩니다. 여기서 말하는 '지향'이란 기도하는 주체가 취해야 할 태도라 할 수 있습니다. 즉 하느님께 동의하는 '지향'을 갖는다는 것입니다. 이와 같이 그리스도교의 기도나 불교 명상은 주체자의 측면에서 강조하는 바가 다르다고 봅니다. 물론 기도나 명상이 궁극적인 경지로 들어가면 주체자의 능동성은 '수동성'으로 나아가게 되고, 이 측면에서 양 종교의 기도와 명상에 접점이 있음을 오늘 함께 하신 세 분의 말씀에서 다시금 확인할 수 있었습니다. 종범 스님께서 말씀하신 『화엄경』 십지 중 제 팔지八地 이상이면 무공용無功用이라는 경지나, 예수께서 겟세마니 동산에서 드린 "제 뜻대로 마시고 아버지 뜻대로 하소서"라는 기도는 수행자가 궁극적으로 취해야 할 수동적 자세를 잘 보여주고 있다고 생각합니다.

김승혜_ 예, 혹시 여러분 중에서 질문이 없으십니까?

◉질문자 C_ 불교인들의 모임에 가보면 끝에는 항상 사홍서원을 하고 마칩니다. 사홍서원의 내용은 중생이 가없어도 다 건지겠다, 법문이 무량해도 다 배우겠다, 불도가 어렵지만 다 배우겠다는 것입니다. 이건 한마디로 무한한 서원을 드러낸다고 할 수 있는데요, 아까 선사가 깨달음을 얻고 난 후에는 그것을 베푼다고 하셨는데, 현실적으로 선어록을 꼼꼼히 들여다보면 무한한 서원이라는 차원에서 그러는 게 아니라

무집착이 오히려 더 중요한, 그리고 뭐랄까, 그 망상을 보면서도 끄달리지 않는 그것이지, '무한한 서원'으로 펼쳐진다고 보기에는 무리가 있습니다. 그래서 무한한 서원, 사홍서원과 사무량심四無量心은 아무래도 보살도 쪽에 훨씬 더 이미지가 강하다고 봅니다.

그리스도교 교리에도 보면 하느님은 무한한 선善으로 표현되고, 무한한 선 대신에 유한한 선을 선택하는 것이 가장 근본적인 것이라고 『신학대전』에는 묘사가 되어 있습니다. 이제 제가 드리는 질문은 아까 답변이 약간 뭐랄까, 현실적으로 선사들이 무한한 선에 대한 강력한 의미를 표명하는 것은 보기 어렵고 오히려 그렇게 했다가는 법집法執에 사로잡히는 경지가 되는 것이라고 하면서 집착을 깨주는 쪽으로 나아가지, 결코 그러지는 않는다고 보입니다. 그래서 이제 제가 드리고 싶은 질문은, 『화엄경』에 나타난 보살도, 비로자나 법신불에 대한 묘사는 분명히 경전만 보면 인격성이 굉장히 강조되어 있고, 비로자나 법신불은 일체 중생이 공사상을 깨닫도록 도와주는 것뿐만 아니라 방편적 지혜를 확장하는 쪽으로도 설명되어 있습니다. 이런 점에서 비로자나 법신불, 그리고 무량한 서원에 대한 불교의 입장을 좀 더 설명해 주셨으면 합니다.

서종범_ 선사가 무념으로 하면 그 무념 자체가 원력願力과 다르지 않아요. 그래서 『화엄경』에 보면 팔지八地 이상이 되면 무공용無功用이라고 하는데요, 공용功用이라는 게 공을 들인다, 작용한다는 것이거든요. 궁극적인 경지에 들면 공들여서 작용 안 해도 저절로 되는 거예요. 무공용이지요. 그런데 팔지 밑으로는 지공용智功用, 지혜로써 공을 들여야 된다고 합니다. 이와 같이 지공용의 경지와 무공용의 경지가 있는데, 무공용이 진짭니다. 저절로 되는 거예요. 무공용과 지공용을 비유로 말씀드리면 육지에서는 두 발로 걸어야 가는데, 바다에 배를 띄우면 바람 따라 저절로 간다는 거예요. 그래서 선사가 보기에는 무심의 경지에서 자기 기쁨을 누리고 집착을 안 하는 것에 만족하는 것처럼 보이지만, 저절로 자기 집착이 해결됐기 때문에 집착이 해결된 에너지가 자비와 원력으로 나타나서, '한다'라는 생각도 없고 '한다'라는 목표도 제시하지 않지만 자나 깨나 무공용으로 사는 거지요. 일부러 노를 짓지 않아도 바람결에 의해 배가 바다 위에서 가듯이 그렇게 가는 것, 그게 바로 도의 세계입니다. 그래서 『화엄경』이나 선에서 말하는 것이 다르지 않다고 보고 싶습니다.

김승혜_ 그러면 다섯 번째 질문으로 가겠습니다.

◉질문 5_ 이번 대화 강좌 중에 최현민 수녀님은 틱낫한 스님을 불교와 그리스도교를 둘 다 가장 깊게 이해하시는 분으로 평가했습니다. 종범 스님께서는 틱낫한 스님의 불교적 해석과 그리스도교에 대한 대화적 이해에 대해 어떻게 생각하고 계시는지 듣고 싶습니다. 그리고 최현민 수녀님께서 많이 언급하지는 않았지만 그분 영성의 사회적 측면에 대해서도 말씀해 주시면 고맙겠습니다. 불교와 그리스도교 각기의 수행과 종교 대화를 통해 이루어지는 폭넓은 영성이 오늘날과 같이 종교 문화권 사이에 알력이 증폭되고 있는 시대에 어떤 사회적 역할을 할 수 있을까요?

김승혜_ 먼저 종범 스님께서 말씀해 주시고, 그 다음에 서명원 신부님의 말씀을 듣도록 하겠습니다.

서종범_ 틱낫한 스님의 그리스도관에 대해서는 저 자신도 아주 긍정적으로 봐요. 그 깨달음의 차원에서 예수님을 이해했다는 것은 아주 깊은 통찰인 것 같아요. 다시 말해 불자의 눈에 비친 예수를 단순히 예언자의 기능으로만 보지 않고 깨달음의 체험을 한 것으로 이해했다는 건 상당히 중요한 의미가 있고요. 옛날에 경봉 스님도 이런 말씀을 하시더라고요. '태초에 말이 있다'라는 요한복음에 대해 말씀하신 적이 있습니다. "태초는 존재하지 않는 것이다." 시간은 없다는 거죠, 존재밖에 없다는 건데요. 그래서 "말을 알면 된다. 예수도 말 속에 있다"라고요. 이건 불교적인 시각에서 보는 관점이죠. 그런데 종교의 조직이나 세력이나 문화적 전통의 관점에서 그리스도교를 보지 않고 예수님을 깨침의 대상으로 주목하기 시작했다는 것은 하나의 새로운 발견이 아닌가 생각합니다. 그래서 틱낫한 스님의 그리스도관은 상당히 시사하는 바가 크다고 봅니다. 그 다음 질문에 대해서도 말씀드릴까요?

김승혜_ 예, 해주시기 바랍니다.

서종범_ 또 틱낫한 스님의 사회적 기능을 매우 존경합니다. 스님께서는 '깨달음 운동의 승가 공동체'라는 말을 쓰시던데요, 이런 깨달음을 지향하는 모임이라는 것이지요. 이 세상에는 많은 모임이 있지만, 깨달음 모임이라는 건 잘 없거든요. 그래서 틱낫한 스님이 인도하는 모임이 깨달음을 가치관으로 하는 모임이기 때문에 상당히 중요하다고 보구요. 이는 단순히 모임 자체를 확대시켜 나가고 모임 자체에 의미를 두는 것이 아니라, 그 모임을 통해 사회적으로 많은 영향을 주고 정신적 평화를 갖게 하고, 새로운 아름다움을 느끼게 하는 것이기 때문에 모임 자체만으로도 의미가 크고, 사회적 의미도 대단히 커서 아주 긍정적으로 보고 있어요. 개인적으로 틱낫한 스님이 시도하는 방법이 굉장히 앞서간다고 봐요. 그래서 저 자신도 틱낫한 스님을 매우 존경하고 있습니다.

김승혜_ 감사합니다. 다음으로 서명원 신부님께서 말씀해 주시지요.

서명원_ 이번에는 할 말이 조금 많습니다. 틱낫한 스님은 서양에서 불자들 중에 티벳의 달라이 라마와 함께 가장 인기 있는 분이십니다. 그런데 틱낫한 스님의 불교에 대해 말씀드리기에 앞서 몇 가지 말씀드릴 것이 있습니다.

종범 스님께서 말씀하셨듯이 깨달음이 발을 디딜 틈도 없는 경지라고 한다면 더 이상 깨달음에 대해서 이야기할 수 없을 것이며, 불교가 깨달음의 종교인 만큼 이웃 종교와의 대화도 불가능할 수밖에 없을 것입니다. 그렇다고 한다면 우리의 만남은 무의미할 뿐입니다. 그래서 깨달음의 양면성을 인정해야 할 필요가 있지 않을까 싶습니다. 만약 깨달음을 언어화할 수 있다고 한다면 대화도 가능해지기 시작합니다. 도道야말로 중국어에서는 깨달음으로서 비언어적인 측면도 있고, 언어 자체로서의 측면도 있습니다. 마찬가지로 깨달음의 경지인 진여眞如가정적인 것으로서 도저히 언어화할 수 없지만, 역동적인 것으로서 얼마든지 언어화할 수 있습니다. 이 점으로 미루어 볼 때 깨달음에 대한 각도가 무엇이냐에 따라서 언어화하는 것이 가능할 수도 있고, 불가능할 수도 있지요. 불교에서 흔히 부처님의 깨달음의 핵심을 언어로 십이지연기十二支緣起라고 하거나 삼법인三法印 등이라고 합니다. 그리스도교에서는 예수님께서 언어화할 수 없는 깨달음을 통해서 당신 자신이 (하느님의) '아들이심을 발견하셨다'라고 말할 수 있습니다.

또한 이러한 사실에도 불구하고 누군가 교외별전, 불립문자, 직지인심의 논리를 밀고 나가면서 깨달음을 끝까지 언어화할 수 없다고 한다손 치더라도, 깨달음의 진정성을 평가할 수 있는 유일한 방법으로 깨달음을 얻고 난 뒤에, 소위 깨달은 자의 행위를 통해 깨달음의 여부를 평가하는 것이 가능하다고 봐야 합니다. 대승불교에서 상구보리上求菩提 하화중생下化衆生이라고 이야기하지 않습니까. 부처님께서 깨달음을 얻고 난 다음에, 깨달은 바를 중생들에게 가르칠까 말까 한참 동안 망설이다가 가르치기로 결단 내리시고 나서, 50년 동안 입적하실 때까지 동북인도의 도처를 다니시면서 불법을 가르치셨습니다. 마찬가지로 예수님께서 성령의 체험을 통해 아들이심을 발견하고 나서 40일 동안 광야 체험을 하시다가 공생활로 들어가셔서 참으로 헌신적인 생활을, 헌신적인 봉사를 하면서 사셨고 종말론적인 생활을 하셨다고 볼 수 있습니다. 불교적인 용어로 말씀드리자면 다할 수 있는 데까지 보살의 상구보리 하화중생을 하셨다고 볼 수 있습니다. 결론적으로 깨닫고 난 후 불교와 그리스도교의 각각의 창시자의 행동으로 미루어 보면, 깨달음의 언어화 문제를 떠나서 깨달음을 얻고 난 자로서의 행동을 보아야 깨달음의 진정성의 여부를 알 수 있다는 것입니다. 바로 그렇기 때문에 '사회참여'로 특징지어진다고 여겨지는 틱낫한 스님의 불교는 이 연장선상에서 이해될 수 있습니다.

주지하다시피 한국불교가 개신교로부터 지탄받고 있는 이유 중 하나는 무엇보다도 사회참여가 약하기 때문입니다. 통계만 봐도 개신교에서 운영하는 교육기관이나 병원시설 등의 사회사업이 훨씬 더 많습니다. 그런데 틱낫한 스님께서는 서양에서 지탄받는 측면이 있습니다. "그는 불자가 아니다. 더 이상 불교가 아니다. 그리스도교로부터 오염된 불교"라고까지 합니다. 엥게이즈 부디즘Engaged Buddhism이라고도 하지요. 틱낫한 스님의 불교야말로 굉장히 적극적인 사회참여를 하는 것입니다.

저는 얼마 전 저와 친분이 있는 스님과 함께 어느 신문기자를 만나서 함께 인터뷰를 한 적이 있었어요. 그 신문기자가 "한국불교가 사회참여에 있어 적극적으로 나서지 않는 이유가 뭐냐?" 하는 질문을 던졌는데, 그 스님께서 약간 기막히게 들리는 대답을 하셨습니다. 이게 사회사업을 했다고 해서 사람들에게 깨달음의 길을 주는 것도 아니라는 것이었습니다. 저는 사회사업을 하는 것과 깨달음의 길을 가르치는 것을 그런 식으로 분리시킬 수는 없다고 봅니다. 제가 달라이 라마를 직접 만나 뵙고 그분한테서 들은 것인데, 불교가 그리스도교로부터 배울 수 있는 것은 사회참여라고 하셨어요. 저는 지금 한국불교가 여기에 상당히 노력하고 있다는 것을 알고 있습니다. 그리고 이것이 미래의 길이라고 생각합니다.

저는 두 종교가 상호 보완적 관계를 맺으면서 서로에게서 배울 것이 있다면, 한국불교에서는 그리스도교로부터 도전을 받아 더 적극적인 사회참여를 하는 것이고, 그리스도교에서는 좀 더 깊은 내면으로 들어가 깨달음을 향해서 좀 더 깨달은 사회참여를 하는 것이라고 봅니다.

또한 서구 문명을 이해하고 사귀는 데 있어서 틱낫한 스님의 진리에 대한 대화적인 접근 방법(dialogical approach of truth)은 매우 중요하다고 생각합니다. 한국불교는 세계적으로 알려지기 위해 한국불교의 특징 중의 하나인 간화선을 국제화하려는 노력을 엄청나게 많이 하고 있습니다. 그런데 서양 문화권 안으로 들어가거나 국내에서 국제선원을 지으려면, 서양 문화와 대화할 수 있는 길을 계속 추구해야 한다고 생각합니다. 대화적인 자세 없이는 문제가 될 수밖에 없기 때문입니다. 물론 깨달음을 향해 선禪 수행 안으로 깊이 들어가면 들어갈수록 그 과정을 언어화하기가 불가능해지는 것이 사실입니다. 그렇다고 해서 틱낫한 스님께서 사용하시는 진리에 대한 대화적인 접근 방법이 무의미하다고 할 수 있겠습니까? 그렇지는 않습니다. 역설적이지만 참다운 수행자야말로 언어의 길을 일탈할 줄을 알수록 언어의 길을 따라갈 줄도 아는 법입니다. 틱낫한 스님은 바로 이러한 이치의 본보기입니다. 그렇기 때문에 서양인들에게 상당히 인기가 있으세요. 거기다가 개종을 요구하지도 않으시지요. 그분의 대화적인 자세와 적극적인 사회참여가 바로 불교가 21세기에 서양에서 깊이 뿌리를 내릴 수 있는 양쪽 다리라고 할 수 있습니다.

김승혜_ 제가 서명원 신부님의 말씀을 들으면서 종범 스님께 다시 두 가지 점을 더 여쭤보고 싶은 게 있는데요, 첫째는 아까 경봉 스님 말씀을 하셨는데 제가 그걸 보고 아, 벌써 그때 그런 생각을 하셨구나 하고 놀랐습니다. 틱낫한 스님은 워낙 많이 글을 쓰셔서 알고 있었지만, 경봉 스님께서 그리스도교에 관심이 있는 줄은 몰랐거든요. 그래서 아까 얘기하신 '태초의 말씀'에 대해서 태초는 제가 알아들었는데, '말'에 대해서 경봉 스님이 어떤 생각을 하셨는지 좀 더 부연설명을 해주셨으면 합니다. 그리고 그리스도교에 대한 경봉 스님의 이해를 좀 더 알고 싶습니다. 만일 경봉 스님이나 틱낫한 스님의 그리스도교 이해라는 게 또 하나의 발견이 아닌가 하시면서 시사하는 바가 크다고 하셨는데, 제가 이 말을 제대로 이해한다면 그리스도교가 불교와의 대화에서 뭔가를 배우고 나아가는 것처럼, 불교도 그리스도교를 제대로 이해하게 됐을 때 뭔가 불교 자체로서도 더 깊이 이해하면서 나아갈 수 있는 게 있지 않은가 하는 점입니다. 그것을 한 가지 여쭤보고 싶고요. 또 한 가지는 사회참여를 하시는 틱낫한 스님을 보고 어떤 사람은 이걸 오염된 불교라고 한다는데, 아까 스님 자신도 틱낫한 스님의 사회참여를 굉장히 긍정적으로 보셨는데요, 역시 사회참여라는 게 앞으로의 불교가 그리스도교와의 대화에서 더 강화하고 배워나가는 점이라고 생각하시는지를 좀 더 자세히 듣고 싶습니다.

서종범_ 경봉 스님께서 '말'에 대해 지적하신 부분이 그런 거예요. '말이 바로 도'라는 거지요. 그래서 말만 알면 바로 도를 아는 거다. '말과 도'가 같다고 본 것입니다. 도에는 시간이 없기에 태초라는 건 의미가 없고 '말', 바로 그 말이 도라는 거죠. 틱낫한 스님도 같은 뜻으로 메시지를 전하는 것 같아요. 역사적 차원과 궁극적 차원이 바로 그것입니다. 궁극적 차원은 역사가 초월되는 거거든요. 이것이 불교의 시간관이기도 해요. 그래서 겁과 찰나는 다른 게 아니고, 존재 이외에 시간은 없다는 것입니다. 그런데 우리는 시간에 매여 살아가거든요. 그래서 존재를 보지 못했기 때문에 말이 도이고 진리이고 존재라고 한 것이지요.

오늘은 시계에 있는 오늘도 아니고 달력에 있는 오늘도 아닌, 그냥 느끼는 오늘, 이게 바로 태초인 거죠. 지금 이 순간은 역사가 없는 순간이거든요. 그런데 오늘은 몇 월 며칠이라고 계산할 때, 이것은 궁극적 차원하고는 상관없이 인간의 의식으로 계산하는 의식적 차원의 시간이에요. 그래서 '말'을 깨달으면 바로 그게 부처님이 깨달은 것과 같다는 것입니다. 서양에서 어떤 분이 경봉 스님을 찾아왔는데 그때 그걸 질문하신 거예요. "성경에 보면 '태초에 말이 있었다'고 하는데 '말'이 뭔지 아냐?" 이렇게 질문한 거예요. "말이 뭔지 아냐? 나한테 묻는 것이 뭔지 아냐?" 이런 거거든요.

사회성의 문제에 있어 불교가 사회성을 배척하는 것이 아니라 진정성을 염려하는 것입니다. 불교라고 왜 사회참여를 소홀히 하고 싶겠습니까? 그런데 사회참여를 하다 보면 진정성이 약해지는데 그걸 세속화라고 하지요. 그래서 세속화를 염려하는 거지, 사회참여 기능을 거부하는 게 아닙니다. 문제는 이제 사회참여 하는 건 관계성인데, 관계성과 진정성, 관계를 많이 맺다 보면 진정성이 흐려질 수 있다는 거예요. 그래 진정성이 흐려지면 관계성도 세속화되어 본래 의미를 상실한다는 거죠. 불교에서는 진정성을 청정淸淨이라고 표현해요. 그래서 그 청정성이 오염될까를 염려하는 거지, 많은 관계를 확장시켜 나가는 것을 거부하는 것은 아니라고 봐요. 이게 아주 양면적인 것입니다. 관계성이냐 진정성이냐? 중점을 어디다 두느냐 하는 게 문제죠. 관계성을 거부하는 집단이 어디 있겠어요. 그런데 문제는 진정성이 흐려지면 이건 문제가 심각하다는 것이지요. 오히려 관계성을 소극적으로 갖는 것보다 더 못하다는 거죠. 예를 들면 뭐 이런 거 있잖아요. "산에 있는 산토끼를 쫓아가다가 집에 있는 집토끼까지 잃었다." 이게 진정성과 관계성을 그대로 표현하는 말이라고 볼 수 있거든요. 그러니까 이것이 또 하나의 정체성이고 전통이라고 할 수가 있어요. 그래서 역점을 관계성을 중심으로 하는 그런 문화냐, 아니면 진정성을 중심으로 하는 그런 문화냐, 이것은 각자의 정체성이죠. 그래서 불교가 은둔적이고 소극적인 게 아니다라는 말씀을 드리고 싶습니다.

최현민_ 저는 강의 때 여러 차례 틱낫한 스님을 언급하면서 스님의 가르침에 대해 공감하는 바를 말씀드린 바 있습니다. 스님께 받은 깊은 인상은, 그리스도교에 대해 이해의 폭이 무척 넓으신 분이라는 사실입니다. 이 같은 폭넓은 이해 때문에 서구에서 많은 분들이 스님을 찾아가서 배우고자 하는 게 아닌가 하는 생각이 들구요. 사회참여와 관련하여 종범 스님께서 관계성과 진정성에 대해 언급해 주셨어요. 불교는 관계성, 곧 사회성을 무시하는 것이 아니라 진정성이 세속화되는 것을 염려한다고요. 십우도의 제8도에서 공의 깨달음을 얻은 후에 제10도에 가서야 자비 실천을 말하고 있다는 점도 불교가 진정성 위에 자비 실천행을 말함을 잘 보여주고 있지요. 즉 선先 진정성과 후後 관계성이라는 거지요. 대승불교에서는 지혜와 자비가 불이적不二的

관계라고 말합니다만 사실 지혜가 우선시되어온 것은 부인할 수 없습니다. 즉 무엇보다 먼저 지혜를 증득해야 하기에 깨달음이 강조될 수밖에 없는 것입니다. 선先 지혜 증득, 후後 자비행이지요. 그런데 이렇게 참된 자비행은 깨침 후에야 가능하다고 한다면 과연 몇 사람이나 그런 자비 실천이 가능할까 하는 의문이 듭니다.

그리스도교에서는 무엇보다도 사랑을 실천함을 강조해 오고 있습니다. 이를 '관상과 활동'의 관계로 표현한다면, 관상은 불교적 표현을 빌리자면 깨달음을 지향하는 진정성에 해당되고, 활동은 사랑의 실천을 통한 관계성의 측면이라 할 수 있겠습니다.

루카복음에 나오는 마르타와 마리아라는 두 자매의 이야기는 관상과 활동의 관계와 관련하여 회자되어 왔습니다. 예수께서 두 자매의 집을 방문했을 때 마르타는 갖가지 시중드는 일로 분주했고, 마리아는 예수님 발치에 앉아 예수님 말씀을 열심히 듣고 있었어요. 그래서 마리아는 관조적 삶을 대표하는 인물로, 마르타는 활동적 삶을 대표하는 인물로 보아왔고 마르타보다는 마리아, 곧 활동보다 '관상'을 우위적으로 해석하는 경향이 있어 왔습니다.

그러나 마이스터 엑카르트는 위의 이야기에 대해 새로운 해석을 했는데요, 마르타는 하느님을 위해 하느님을 떠날 줄 아는 활동가라는 것입니다. 곧 마리아처럼 세상을 떠난 관상가가 아니라, 세상 가운데 살면서도 세속에 물들지 않는 존재라는 거예요. 그래서 마르타는 하느님의 선善에 매료되어 하느님을 떠나려 하지 않는 마리아로 하여금 하느님을 떠날 줄도 아는 더 높은 정신적 경지를 깨닫게 하려고 예수님께 청했다는 것입니다. 이와 같이 마르타를 관상과 대립되는 활동가로 보지 않고 관상과 활동의 대립적 관계를 뛰어넘어 세상 가운데서 살아가는 존재로 보는 엑카르트의 해석은 그리스도교 영성 안에 진정성과 관계성의 역동성을 잘 보여주고 있지 않나 싶습니다.

무엇보다 그리스도교 영성의 핵심은 예수님을 모방함에 있습니다. 예수님의 사랑을 배워 익히고 이를 통해 그분과 하나 됨에 있습니다. 저는 빈첸시오 아 바울로Vincent de Paul라는 한 성인에게서 그 모범을 봅니다. 그분은 1581년 프랑스에서 태어나 1600년 사제가 되었는데, 당시 수많은 전쟁 속에서 가난한 사람들의 영적, 물질적 빈곤을 목격하고 그들에게 봉사할 방법들을 찾았습니다. 그분은 전교회 사제단과 사랑의 딸회, 사랑의 부인회 등을 창설해서 당시의 가난하고 소외된 이들을 돌보는 아주 구체적이고 현실적인 봉사활동을 해왔습니다. 그분의 행적을 되돌아보면 어떻게 그 많은 일을 할 수 있었는가 하는 의구심이 들 정도입니다. 그렇게 활동가였던 그의 삶과 그가 남긴 가르침 안에서 저는 그리스도교의 핵심을 관통하는 영성을 발견하게 됩니다. 자신이 처한 현실 속에서 예수를 통해 배운 사랑을 실천함으로써 가난한 이들 안에서 하느님을 만나고 체험하고 사랑하게 되었다는 것입니다. 곧 빈첸시오는 하느님 사랑의 육화적 영성을 몸으로 살아냄으로써 진정성과 관계성 간에 조화를 잘 이루어 갔다는 것입니다.

그리스도교는 깨달음이라는 표현보다는 '믿음'이나 신앙이라는 표현을 즐겨 쓰고 있지요. 그리스도교에서 믿는다는 것은 하느님의 의로우심과 신실하심에 대한 신앙을 의미합니다. 신구약 성경은 하느님의 신실하심에 대해 기록한 책이라 할 수 있지요. 예수는 죽기까지 하느님의 신실하심을 믿었고, 그리스도인은 예수가 믿었던 바로 그 하느님의 신실하심에 대한 믿음을 자신의 믿음으로 삼아 살아가고자 하는 이들입니다. 예수의 가르침은 한마디로 하느님을 사랑하고 이웃을 사랑하는 데 있습니다. 하느님을 사랑함이 '진정성'이라면, 이웃 사랑은 '관계성'이라 할 수 있지요. 그리고 이 둘은 불이不二의 관계임을 예수께서는 가르치셨습니다. 즉 하느님의 사랑에 대한 믿음 안에서 이웃을 향한 사랑을 사는 것입니다. 이런 점에서 그리스도교의 영성은 선 진정성, 후 관계성이 아니라 진정성과 관계성 간에 불이不二적 역동성을 지향한다고 말씀드릴 수 있습니다. 저는 틱낫한 스님의 가르침과 그분의 활동을 보면서 그 안에 진정성과 관계성의 긴장 관계가 잘 조화를 이루고 있음을 봅니다. 진정성을 유지하면서도 자비행을 병행할 수 있는 면을 보여주신 스님의 삶은 불자들뿐만 아니라 모든 종교인에게도 시사해주는 바가 크지 않나 싶습니다.

김승혜_ 감사합니다. 혹시 여러분 중에서 질문하실 분 안 계신가요? 예, 말씀해 주십시오.

◉ 질문자 D_ 종범 스님과 서명원 신부님께 한 가지씩 질문 드리겠습니다. 제가 오늘 종합토론 때 어떤 질문을 할까 곰곰이 고민하다가, 우선 일반적으로 모든 종교인이라면 자신에 대해서 고민을 갖고 있을 것 같습니다. 자아의식이라는 게 있지 않습니까? 영어로는 에고ego라고 하지요. 우리는 기억이나 경험 등 자의식을 갖고 있는데, 불교 쪽에서는 그것을 거짓 자아라고 합니다. 그런데 우리는 모든 행위나 사고를 하면서 내가 주체가 되어 살아가지 않습니까? 주체자인 나는

사실 언어로 접근하기가 상당히 어렵거든요. 나는 의식도 할 수 있고, 생각도 할 수 있고, 육체적으로 여러 행위를 할 수 있는데, 바로 그 나와 불성과의 관계가 어떤지요? 이것은 평소에 제가 굉장히 궁금했던 사안입니다.

그리고 서 신부님께 여쭙겠습니다. 우리가 세상에 태어나고 싶어서 태어난 건 아니잖습니까? 저절로 태어났고, 살다보니 자의식도 갖고, 청·장년기를 거치면서 자기의 개념도 생기고 욕심도 자연스럽게 생기잖습니까. 그리고 살다보니 돈에 대한 욕심, 출세를 하고자 하는 욕심, 편하고자 하는 욕심도 생기는데, 왜 그리스도교에서는 이것을 죄로 말하는 건지요? 우리가 그런 욕심을 갖고자 해서 가진 것도 아니지 않습니까? 저절로 가지게 된 건데요……. 하느님께서 인간을 창조하시고, 어릴 때는 부모님께서 보호하고 양육하는데, 성장하고 나서는 스스로를 지키기 위해서 기본적인 욕망이 필요하지 않나 생각합니다. 그런데 어째서 죄가 되는가? 그것에 대해서 그리스도교인은 항상 우리는 죄인이니까 하느님께 용서를 구하고 구원을 빌어야 하는데, 어째서 죄가 될까 하는 부분을 여쭙고 싶습니다.

서종범_ 그 '나'라는 게 문제지요. 나에 대한 집착과 애착, 그걸 아집我執이라고 하거든요. 모든 고통은 나로부터 생기니까요. 번뇌의 근원은 '나'거든요. 부처님은 '내가 없다'는 것을 깨달았다는 거예요. 이게 무아 아닙니까? 그래서 깨달음은 '자아가 존재하지 않는다'는 걸 깨닫는 것이지요. 그럼 누가 깨달았느냐, 자아가 존재하지 않다는 걸 누가 깨달았느냐? 그걸 불성이라고 하거든요. 그래서 무아가 바로 불성이지요. 한국불교의 역사를 보면 무아에 대한 가르침보다 불성에 대한 가르침이 주를 이루고 있어요. "여기에 한 물건이 있다."(爲衆曰有一物, 육조혜능의 말씀) 그래서 '한 물건'에 대해 말합니다. 그게 바로 불성이고, '참나'인 진아眞我이지요. 그러면 무아와 불성 간에 긴장 관계가 생겨요. 그래서 무아를 이야기하면 알겠는데, 불성을 말하면 나를 인정하는 것처럼 되는 거지요. 그래서 불성은 큰 나(大我)라고 합니다. 이 분기점이 바로 『열반경』인데요, 무아를 이야기하다가 불성을 말하는 것, 이게 여래장 사상입니다. 그럼 왜 무아를 이야기하다 불성을 말했겠습니까?

『열반경』 8권에 보면 여래의 성품에 대해서 나오는데요. 불성을 이야기하는 게 불교의 근본이었는데, 세속의 쾌락에 집착하니까 무아를 말할 때 교육적으로 설명했어요. 쾌락에 대한 탐닉을 끊기 위해서 무아를 이야기했다는 것입니다. 그래서 그걸 비유로 『열반경』에서는 어머니가 아들한테 더 좋은 것을 먹이기 위해서 젖에다가 쓴 약을 발랐다. 그래서 젖이 안 나온다고 했다. 그런데 좋은 것을 더 먹일 만한 시점이 오자 다시 약을 씻고 젖을 주기 시작했다. 그래서 젖에다 약을 바른 것은 무아이고, 약을 씻어내고 젖을 다시 주기 시작한 것은 '불성'이라고 설명했는데요, 한마디로 불성은 반야般若입니다. 그래서 자아라는 것은 생각이고 망념이고, 불성은 반야, 곧 지혜인 것입니다. 그럼 허망한 생각이나 번뇌, 곧 망념과 지혜의 차이가 뭔가? 이게 아주 중요한 핵심이에요. 깨달음이란 과정을 설명하면 번뇌에서 지혜로 변하는 과정이라는 것입니다. 그게 불성이죠. 그래서 번뇌로 집착되는 자아는 허구이고 스스로 집착할 뿐인 거예요. 그러면 '어느 것이

번뇌고 어느 것이 지혜냐?', '어떤 것이 파도이고 어떤 것이 물이냐?' 이게 아주 재미있어요. 그러니까 결론은 '깨달아라' 이거예요.

번뇌와 지혜의 관계에 대해 신약성서에 아주 멋진 말이 있더라고요. "내 뜻대로 하지 마시고 아버지 뜻대로 하소서"(마르 14,36). 제가 볼 때 이 기도는 모든 기도문 중에 핵심인 것 같아요. 인간이 다 자기 뜻대로 하려고 하는 데 문제가 생기는 것 같아요. 그래서 자기 생각의 집착으로 밀고 나가는 데서 고통이 생기는 것이지요. 지혜로 돌아가면 고통이 없습니다. 이 세상은 탐욕으로 해결하려니까 문제가 생기는 거지요. 지혜로 돌아가면 어떤 문제도 해결되지 못할 게 없습니다. 그러니까 역시 "아버지 뜻대로 하소서"라는 바로 거기에 모든 해결점이 있다고 봅니다.

김승혜_ 감사합니다. 서명원 신부님께서는 말씀하실 게 없으신지요?

서명원_ 간단하게 말씀드리려고 합니다. 윤리적으로 불교와 그리스도교는 엄청나게 가깝습니다. 크게 차이가 없어서 서로 코드가 맞는다고 이야기를 할 수 있습니다. 부처님께 있어서 죄란 나 자신에게나 남에게 해가 되는 것을 말씀하신 것으로 알고 있습니다. 그러나 여기서 던져야 하는 질문은 하필이면 왜 내가 죄를 짓느냐 하는 것인데, 불교에서는 그 이유는 집착 때문이라고 말하고, 그리스도교에서는 원죄 때문이라고 하지요. 저 역시도 내가 원죄를 짓지도 않았는데 왜 책임을 져야 하느냐 하는 의문을 던질 수밖에 없습니다. 이러한 질문들에 답하기 위해서 저의 경우에는 불교를 통해 저의 현실을 있는 그대로 직시하는 것을 많이 익히기 시작했습니다. 가만히 앉아서 간화선, 화두참구를 하다 보니까 별 생각들이 다 떠오르기 시작합니다. 환언하자면, 번뇌 망상의 흐름이 두드러지게 나타나기 시작하지요. 번뇌 망상의 흐름을 중립적인 입장에서 직시하다 보니까 억제된 것들이 저의 무의식에서 다 떠오르기 시작해요. 그리고 억제되어 있기 때문에 제 안의 상당한 힘이 소모됩니다. 그런데 놀라운 것은 그것들을 직시하다가 보면 그것들로부터 자유로워지기 시작한단 말씀입니다. 왜 집착이 저한테 생기느냐 하는 질문이 어떻게 보면 중요하지요. 저도 종범 스님이 말씀하셨듯이 무지와 무념 때문이라고 말할 수 있습니다. 그런데 저는 무엇보다 중요한 건 그것으로부터 자유로워질 수 있는 방법이 뭐냐는 것이라고 생각합니다. 제 안에 있는 온갖 집착들을 놓아두지 않는다면, 겉으로는 저의 욕심을 채우면서 살고 행복하게 사는 것처럼 보일지언정, 사실은 스스로 생지옥을 만들어 생사윤회에 빠져 사는 것과 같다고 말할 수밖에 없습니다. 집착들을 놓아두는 방법 중에 하나는 무자無字 화두나 다른 화두참구입니다.

김승혜_ 더 질문이 있으십니까?

◉ **질문자 E_** 서 신부님께서 간화선을 한국불교에서 국제화시키려고 노력하신다고 들었는데…….

서명원_ 네, 국제화, 그리고 사회화하려고 애를 많이 쓰고 정책도 세웠습니다.

◉ **질문자 E_** 간화선을 국제화시켜 서구 속으로 들어갈 때, 유신론적인 서구의 문화 풍토 속에서 과연 어떤 전망이 나올 것인가 하는 것을 불교와 그리스도교적 관점에서 말씀해 주셨으면 합니다. 두 번째는 그리스도교의 궁극적인 목표는 하느님과의 합일이라고 정의한다면, 불교에서의 궁극적인 목표는 깨달은 공의 상태라고 할 수 있을 텐데, 공과 하느님을 욕심의 끊음, 애착의 끊음이라는 관점에서 비교할 수는 없을까요. 예를 들자면 그리스도교 전통 중에 십자가의 성 요한을 보면 하느님과의 합일은 완전한 나다nada, 곧 무無, 없음, 끊음이거든요. 완전한 절멸. 그리고 그 뒤에 많은 신비주의자들도 끊음으로 표현했고, 공의 상태도 결국 핵심은 애욕과 애착을 완전히 끊는 것 아닙니까? 즉 수행 방법에서는 다르게 보이지만 탐욕을 끊는 점에서는 같은 것이 아닐까 하는 생각을 해봤는데요. 이에 대해 말씀해 주셨으면 합니다.

서명원_ 이것은 한 시간 동안 토론해도 부족한 주제이지만 시간이 다 지났으니 간단히 말씀드리겠습니다. 그리스도교인으로서 사는 것은 아집과 아상我相을 완전히 벗어나서 사는 것과 같습니다. 그리스도께서 왜 깨달은 인물로서 그리스도교에서 인정을 받으시냐 하면, 아집과 아상을 완전히 벗어나셨기 때문입니다. 그리스도인들은 그것을 하느님이신 아버지의 뜻에 초점을 맞추어서 살다시피 하신 것으로 해석합니다. 불교적인 입장에서 진여眞如와 하나가 된 것과 매우 유사합니다. 예수님 자신도 "나와 아버지는 하나다"라고 말씀하지 않으셨습니까? 그러므로 그리스도인으로서 산다는 것은 개별적 에고가 그리스도의 성품으로 완전히 바뀌지는 것이라고 봐야 하겠습니다. 완전히 그리스도화 된다면 나의 아집이나 아상은 사라집니다. 여기저기에 걸리거나 사로잡혀서 사는 아我가 완전히 사라지는 것입니다. 소위 주님과의 완전한 합일의 경지인 것이지요. 저는 한국에서 그리스도인을 위한 간화선과 결제結制 제도를 개발해야 한다고 생각하고 또 그러기 위해서 노력하고 있습니다. 첫 번째 화두로서 무문관無門關의 무자無字 대신 성서의 첫 번째 말씀인 '한 처음'을 화두로 삼았습니다. 예를 들어 "한 처음에 하느님께서 하늘과 땅을 지어내셨도다"가 그리스도인들을 위한 하나의 화두가 되는 거지요. 그 다음에 "야훼 하느님께서 아담을 진흙으로 빚어내시되 입김을 코로 불어넣으셨도다." 이것이 두 번째 화두입니다. 이렇듯 신약성경이나 구약성경은 화두 투성이에요. 아까 종범 스님께서 '말씀'에 대해 아주 정확히 언급해 주셨어요. 바로 말씀인 그 도道를 갖고 만들 수 있는 화두가 상당히 많다고 봅니다.

불교가 서양 문화권으로 들어가면 인도에서 다른 문화권으로 들어갈 때처럼 달라지기 시작할 수밖에 없습니다. 매우 다양하게 중국화된 불교가 있듯이 다양하게 서양화될 불교가 있을 것입니다. 서양은 상당히 다양한 문화를 포함하고 있기 때문입니다. 이와 같이 다른 문화권 속으로 들어가면 전통과 변형의 이치에 따라서 불교가 당연히 변할 수밖에 없어요. 나머지 이야기는 나중에 기회가 있으면 그때 하기로 하겠습니다.

서종범_ 아주 중요한 말씀을 해주셨다는 느낌이 듭니다. '공이라는 게 뭐냐라고 하면 이미 공이 아니겠지요. 뭐냐고 할 때, 공을 공이라고 하면 그게 공이냐. 벌써 공이라는 관념은 있는 거잖아요. 있으면 공이 아니에요. 여기에 관문이 있습니다. 공은 체험이고 실천이지 생각이 아니라는 거예요. 그래서 말로 표현한다면, 공은 모든 것이 아니면서 모든 것이에요. 그래서 『반야경』에서 공을 설명하면서 색공공공色空空空이라고 한거구요. 색도 공하지만 공까지 공하다는 거예요. 그래서 이 공공空空을 메시지로 크게 받아들여야 된다고 생각합니다. 공까지 공이어야 공이지, 벌써 색과 구별되는, 존재와 구별되는 비존재라면 존재와 상대적인 또 하나의 존재다, 그런 건 아니거든요. 모든 것이 아니면서 모든 것이 공이기 때문에. 그게 진리예요. 그런데 인간의 생각은 취하고 버리는 취사取捨가 있거든요. 모든 것이 아니면서 모든 것이라면 취하고 버릴 게 없어서 자연히 자유와 무집착의 경지로 가게 되는 거예요. 그래서 공을 대상화하거나 관념화한다든지 존재화할 때는 공 속에서 공을 모르는 것이고, 스스로 자기의 인식 체계라든가, 욕망 체계나 의지 체계가 완전히 지혜로 변화되어서 모든 것이 아닌 것을 보는 동시에 모든 것의 존재를 보게 될 때, 내가 그냥 '공 같다'라는 거예요. 그래서 자기 자신이 공이 되어야 그게 공에 대한 체험이지, 생각으로 접근하게 되면, 공 속에서 공을 모르기에 마치 자기 집안에서 타향살이 꿈꾸는 것과 같아요.

김승혜_ 예, 정말 좋은 말씀을 나눠주신 두 분께 진심으로 감사드립니다. 그리고 이렇게 10개월 동안 계속 나와 주셔서 종교 대화 강좌가 가능하도록 해주신 여러분께도 참으로 감사드립니다.

최현민

사랑의 씨튼 수녀회 수녀
이화여대 사범대 이학학사(생물전공)
연세대 대학원 이학석사(생화학전공)
서강대 대학원 종교학 석사 및 박사
일본 난잔대학 종교문화연구소 연구원
벨기에 루뱅대학교 연구원
현재 씨튼연구원 원장
영성생활 편집인
서강대 종교학과 출강

주요 저서 및 논문

『불성론 연구』, 『불교와 그리스도교의 생태 영성』(공저),
「히사마쯔 신이찌(久松眞一)의 禪思想」,
「道元의 불성관과 수증관」, 「道元의 불성이해」,
「생태위기 극복의 동반자로서의 불교와 그리스도교」,
「Interreligious Dialogue toward Overcoming the Ecocrisis」 등

– 씨튼연구원 http://setondialog.or.kr

종교대화❷ 불교와 그리스도교, 영성으로 만나다

초판 1쇄 인쇄 2013년 10월 23일 | 초판 1쇄 발행 2013년 10월 30일
지은이 최현민 | 펴낸이 김시열
펴낸곳 도서출판 운주사

    (136-034) 서울 성북구 동소문동 4가 270번지 성심빌딩 3층
    전화 (02) 926-8361 | 팩스 0505-115-8361

ISBN 978-89-5746-362-8 04210   값 13,000원
ISBN 978-89-5746-360-4 (총서)

http://cafe.daum.net/unjubooks 〈다음카페: 도서출판 운주사〉